# 한자능력검정시험
## 6급(6급Ⅱ 포함)

문자는 언어를 체계화하고 인간의 내면세계를 구체화하고 서술하는 데에 필요한 도구이다. 따라서 한 나라의 문자 정책은 그 나라의 이상과 추구를 구체화하며 아울러 세계 인류의 의식 세계를 교류하는 데에 가교架橋 역할을 한다.

지금 우리나라는 문자 정책의 혼선으로 말미암아 어문 교육 정책은 실마리를 잡지 못하고 있음은 물론, 사회 각처에서의 언어적 무가치와 무분별한 외래어 남용으로 인해 내 나라 내 글인 한국어의 우수성을 저버리고 있다. 새삼 한국어의 구성을 말하지 않더라도 한국어는 한자와 한글로 구성되었음은 누구나 아는 사실이다. 그러나 그 구성에 있어서 한자 어휘가 약 70% 이상을 차지하고 있기 때문에 한자와 한글은 따로 떼어서 교육할 수 없는 언어이다. 그럼에도 불구하고 학자들 간의 이권利權으로 말미암아 어문 정책이 양분되어 논쟁을 벌인다는 것은 불필요한 지식 소모라고 여겨진다.

이로 인하여 (사)한국어문회에서는 우리글인 한국어를 올바로 인식시키고, 고급 지식의 경제 생산을 이룩하기 위하여 초등학생부터 일반인에 이르기까지 한자능력검정시험을 실시하고 있다.

# 이 책을 펴내며....

매년 수험생이 증가하고 있어 다행한 일이라 여겨지기는 하나 전 국민이 학교에서부터 의무 교육 속에서 교육받을 수 있는 정책을 세우는 것보다는 못할 것이다.

요즘 사회 각처에서 국한國漢혼용의 필요성이 대두되자, 한자 교육학회의 난립과 검정시험이 난무하고 있어 오랜 세월 주장되어 온 올바른 학자들의 국한 혼용의 본래 취지와 한국어 교육의 참뜻을 저해할까 두려운 마음이 앞선다.

다행히 무분별한 외래문화의 수용 속에서 우리것을 바로 알고 지켜나가는 (사)한국어문회에서 어문 정책의 일환으로 추진하는 검정시험이 꾸준히 뿌리를 내려가고 있어 한결 마음 뿌듯하며, 수험생에게도 조금이나마 보탬이 되고자 이 책을 펴낸다.

元基春

# 차례

# 시작 하기 전에

본 책은 학생이나 사회인에게 한자어의 이해와 활용 능력을 길러 주기 위해 제정한 급수별 시험에 대비해 엮어진 수험 교재이다. 시험은 (사단법인)한국어문회에서 주관하고 한국한자능력검정회에서 시행하는 한자능력검정시험과 국내 각종 한자자격시험 및 한자 경시대회 등이 있다.

본 책은 급수별로 8급(50자) / 7급II(100자) / 7급(150자) / 6급II(225자) / 6급(300자) / 5급II(400자) / 5급(500자) / 4급II(750자) / 4급(1,000자) / 3급II(1,500자) / 3급(1,817자) / 2급(2,355자) / 1급(3,500자) 등에 해당하는 한자를 중심으로, 각 권으로 엮어서 「이 책의 차례」와 같이 다양한 방법으로 학습할 수 있도록 꾸몄다.

본 책은 (사)한국어문회에서 배정한 급수별 한자를 기준으로, 일상생활에서 자주 쓰이는 한자어와 시사성에 관련된 한자어를 구성하여 각각 그 뜻을 헤아릴 수 있도록 하였다.

본 책은 한자어가 쓰이는 예문을 제시하여, 한자말을 생활화하는 습성을 통해 한자능력검정시험과 각종 전공시험 및 논술시험을 대비할 수 있도록 하였다.

본 책은 한자능력검정시험 유형에 맞추어 부문별로 구성하였고, 「평가문제」 및 「기출·예상문제」를 수록하여 배우고 익힌 것을 스스로 평가·복습할 수 있도록 하였다.

본 책에 수록된 한자의 훈과 음은 대체적으로 (사)한국어문회에서 정한 대표 훈과 음을 따랐으나 간혹 뜻의 전달이 정확하지 않은 것은 옥편의 대표적인 훈과 음으로 보충하였다.

# 출제기준

- 상위급수 한자는 모두 하위급수 한자를 포함하고 있습니다.
- 쓰기 배정 한자는 한두 급수 아래의 읽기 배정한자이거나 그 범위 내에 있습니다.
- 공인급수는 특급 ~ 3급Ⅱ이며, 교육급수는 4급 ~ 8급입니다.
- 출제기준표는 기본지침자료로서, 출제자의 의도에 따라 차이가 있을 수 있습니다.
- 급수는 특급, 특급Ⅱ, 1급, 2급, 3급, 3급Ⅱ, 4급, 4급Ⅱ, 5급, 5급Ⅱ, 6급, 6급Ⅱ, 7급, 7급Ⅱ, 8급으로 구분합니다.

| 구분 | 특급 | 특급Ⅱ | 1급 | 2급 | 3급 | 3급Ⅱ | 4급 | 4급Ⅱ | 5급 | 5급Ⅱ | 6급 | 6급Ⅱ | 7급 | 7급Ⅱ | 8급 |
|---|---|---|---|---|---|---|---|---|---|---|---|---|---|---|---|
| 독음 | 45 | 45 | 50 | 45 | 45 | 45 | 32 | 35 | 35 | 35 | 33 | 32 | 32 | 22 | 24 |
| 한자쓰기 | 40 | 40 | 40 | 30 | 30 | 30 | 20 | 20 | 20 | 20 | 20 | 10 | 0 | 0 | 0 |
| 훈음 | 27 | 27 | 32 | 27 | 27 | 27 | 22 | 22 | 23 | 23 | 22 | 29 | 30 | 30 | 24 |
| 완성형(成語) | 10 | 10 | 15 | 10 | 10 | 10 | 5 | 5 | 4 | 4 | 3 | 2 | 2 | 2 | 0 |
| 반의어(相對語) | 10 | 10 | 10 | 10 | 10 | 10 | 3 | 3 | 3 | 3 | 3 | 2 | 2 | 2 | 0 |
| 뜻풀이 | 5 | 5 | 10 | 5 | 5 | 5 | 3 | 3 | 3 | 3 | 2 | 2 | 2 | 2 | 0 |
| 동음이의어 | 10 | 10 | 10 | 5 | 5 | 5 | 3 | 3 | 3 | 3 | 2 | 0 | 0 | 0 | 0 |
| 부수 | 10 | 10 | 10 | 5 | 5 | 5 | 3 | 3 | 0 | 0 | 0 | 0 | 0 | 0 | 0 |
| 동의어(類義語) | 10 | 10 | 10 | 5 | 5 | 5 | 3 | 3 | 3 | 3 | 2 | 0 | 0 | 0 | 0 |
| 약자 | 3 | 3 | 3 | 3 | 3 | 3 | 3 | 3 | 3 | 3 | 0 | 0 | 0 | 0 | 0 |
| 장단음 | 10 | 10 | 10 | 5 | 5 | 5 | 3 | 0 | 0 | 0 | 0 | 0 | 0 | 0 | 0 |
| 한문 | 20 | 20 | 0 | 0 | 0 | 0 | 0 | 0 | 0 | 0 | 0 | 0 | 0 | 0 | 0 |
| 필순 | 0 | 0 | 0 | 0 | 0 | 0 | 0 | 0 | 3 | 3 | 3 | 3 | 2 | 2 | 2 |
| 출제문항(計) | 200 | | | 150 | | | 100 | | | | 90 | 80 | 70 | 60 | 50 |
| 합격문항 | 160 | | | 105 | | | 70 | | | | 63 | 56 | 49 | 42 | 35 |
| 시험시간(분) | 100 | 90 | | 60 | | | 50 | | | | | | | | |

• 자료 출처 : 《(사)한국어문회》

- 「한자능력검정시험」은 《(사)한국어문회》가 주관하고, 《한국한자능력검정회》가 1992년 12월 9일 전국적으로 시행하여 현재에 이르기까지 매년 시행하고 있는 국내 최고의 한자자격시험입니다. 또한 시험에 합격한 재학생은 내신 반영은 물론, 2000학년부터 3급과 2급 합격자를 대상으로 일부 대학에 서 특기자 전형 신입생을 선발함으로써 더욱 권위있고, 의미있는 한자자격시험으로 인정받고 있습니다.
- 《(사)한국어문회》는 1992년 6월 22일에 문화부 장관 인가로 발족하고, 그 산하에 《한국한자능력검정회》를 두고 있습니다.
- 「한자능력검정시험」은 국어의 전통성 회복과 국어 생활을 바르게 하는 데에 그 목적이 있습니다. 따라서 시험에 출제되는 내용은 교과서·교양서적·논고 등에서 출제될 것입니다.

# 명시감상

작자作者 : 황희黃喜

강호江湖에 봄이 드니 이 몸이 일이 하다

나는 그물 깁고 아희는 밭을 가니

뒤뫼에 엄 긴 약초藥草를 언제 캐려 하나니

**해석** : 강호에 봄이 오니 할 일도 많아졌네
나는 그물을 손질하고 아이는 밭을 가네
뒷산에 싹이 깊게 자란 약초를 언제 캐려는지

**설 명**

- 위 시는 농촌의 아름답고 평화로운 봄날 풍경을 노래한 것으로, 자연을 그리는 작자의 소박素朴한 마음이 꾸밈없이 표현된 글입니다.
- 작자 황희黃喜는 조선朝鮮 세종世宗 때 영의정領議政을 18년간 지낸 분으로, 자字는 구부懼夫이며, 아호雅號는 방촌厖村입니다. 농사의 개량, 예법禮法의 개정, 천첩賤妾 소생의 천역賤役 면제 등 훌륭한 업적을 남겨 세종대왕에게 가장 신임 받던 재상宰相으로서 후세의 추앙推仰을 받고 있습니다.

# 한자능력 검정시험

## 급수별 배정한자
## (8급 ~ 7급 : 150자)

✓ 다음 배정한자의 대표 훈과 음은 (사)한국어문회에서 발표한 것을 수록한 것입니다.

# 혼동하기 쉬운 한자

다음은 혼동하기 쉬운 한자입니다. 알맞은 훈과 음을 써보세요. 해답 ☞ 아래

| | |
|---|---|
| 金 ( ) ≠ 全 ( ) | 洞 ( ) ≠ 同 ( ) |
| 母 ( ) ≠ 每 ( ) | 心 ( ) ≠ 必 ( ) |
| 父 ( ) ≠ 交 ( ) | 重 ( ) ≠ 童 ( ) |
| 四 ( ) ≠ 西 ( ) | 力 ( ) ≠ 刀 ( ) |
| 民 ( ) ≠ 氏 ( ) | 名 ( ) ≠ 各 ( ) |
| 小 ( ) ≠ 少 ( ) | 手 ( ) ≠ 毛 ( ) |
| 水 ( ) ≠ 木 ( ) | 語 ( ) ≠ 話 ( ) |
| 人 ( ) ≠ 入 ( ) | 午 ( ) ≠ 牛 ( ) |
| 弟 ( ) ≠ 第 ( ) | 右 ( ) ≠ 石 ( ) |
| 土 ( ) ≠ 士 ( ) | 邑 ( ) ≠ 色 ( ) |
| 寸 ( ) ≠ 村 ( ) | 自 ( ) ≠ 目 ( ) |
| 間 ( ) ≠ 問 ( ) | 住 ( ) ≠ 往 ( ) |
| 夫 ( ) ≠ 天 ( ) | 主 ( ) ≠ 王 ( ) |

해답 : 해답을 확인하기 전에 먼저 자신의 실력을 평가해 보세요.

| | |
|---|---|
| 金(쇠 금) ≠ 全(온전 전) | 洞(골 동) ≠ 同(한가지 동) |
| 母(어미 모) ≠ 每(매양 매) | 心(마음 심) ≠ 必(반드시 필) |
| 父(아비 부) ≠ 交(사귈 교) | 重(무거울 중) ≠ 童(아이 동) |
| 四(넉 사) ≠ 西(서녘 서) | 力(힘 력) ≠ 刀(칼 도) |
| 民(백성 민) ≠ 氏(각시 씨) | 名(이름 명) ≠ 各(각각 각) |
| 小(작을 소) ≠ 少(적을 소) | 手(손 수) ≠ 毛(털 모) |
| 水(물 수) ≠ 木(나무 목) | 語(말씀 어) ≠ 話(말씀 화) |
| 人(사람 인) ≠ 入(들 입) | 午(낮 오) ≠ 牛(소 우) |
| 弟(아우 제) ≠ 第(차례 제) | 右(오른 우) ≠ 石(돌 석) |
| 土(흙 토) ≠ 士(선비 사) | 邑(고을 읍) ≠ 色(빛 색) |
| 寸(마디 촌) ≠ 村(마을 촌) | 自(스스로 자) ≠ 目(눈 목) |
| 間(사이 간) ≠ 問(물을 문) | 住(살 주) ≠ 往(갈 왕) |
| 夫(지아비 부) ≠ 天(하늘 천) | 主(주인 주) ≠ 王(임금 왕) |

:표는 長音, ‣표는 長·短音 漢字임

## 배정한자 8급

| 한자 | 훈 | 음 |
|---|---|---|
| 教 | 가르칠 | 교: |
| 校 | 학교 | 교: |
| 九 | 아홉 | 구 |
| 國 | 나라 | 국 |
| 軍 | 군사 | 군 |
| 金 | 쇠 | 금 |
| | 성姓 | 김 |
| 南 | 남녘 | 남 |
| 女 | 계집 | 녀 |
| 年 | 해 | 년 |
| 大 | 큰 | 대‣ |
| 東 | 동녘 | 동 |
| 六 | 여섯 | 륙 |

| 한자 | 훈 | 음 |
|---|---|---|
| 萬 | 일만 | 만: |
| 母 | 어미 | 모: |
| 木 | 나무 | 목‣ |
| 門 | 문 | 문 |
| 民 | 백성 | 민 |
| 白 | 흰 | 백 |
| 父 | 아비 | 부 |
| 北 | 북녘 | 북 |
| | 달아날 | 배 |
| 四 | 넉 | 사: |
| 山 | 메 | 산 |
| 三 | 석 | 삼 |
| 生 | 날 | 생 |
| 西 | 서녘 | 서 |
| 先 | 먼저 | 선 |

| 한자 | 훈 | 음 |
|---|---|---|
| 小 | 작을 | 소: |
| 水 | 물 | 수 |
| 室 | 집 | 실 |
| 十 | 열 | 십 |
| 五 | 다섯 | 오: |
| 王 | 임금 | 왕 |
| 外 | 바깥 | 외: |
| 月 | 달 | 월 |
| 二 | 두 | 이: |
| 人 | 사람 | 인 |
| 日 | 날 | 일 |
| 一 | 한 | 일 |
| 長 | 긴 | 장‣ |
| 弟 | 아우 | 제: |
| 中 | 가운데 | 중 |

| 한자 | 훈 | 음 |
|---|---|---|
| 青 | 푸를 | 청 |
| 寸 | 마디 | 촌: |
| 七 | 일곱 | 칠 |
| 土 | 흙 | 토 |
| 八 | 여덟 | 팔 |
| 學 | 배울 | 학 |
| 韓 | 나라 | 한‣ |
| | 한국 | 한‣ |
| 兄 | 형 | 형 |
| 火 | 불 | 화‣ |

※ 8급은 모두 50자입니다. 8급 시험에서 한자쓰기 문제는 출제되지 않습니다. 그러나 8급 한자는 모든 급수의 기본이 되니 많이 읽고 그 쓰임에 대하여 알아보는 것이 중요합니다.

## 배정한자 7Ⅱ급

| 한자 | 훈 | 음 |
|---|---|---|
| 家 | 집 | 가 |
| 間 | 사이 | 간· |
| 江 | 강 | 강 |
| 車 | 수레 | 거 |
|  | 수레 | 차 |
| 空 | 빌[虛] | 공 |
| 工 | 장인 | 공 |
| 記 | 기록할 | 기 |
| 氣 | 기운 | 기 |
| 男 | 사내 | 남 |
| 內 | 안[內=内] | 내: |
| 農 | 농사 | 농 |
| 答 | 대답 | 답 |
| 道 | 길 | 도: |
|  | 말할 | 도: |
| 動 | 움직일 | 동: |
| 力 | 힘 | 력 |
| 立 | 설 | 립 |
| 每 | 매양 | 매· |
| 名 | 이름 | 명 |
| 物 | 물건 | 물 |
| 方 | 모[四角] | 방 |
| 不 | 아닐 | 불 |
| 事 | 일 | 사: |
| 上 | 윗 | 상: |
| 姓 | 성姓 | 성: |
| 世 | 인간 | 세: |
| 手 | 손 | 수· |
| 時 | 때 | 시 |
| 市 | 저자 | 시: |
| 食 | 먹을 | 식 |
|  | 밥 | 사/식 |
| 安 | 편안 | 안 |
| 午 | 낮 | 오: |
| 右 | 오를 | 우: |
|  | 오른(쪽) | 우: |
| 自 | 스스로 | 자 |
| 子 | 아들 | 자 |
| 場 | 마당 | 장 |
| 電 | 번개 | 전: |
| 前 | 앞 | 전 |
| 全 | 온전 | 전 |
| 正 | 바를 | 정· |
| 足 | 발 | 족 |
| 左 | 왼 | 좌: |
| 直 | 곧을 | 직 |
| 平 | 평평할 | 평 |
| 下 | 아래 | 하: |
| 漢 | 한수 | 한: |
|  | 한나라 | 한: |
| 海 | 바다 | 해: |
| 話 | 말씀 | 화 |
| 活 | 살[生活] | 활 |
| 孝 | 효도 | 효: |
| 後 | 뒤 | 후: |

※ 7급Ⅱ는 8급[50자]에 새로운 한자 50자를 더한 100자입니다. 7급Ⅱ에서 한자쓰기 문제는 출제되지 않습니다.

## 배정한자 7급

| | | |
|---|---|---|
| 歌 | 노래 | 가 |
| 口 | 입 | 구· |
| 旗 | 기 | 기 |
| 冬 | 겨울 | 동· |
| 洞 | 골 | 동: |
| | 밝을 | 통: |
| 同 | 한가지 | 동 |
| 登 | 오를[登壇] | 등 |
| 來 | 올 | 래· |
| 老 | 늙을 | 로: |
| 里 | 마을 | 리: |
| 林 | 수풀 | 림 |
| 面 | 낯 | 면: |
| 命 | 목숨 | 명: |
| 文 | 글월 | 문 |
| 問 | 물을 | 문: |
| 百 | 일백 | 백 |

| | | |
|---|---|---|
| 夫 | 지아비 | 부 |
| 算 | 셈 | 산: |
| 色 | 빛 | 색 |
| 夕 | 저녁 | 석 |
| 所 | 바 | 소: |
| 少 | 적을 | 소: |
| 數 | 셈 | 수: |
| | 자주 | 삭 |
| 植 | 심을 | 식 |
| 心 | 마음 | 심 |
| 語 | 말씀 | 어: |
| 然 | 그럴 | 연 |
| 有 | 있을 | 유: |
| 育 | 기를 | 육 |
| 邑 | 고을 | 읍 |
| 入 | 들 | 입 |
| 字 | 글자 | 자 |
| 祖 | 할아비 | 조 |

| | | |
|---|---|---|
| 住 | 살 | 주: |
| 主 | 임금 | 주 |
| | 주인 | 주 |
| 重 | 무거울 | 중: |
| 地 | 땅[따] | 지 |
| 紙 | 종이 | 지 |
| 川 | 내 | 천 |
| 千 | 일천 | 천 |
| 天 | 하늘 | 천 |
| 草 | 풀 | 초 |
| 村 | 마을 | 촌: |
| 秋 | 가을 | 추 |
| 春 | 봄 | 춘 |
| 出 | 날 | 출 |
| 便 | 편할 | 편· |
| | 똥오줌 | 변 |
| 夏 | 여름 | 하: |
| 花 | 꽃 | 화 |
| 休 | 쉴 | 휴 |

※ 7급은 7급Ⅱ[100자]에 새로운 한자 50자를 더한 150자입니다.

7급 시험에서 한자쓰기 문제는 출제되지 않습니다. 하지만, 7급에서 사용되는 한자는 앞으로 공부할 모든 급수에서 중요한 한자이므로 모두 쓸 수 있도록 학습하는 것이 좋습니다.

한자는 서체에 따라 글자 모양이 달라져 보이나 모두 정자로 인정됩니다.

**참고 漢字**

| 示 = 礻 | 靑 = 青 |
|---|---|
| 神(神) | 淸(清) |
| 福(福) | 請(請) |
| 祖(祖) | 晴(晴) |
| 禮(禮) | 情(情) |
| 糸 = 糹 | 飠 = 飠 |
| 線(線) | 飮(飲) |
| 綠(綠) | 飯(飯) |
| 級(級) | 餘(餘) |
| 紙(紙) | 飽(飽) |
| 辶 = 辶 | 八 = ソ |
| 近(近) | 說(説) |
| 運(運) | 尊(尊) |
| 通(通) | 曾(曾) |
| 速(速) | 墜(墜) |

# 한자능력 검정시험

## 기초학습

(8급 ~ 7급 : 150자)

# 학습 도움

## 기초학습

한자를 처음 접하는 이들과 한자의 기초가 부족한 이들을 위해 본문의 내용과는 별도로, 일상생활에서 자주 접하는 한자를 비롯해서 기초편을 엮은 것입니다.

## 학습방법

① 한자를 쓰는 순서에 따라 한 획 한 획을 정확하게 빈칸에 씁니다.
② 교재는 반복하여 쓸 수 있는 공간이 부족하므로, 별도의 한자 공책을 마련하여 한자와 훈訓과 음音을 반복하여 학습합니다.
③ 기초편의 내용을 충분히 익힌 후에, 연습장에다 한자의 훈訓과 음音을 적어 놓고, 한자로 바꾸어 써 보는 연습을 합니다.

## 일러두기

| 多 | 多 | 多 | 多 | 多 | 少 | 少 | 少 | 少 | 少 |
|---|---|---|---|---|---|---|---|---|---|
| 많을 다 | | | | | 적을 소 | 젊을 소 | | | |
| (夕부 총6획) [夕 多] 순으로 내려쓴다.<br>☞ '많다, 넓다' 등의 뜻으로 쓰인다. | | | | | (小부 총4획) [小 少] 순으로 쓴다.<br>☞ '적다, 약간, 젊다' 등의 뜻으로 쓰인다. | | | | |

※ (夕부 총6획) ⇨ '多'자의 부수는 '夕(저녁 석)'이며, 모두 6획의 글자임을 뜻합니다.
※ (小부 총4획) ⇨ '少'자의 부수는 '小(작을 소)'이며, 모두 4획의 글자임을 뜻합니다.

## 다음은 8급 한자입니다. 순서에 따라 쓰며 익혀봅시다.

| 一 | | | | | | |
|---|---|---|---|---|---|---|
| 한 일 | 一 | | | | | |
| 二 | | | | | | |
| 두 이 | 一 二 | | | | | |

돋보기
- 뜻 : **한 / 하나** • 소리 : **일** • 부수 : 一부 • 획수 : 총 1획
- 뜻 : **두 / 둘** • 소리 : **이** • 부수 : 二부 • 획수 : 총 2획

| 三 | | | | | | |
|---|---|---|---|---|---|---|
| 석 삼 | 一 二 三 | | | | | |
| 四 | | | | | | |
| 넉 사 | 丨 冂 冂 四 四 | | | | | |

돋보기
- 뜻 : **석 / 셋** • 소리 : **삼** • 부수 : 一부 • 획수 : 총 3획
- 뜻 : **넉 / 넷** • 소리 : **사** • 부수 : 囗부 • 획수 : 총 5획

✣ '총'은 '모두 합하여 몇'임을 뜻합니다. 따라서 '총 3획'이란 '모두 세 개의 점이나 획으로 이루어진 한자'를 뜻합니다.

새김글
- '一'자의 뜻인 '한'은 그 수량이 '하나'임을 나타내는 말입니다.
- '二'자의 뜻인 '두'는 그 수량이 '둘'임을 나타내는 말입니다.
- '四'자의 부수 '囗(에워쌀 위)'는 '口(입 구)'자와 쓰임이 다른 글자입니다.

## 다음은 8급 한자입니다. 순서에 따라 쓰며 익혀봅시다.

| | | | | | | | |
|---|---|---|---|---|---|---|---|
| 五 | | | | | | | |
| 다섯 오 | 一 丆 五 五 | | | | | | |
| 六 | | | | | | | |
| 여섯 륙 | 丶 亠 六 六 | | | | | | |

돋보기
- 뜻 : **다섯** • 소리 : **오** • 부수 : 二부 • 획수 : 총 4획
- 뜻 : **여섯** • 소리 : **륙** • 부수 : 八부 • 획수 : 총 4획

| | | | | | | | |
|---|---|---|---|---|---|---|---|
| 七 | | | | | | | |
| 일곱 칠 | 一 七 | | | | | | |
| 八 | | | | | | | |
| 여덟 팔 | 丿 八 | | | | | | |

돋보기
- 뜻 : **일곱** • 소리 : **칠** • 부수 : 一부 • 획수 : 총 2획
- 뜻 : **여덟** • 소리 : **팔** • 부수 : 八부 • 획수 : 총 2획

### 새김글

- '六'자는 '六'자와 같이 윗부분의 '丶'와 '一'을 붙여서 쓰기도 합니다.
- '七'자는 'ㄴ'이 '一'자의 테두리를 벗어나지 않게 씁니다.
- '八'자와 모양이 비슷한 글자로는 '人(사람 인)'자, '入(들 입)'자 등이 있습니다.

다음은 8급 한자입니다. 순서에 따라 쓰며 익혀봅시다.

| 九 | | | | | | | |
|---|---|---|---|---|---|---|---|
| 아홉 구 | 丿 九 | | | | | | |
| 十 | | | | | | | |
| 열 십 | 一 十 | | | | | | |

돋보기
- 뜻 : **아홉** • 소리 : **구** • 부수 : 乙부 • 획수 : 총 2획
- 뜻 : **열** • 소리 : **십** • 부수 : 十부 • 획수 : 총 2획

| 月 | | | | | | | |
|---|---|---|---|---|---|---|---|
| 달 월 | 丿 刀 月 月 | | | | | | |
| 火 | | | | | | | |
| 불 화 | 丶 丷 少 火 | | | | | | |

돋보기
- 뜻 : **달** • 소리 : **월** • 부수 : 月부 • 획수 : 총 4획
- 뜻 : **불** • 소리 : **화** • 부수 : 火부 • 획수 : 총 4획

새김글

- '十'자에서 가로획[一]은 '동쪽과 서쪽[東西]', 세로획[丨]은 '남쪽과 북쪽[南北]'을 뜻합니다. 곧 '동서남북과 중앙이 모두 갖추어져 있다'는 뜻을 담고 있습니다.
- '月'자는 '달'의 모양을 본떠서 만든 글자입니다. 이처럼 물건의 모양을 본떠서 만든 글자를 '상형자'라고 합니다.

  예 火(불의 모양을 본뜸), 水(물의 모양을 본뜸)

다음은 8급 한자입니다. 순서에 따라 쓰며 익혀봅시다.

| | |
|---|---|
| 水 | |
| 물 수 | 亅 刁 水 水 |
| 木 | |
| 나무 목 | 一 十 才 木 |

돋보기
- 뜻 : **물** • 소리 : **수** • 부수 : 水부 • 획수 : 총 4획
- 뜻 : **나무** • 소리 : **목** • 부수 : 木부 • 획수 : 총 4획

| | |
|---|---|
| 金 | |
| 쇠금/성김 | 丿 人 亼 今 全 全 金 金 |
| 土 | |
| 흙 토 | 一 十 土 / 丨 十 土 |

돋보기
- 뜻 : **쇠 / 성** • 소리 : **금 / 김** • 부수 : 金부 • 획수 : 총 8획
- 뜻 : **흙** • 소리 : **토** • 부수 : 土부 • 획수 : 총 3획

새김글
- '水'자의 세로획은 '亅(갈고리 궐)'자이고, '木'자의 세로획은 '丨(뚫을 곤)'자입니다.
- '金'자와 같이 한자는 보통 한 글자가 여러 개의 뜻과 소리를 지니고 있습니다. '金'자는 '쇠'를 뜻할 때에는 '금', 혈족을 나타내기 위해 붙이는 '성'을 뜻할 때에는 '김'으로 적습니다.

## 다음은 8급 한자입니다. 순서에 따라 쓰며 익혀봅시다.

| 東 | | | | | | |
|---|---|---|---|---|---|---|
| 동녘 동 | 一 ㄱ 币 戸 亘 申 東 東 | | | | | |
| 西 | | | | | | |
| 서녘 서 | 一 ㄱ 丙 丙 两 西 | | | | | |

돋보기
- 뜻 : **동녘** • 소리 : **동** • 부수 : 木부 • 획수 : 총 8획
- 뜻 : **서녘** • 소리 : **서** • 부수 : 襾부 • 획수 : 총 6획

| 南 | | | | | | |
|---|---|---|---|---|---|---|
| 남녘 남 | 一 十 冂 冇 内 内 両 両 南 | | | | | |
| 北 | | | | | | |
| 북녘 북 | 丨 ㅓ ㅕ 北 北 / 一 ㅓ ㅕ 北 北 | | | | | |

돋보기
- 뜻 : **남녘** • 소리 : **남** • 부수 : 十부 • 획수 : 총 9획
- 뜻 : **북녘** • 소리 : **북** • 부수 : 匕부 • 획수 : 총 5획

새김글
- '동녘, 서녘, 남녘, 북녘' 등에서 '녘'은 방향을 가리키는 말로, 즉 '쪽'을 뜻합니다.
- '**東西**'는 서로 뜻이 상대되는 한자로 결합된 상대어입니다.
- '**南北**'은 서로 뜻이 상대되는 한자로 결합된 상대어입니다.

다음은 8급 한자입니다. 순서에 따라 쓰며 익혀봅시다.

| | |
|---|---|
| 生 | |
| 날 생 | 丿 𠂉 𠂉 牛 生 / 丿 𠂉 仁 牛 生 |
| 日 | |
| 날 일 | 丨 冂 日 日 |

돋보기
- 뜻 : **낳다** • 소리 : **생** • 부수 : 生부 • 획수 : 총 5획
- 뜻 : **날** • 소리 : **일** • 부수 : 日부 • 획수 : 총 4획

| | |
|---|---|
| 大 | |
| 큰 대 | 一 ナ 大 |
| 小 | |
| 작을 소 | 亅 小 小 |

돋보기
- 뜻 : **크다** • 소리 : **대** • 부수 : 大부 • 획수 : 총 3획
- 뜻 : **작다** • 소리 : **소** • 부수 : 小부 • 획수 : 총 3획

새김글
- 生日(생일) : 태어난 날, 또는 해마다의 그날.
- 大小(대소) : 크고 작음.
- '大小'는 서로 뜻이 상대되는 한자로 결합된 상대어입니다.

다음은 8급 한자입니다. 순서에 따라 쓰며 익혀봅시다.

| | |
|---|---|
| 父 | |
| 아비 부 | ノ ハ ク 父 |
| 母 | |
| 어미 모 | ∟ 口 母 母 母 |

돋보기
- 뜻 : **아비** • 소리 : **부** • 부수 : 父부 • 획수 : 총 4획
- 뜻 : **어미** • 소리 : **모** • 부수 : 毋부 • 획수 : 총 5획

| | |
|---|---|
| 青 青 | |
| 푸를 청 | 一 二 丰 主 丰 青 青 青 |
| 白 | |
| 흰 백 | ノ 亻 白 白 白 |

돋보기
- 뜻 : **푸르다** • 소리 : **청** • 부수 : 青부 • 획수 : 총 8획
- 뜻 : **희다** • 소리 : **백** • 부수 : 白부 • 획수 : 총 5획

새김글

- '父'자의 뜻인 '아비'는 '아버지'의 낮춤말로, '결혼하여 자식을 둔 아들' 또는 '자녀를 둔 여자가 웃어른 앞에서 자기 남편'을 이르는 말입니다. '母'자의 뜻인 '어미'도 이와 같은 뜻으로 이해할 수 있습니다.
- '父母'는 서로 뜻이 상대되는 한자로 결합된 상대어입니다.

다음은 8급 한자입니다. 순서에 따라 쓰며 익혀봅시다.

| 外 | | | | | | |
|---|---|---|---|---|---|---|
| 바깥 외 | 丿 ク 夕 夘 外 | | | | | |
| 國 | | | | | | |
| 나라 국 | 丨 冂 冂 冋 冋 同 囗 國 國 國 國 | | | | | |

돋보기
- 뜻 : **바깥** • 소리 : **외** • 부수 : 夕부 • 획수 : 총 5획
- 뜻 : **나라** • 소리 : **국** • 부수 : 囗부 • 획수 : 총11획

| 四 | | | | | | |
|---|---|---|---|---|---|---|
| 넉 사 | 丨 冂 四 四 四 | | | | | |
| 寸 | | | | | | |
| 마디 촌 | 一 寸 寸 | | | | | |

돋보기
- 뜻 : **넉 / 넷** • 소리 : **사** • 부수 : 囗부 • 획수 : 총 5획
- 뜻 : **마디** • 소리 : **촌** • 부수 : 寸부 • 획수 : 총 3획

새김글
- '外'자는 '바깥, 겉, 멀리하다, 벗어나다, 외국, 외가' 등의 뜻을 지니고 있습니다.
- 外國(외국) : 자기 나라가 아닌 다른 나라.
- 四寸(사촌) : 아버지의 친형제자매의 아들이나 딸과의 촌수.

다음은 8급 한자입니다. 순서에 따라 쓰며 익혀봅시다.

| 王 | | | | | | |
|---|---|---|---|---|---|---|
| 임금 왕 | 一 二 干 王 / 一 丅 干 王 | | | | | |
| 室 | | | | | | |
| 집 실 | 丶 丷 宀 宀 宀 宏 室 室 室 | | | | | |

돋보기
- 뜻 : **임금** • 소리 : **왕** • 부수 : 玉부 • 획수 : 총 4획
- 뜻 : **집** • 소리 : **실** • 부수 : 宀부 • 획수 : 총 9획

| 學 | | | | | | |
|---|---|---|---|---|---|---|
| 배울 학 | 學의 필순 (16획) | | | | | |
| 校 | | | | | | |
| 학교 교 | 一 十 才 木 木 杧 杧 杧 校 校 | | | | | |

돋보기
- 뜻 : **배우다** • 소리 : **학** • 부수 : 子부 • 획수 : 총16획
- 뜻 : **학교** • 소리 : **교** • 부수 : 木부 • 획수 : 총10획

새김글

- 王室(왕실) : 임금의 집안.
- 한자의 훈(뜻)과 음(소리)을 동시에 표기할 때에는 훈과 음의 사이를 한 칸 띄웁니다. 그리고 훈이 명사가 아니고 동사나 형용사인 경우에는 원형을 밝히지 않고 '~ㄹ', '~할'의 형태로 표기하는 것을 원칙으로 합니다.

다음은 8급 한자입니다. 순서에 따라 쓰며 익혀봅시다.

| 年 | | | | | | | |
|---|---|---|---|---|---|---|---|
| 해 년/연 | 丿 𠂉 𠂉 𠂉 𠂉 年 | | | | | | |
| 中 | | | | | | | |
| 가운데 중 | 丨 冂 口 中 | | | | | | |

돋보기
- 뜻 : **해** • 소리 : **년** • 부수 : 干부 • 획수 : 총 6획
- 뜻 : **가운데** • 소리 : **중** • 부수 : 丨부 • 획수 : 총 4획

| 萬 | | | | | | | |
|---|---|---|---|---|---|---|---|
| 일만 만 | 一 十 艹 艹 艹 苩 苩 苩 苩 萬 萬 萬 萬 | | | | | | |
| 民 | | | | | | | |
| 백성 민 | 𠃍 コ 巳 巳 民 | | | | | | |

돋보기
- 뜻 : **일만** • 소리 : **만** • 부수 : 艸부 • 획수 : 총13획
- 뜻 : **백성** • 소리 : **민** • 부수 : 氏부 • 획수 : 총 5획

새김글

- '年中(연중 : 한 해 동안 내내)'의 '年'자는 본래 음이 '년'이나 'ㄴ'이 단어의 첫 머리에서 발음되는 것을 꺼려 '연'으로 읽고 적습니다.

  참 두음법칙[47쪽]
- '萬'자의 부수는 '艸(풀 초)'자입니다. '艸'자가 부수로 쓰일 때에는 '艹' 또는 '䒑'와 같은 모양으로 변하여 글자의 머리 부분이나 밑 부분에 자리하기도 합니다.

다음은 8급 한자입니다. 순서에 따라 쓰며 익혀봅시다.

| | |
|---|---|
| 長 | |
| 긴 장 | 一 Γ F F 트 長 長 長 |
| 女 | |
| 계집 녀 | ㄑ 乆 女 |

돋보기
- 뜻 : **길다** • 소리 : **장** • 부수 : 長부 • 획수 : 총 8획
- 뜻 : **계집** • 소리 : **녀** • 부수 : 女부 • 획수 : 총 3획

| | |
|---|---|
| 教 | |
| 가르칠 교 | 丿 㐅 乄 ⺹ 耂 孝 孝 孝 孝 教 教 |
| 室 | |
| 집 실 | 丶 丷 宀 宀 宀 宏 室 室 室 |

돋보기
- 뜻 : **가르치다** • 소리 : **교** • 부수 : 攴부 • 획수 : 총11획
- 뜻 : **집** • 소리 : **실** • 부수 : 宀부 • 획수 : 총 9획

새김글
- '長女(장녀 : 맏딸)'에서 '長'자는 '맏이(여러 형제자매 가운데서 제일 손위인 사람)'를 뜻합니다.
- '教'자의 부수는 '攴(칠 복)'이나 글자 속에서 부수로 쓰일 때에는 '攵'과 같은 모양으로 변하여 쓰이기도 합니다.

다음은 8급 한자입니다. 순서에 따라 쓰며 익혀봅시다.

| | |
|---|---|
| 校 | |
| 학교 교 | 一 十 才 木 木' 栌 栌 栌 杉 校 |
| 門 | |
| 문 문 | 丨 Γ Ｐ ｐ ｐ' 門 門 門 |

돋보기
- 뜻 : **학교** • 소리 : **교** • 부수 : 木부 • 획수 : 총10획
- 뜻 : **문** • 소리 : **문** • 부수 : 門부 • 획수 : 총 8획

| | |
|---|---|
| 先 | |
| 먼저 선 | ノ ㅗ 屮 生 生 先 |
| 生 | |
| 날 생 | ノ ㅗ 노 牛 生 / ノ ㅗ 十 牛 生 |

돋보기
- 뜻 : **먼저** • 소리 : **선** • 부수 : 儿부 • 획수 : 총 6획
- 뜻 : **낳다** • 소리 : **생** • 부수 : 生부 • 획수 : 총 5획

새김글

- '生'자의 뜻인 '날'은 '낳다'를 뜻하며, 이외에 '살다, 생기다, 자라다, 서투르다, 싱싱하다, 백성' 등의 뜻으로도 쓰입니다. 이와 발음이 유사한 '日'자의 '날'은 '하루 중 환한 동안'을 뜻합니다. '日'자는 이외에 '해, 낮, 일본' 등의 뜻으로도 쓰입니다.

## 다음은 8급 한자입니다. 순서에 따라 쓰며 익혀봅시다.

| | | | | | | |
|---|---|---|---|---|---|---|
| 青 | 青 | | | | | |
| 푸를 청 | 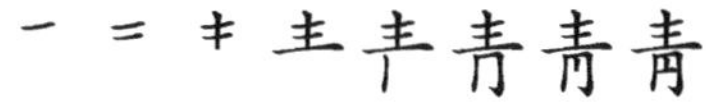 | | | | | |
| 山 | | | | | | |
| 메 산 |  | | | | | |

돋보기
- 뜻 : **푸르다** • 소리 : **청** • 부수 : 靑부 • 획수 : 총 8획
- 뜻 : **메** • 소리 : **산** • 부수 : 山부 • 획수 : 총 3획

| | | | | | | |
|---|---|---|---|---|---|---|
| 軍 | | | | | | |
| 군사 군 | 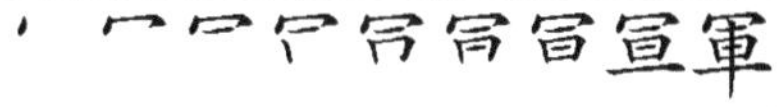 | | | | | |
| 人 | | | | | | |
| 사람 인 |  | | | | | |

돋보기
- 뜻 : **군사** • 소리 : **군** • 부수 : 車부 • 획수 : 총 9획
- 뜻 : **사람** • 소리 : **인** • 부수 : 人부 • 획수 : 총 2획

새김글

- '青'자는 서체에 따라 글자의 모양이 달라집니다. 보통 필기체로 쓸 때에는 '青' 자처럼 아래를 '月'로 쓰기도 합니다. 물론 시험에서도 두 글자 모두 인정합니다.
- '山'자의 뜻인 '메'는 '산을 예스럽게 이르는 말'입니다.
- 青山(청산) : 풀과 나무가 무성한 푸른 산.

## 다음은 8급 한자입니다. 순서에 따라 쓰며 익혀봅시다.

| 兄 | |
|---|---|
| 형 형 | 丶 口 口 尸 兄 |
| 弟 | |
| 아우 제 | 丶 丷 丷 弔 弟 弟 弟 |

돋보기
- 뜻 : **형** • 소리 : **형** • 부수 : 儿부 • 획수 : 총 5획
- 뜻 : **아우** • 소리 : **제** • 부수 : 弓부 • 획수 : 총 7획

| 韓 | |
|---|---|
| 나라 한 | 一 十 十 古 古 古 直 卓 卓 卓 韓 韓 韓 韓 韓 韓 韓 |
| 國 | |
| 나라 국 | 丨 冂 冂 冂 冂 冂 冂 國 國 國 國 |

돋보기
- 뜻 : **나라** • 소리 : **한** • 부수 : 韋부 • 획수 : 총17획
- 뜻 : **나라** • 소리 : **국** • 부수 : 口부 • 획수 : 총11획

새김글

- '兄弟'는 서로 뜻이 상대되는 한자로 결합된 상대어입니다.
- '韓'은 춘추 전국 시대에 으뜸의 자리를 다투었던 7대 강국 중의 하나였으나 조선 고종 34년(1897)에 국호를 '대한제국'이라 선포하고, 다시 1948년 8월 15일에 국호를 '대한민국'이라 선언하면서 우리나라를 뜻하게 되었습니다.

다음은 7급II 한자로 구성된 한자어입니다. 순서에 따라 쓰며 익혀봅시다.

| | |
|---|---|
| 手 | |
| 손 수 | 一 二 三 手 |
| 足 | |
| 발 족 | 丨 口 口 ⼝ 早 尸 足 |

돋보기
- 뜻 : **손** • 소리 : **수** • 부수 : 手부 • 획수 : 총 4획
- 뜻 : **발** • 소리 : **족** • 부수 : 足부 • 획수 : 총 7획

| | |
|---|---|
| 時 | |
| 때 시 | 丨 冂 日 日 日一 日+ 日土 日寺 時 時 |
| 間 | |
| 사이 간 | 丨 𠃌 𠃍 门 門 門 門 門 門 閂 間 間 |

돋보기
- 뜻 : **때** • 소리 : **시** • 부수 : 日부 • 획수 : 총10획
- 뜻 : **사이** • 소리 : **간** • 부수 : 門부 • 획수 : 총12획

새김글
- '手足'은 서로 뜻이 상대되는 한자로 결합된 상대어입니다.
- 手足(수족) : ① 손과 발. ② 형제나 자식. ③ 마음대로 부리는 사람.
- 時間(시간) : ① 어떤 시각에서 어떤 시각까지의 사이. ② 어떤 행동을 할 틈.

다음은 7급II 한자로 구성된 한자어입니다. 순서에 따라 쓰며 익혀봅시다.

| 間 | | | | | | | |
|---|---|---|---|---|---|---|---|
| 사이 간 | 丨 𠃌 𠃍 𠃎 門 門 門 門 門 間 間 間 | | | | | | |
| 食 | | | | | | | |
| 먹을 식 | 丿 人 𠆢 今 今 今 食 食 食 | | | | | | |

- 뜻 : **사이** · 소리 : **간** · 부수 : 門부 · 획수 : 총12획
- 뜻 : **먹다** · 소리 : **식** · 부수 : 食부 · 획수 : 총 9획

| 電 | | | | | | | |
|---|---|---|---|---|---|---|---|
| 번개 전 | 一 冖 冖 币 币 雨 雨 雨 雨 雷 雷 雷 電 | | | | | | |
| 氣 | | | | | | | |
| 기운 기 | 丿 𠂉 𠂉 气 气 气 气 氣 氣 氣 | | | | | | |

- 뜻 : **번개** · 소리 : **전** · 부수 : 雨부 · 획수 : 총13획
- 뜻 : **기운** · 소리 : **기** · 부수 : 气부 · 획수 : 총10획

**새김글**

- '間食'에서 '間'자는 '때 : 끼니 또는 식사 시간'을 뜻합니다.
- '電'자의 뜻인 '번개'는 '구름과 구름, 대지 사이에서 번쩍이는 불꽃'을 뜻합니다.
- '氣'자의 뜻인 '기운'은 '하늘과 땅 사이에 가득 차서, 만물이 나고 자라는 힘의 근원'을 뜻합니다.

다음은 7급II 한자로 구성된 한자어입니다. 순서에 따라 쓰며 익혀봅시다.

| | |
|---|---|
| 不 | |
| 아닐 불/부 | 一 ア 不 不 |
| 足 | |
| 발 족 | 丨 ㅁ ㅁ 𠯁 𠯁 𧾷 足 |

돋보기
- 뜻 : **아니다** • 소리 : **불** • 부수 : 一부 • 획수 : 총 4획
- 뜻 : **발** • 소리 : **족** • 부수 : 足부 • 획수 : 총 7획

| | |
|---|---|
| 直 | |
| 곧을 직 | 一 十 𠂇 古 冇 有 直 直 |
| 立 | |
| 설 립 | 丶 亠 亠 立 立 |

돋보기
- 뜻 : **곧다** • 소리 : **직** • 부수 : 目부 • 획수 : 총 8획
- 뜻 : **서다** • 소리 : **립** • 부수 : 立부 • 획수 : 총 5획

새김글

- '不'자는 대표 음이 '불'이나 뒷 말의 첫 소리가 'ㄷ'이나 'ㅈ'으로 시작되는 경우에는 '부'라고 읽고 적습니다.
- 不足(부족) : 넉넉하지 않음. 여기에서 '足'자는 '넉넉하다'를 뜻합니다.
- 直立(직립) : 꼿꼿하게 똑바로 섬.

다음은 7급II 한자로 구성된 한자어입니다. 순서에 따라 쓰며 익혀봅시다.

| | |
|---|---|
| 活 | |
| 살 활 | 丶 丶 氵 氵 汘 汘 汘 活 活 |
| 力 | |
| 힘 력 | 刀 力 |

돋보기
- 뜻 : **살다** • 소리 : **활** • 부수 : 水부 • 획수 : 총 9획
- 뜻 : **힘** • 소리 : **력** • 부수 : 力부 • 획수 : 총 2획

| | |
|---|---|
| 工 | |
| 장인 공 | 一 丅 工 |
| 場 | |
| 마당 장 | 一 十 土 圠 坦 坦 坦 埍 埍 場 場 場 |

돋보기
- 뜻 : **장인** • 소리 : **공** • 부수 : 工부 • 획수 : 총 3획
- 뜻 : **마당** • 소리 : **장** • 부수 : 土부 • 획수 : 총12획

새김글

- '活'자의 부수는 '水(물 수)'이나 글자 속에서는 '氵'와 같은 모양으로 변하여 쓰이기도 합니다.
- '工'자의 뜻인 '장인'은 '손으로 물건을 만드는 일을 업으로 하는 사람'을 뜻합니다.

다음은 7급II 한자로 구성된 한자어입니다. 순서에 따라 쓰며 익혀봅시다.

| 車 | | | | | | | |
|---|---|---|---|---|---|---|---|
| 수레 차 | 一 ㄏ 冂 ⺻ 亘 亘 車 | | | | | | |
| 道 | | | | | | | |
| 길 도 | 丶 丷 䒑 䒑 产 首 首 首 首 首 道 道 道 | | | | | | |

- 뜻 : **수레** • 소리 : **차/거** • 부수 : 車부 • 획수 : 총 7획
- 뜻 : **길** • 소리 : **도** • 부수 : 辶부 • 획수 : 총13획

| 安 | | | | | | | |
|---|---|---|---|---|---|---|---|
| 편안 안 | 丶 丶 宀 它 安 安 | | | | | | |
| 全 | | | | | | | |
| 온전 전 | 丿 入 亼 亼 仝 全 | | | | | | |

- 뜻 : **편안** • 소리 : **안** • 부수 : 宀부 • 획수 : 총 6획
- 뜻 : **온전** • 소리 : **전** • 부수 : 入부 • 획수 : 총 6획

새김글

- '車'자는 쓰임에 따라 소리가 변하여 '거' 또는 '차'로 읽고 적습니다.
  참 자동차自動車, 자전거自轉車.
- '道'자의 대표 훈은 '길'이나 '행정구역'을 뜻하는 말로 쓰이기도 합니다. 우리나라의 행정구역으로는 '특별시市, 광역시市, 도道, 군郡, 읍邑, 면面' 따위가 있습니다.

다음은 7급Ⅱ 한자로 구성된 한자어입니다. 순서에 따라 쓰며 익혀봅시다.

| | |
|---|---|
| 男 | |
| 사내 남 | 丨 冂 曰 田 田 男 男 |
| 子 | |
| 아들 자 | 乛 了 子 |

돋보기
- 뜻 : **사내** • 소리 : **남** • 부수 : 田부 • 획수 : 총 7획
- 뜻 : **아들** • 소리 : **자** • 부수 : 子부 • 획수 : 총 3획

| | |
|---|---|
| 每 | |
| 매양 매 | 丿 𠂉 仁 勾 每 每 每 |
| 事 | |
| 일 사 | 一 丅 冖 亘 写 写 亊 事 |

돋보기
- 뜻 : **매양** • 소리 : **매** • 부수 : 毋부 • 획수 : 총 7획
- 뜻 : **일** • 소리 : **사** • 부수 : 亅부 • 획수 : 총 8획

새김글
- '每'자의 뜻인 '매양'은 '번번이 : 매 때마다'를 뜻합니다.
- '每'자와 '事'자는 '뚫고 지나는 획은 맨 나중에 쓴다.'는 필순 규칙(참 70쪽)에 따라 '一'과 '亅'을 맨 나중에 씁니다.

다음은 7급Ⅱ 한자로 구성된 한자어입니다. 순서에 따라 쓰며 익혀봅시다.

| 動 | | | | | | |
|---|---|---|---|---|---|---|
| 움직일 동 | 一 二 亠 𠂉 ... 重 重 動 動 | | | | | |
| 物 | | | | | | |
| 물건 물 | 丿 ㅏ 牛 牛 牜 牞 物 物 | | | | | |

돋보기
- 뜻 : **움직이다** • 소리 : **동** • 부수 : 力부 • 획수 : 총11획
- 뜻 : **물건** • 소리 : **물** • 부수 : 牛부 • 획수 : 총 8획

| 平 | | | | | | |
|---|---|---|---|---|---|---|
| 평평할 평 | 一 ㇀ 二 丷 平 | | | | | |
| 方 | | | | | | |
| 모 방 | 丶 亠 亢 方 | | | | | |

돋보기
- 뜻 : **평평하다** • 소리 : **평** • 부수 : 干부 • 획수 : 총 5획
- 뜻 : **모** • 소리 : **방** • 부수 : 方부 • 획수 : 총 4획

새김글
- '物'자의 대표 훈은 '물건'이나 '動物'에서는 '생명을 지닌 물체'를 뜻합니다.
- '方'자의 대표 훈은 '모'이나 '平方'에서는 '네모'를 뜻합니다.
- 平方(평방) : 정사각형의 넓이. 예 50cm 평방의 종이에 그림을 그렸다.

다음은 7급II 한자로 구성된 한자어입니다. 순서에 따라 쓰며 익혀봅시다.

| 農 | | | | | | | |
|---|---|---|---|---|---|---|---|
| 농사 농 | 丶 口 曰 曲 曲 曲 曲 严 農 農 農 農 農 | | | | | | |
| 家 | | | | | | | |
| 집 가 | 丶 丶 宀 宀 宁 宇 家 家 家 家 | | | | | | |

돋보기
- 뜻 : **농사** • 소리 : **농** • 부수 : 辰부 • 획수 : 총13획
- 뜻 : **집** • 소리 : **가** • 부수 : 宀부 • 획수 : 총10획

| 正 | | | | | | | |
|---|---|---|---|---|---|---|---|
| 바를 정 | 一 丅 下 正 正 | | | | | | |
| 答 | | | | | | | |
| 대답 답 | 丿 𠂉 𥫗 竹 竹 竺 竺 笑 笑 笒 答 答 | | | | | | |

돋보기
- 뜻 : **바르다** • 소리 : **정** • 부수 : 止부 • 획수 : 총 5획
- 뜻 : **대답** • 소리 : **답** • 부수 : 竹부 • 획수 : 총12획

새김글

- 農家(농가) : 농사를 생업으로 하는 사람의 집.
- 正答(정답) : 옳은 답. 예 수수께끼의 정답은 알고 나면 너무 쉽다.
- 상대어 : 서로 뜻이 반대, 또는 상대되는 한자의 결합어.

  예 男(사내 남) ↔ 女(계집 녀), 大(큰 대) ↔ 小(작을 소), 上(윗 상) ↔ 下(아래 하)

다음은 7급II 한자로 구성된 한자어입니다. 순서에 따라 쓰며 익혀봅시다.

| | |
|---|---|
| 左 | |
| 왼 좌 | 一 ナ 𠂇 𠂇 左 |
| 右 | |
| 오른 우 | ノ ナ 𠂇 右 右 |

돋보기
- 뜻 : **왼** • 소리 : **좌** • 부수 : 工부 • 획수 : 총 5획
- 뜻 : **오른** • 소리 : **우** • 부수 : 口부 • 획수 : 총 5획

| | |
|---|---|
| 自 | |
| 스스로 자 | ′ 亻 门 白 自 自 |
| 動 | |
| 움직일 동 | ′ 二 千 千 台 育 盲 重 重 動 動 |

돋보기
- 뜻 : **스스로** • 소리 : **자** • 부수 : 自부 • 획수 : 총 6획
- 뜻 : **움직이다** • 소리 : **동** • 부수 : 力부 • 획수 : 총11획

새김글
- '左右'는 서로 뜻이 상대되는 한자로 결합된 상대어입니다.
- '右'자는 '丿'을 '一'보다 먼저 쓰고, '左'자는 '丿'을 '一'보다 나중에 씁니다.
- '自'자의 뜻인 '스스로'는 '자기 자신' 또는 '제 힘으로'를 뜻합니다.

다음은 7급II 한자로 구성된 한자어입니다. 순서에 따라 쓰며 익혀봅시다.

| | |
|---|---|
| 世 | |
| 인간 세 | 一 十 廿 廿 世 |
| 間 | |
| 사이 간 | 丨 ｢ ｢ 尸 尸 門 門 門 門 門 間 間 |

돋보기
- 뜻 : **인간** • 소리 : **세** • 부수 : 一부 • 획수 : 총 5획
- 뜻 : **사이** • 소리 : **간** • 부수 : 門부 • 획수 : 총12획

| | |
|---|---|
| 孝 | |
| 효도 효 | 一 十 土 耂 耂 孝 孝 |
| 子 | |
| 아들 자 | 乛 了 子 |

돋보기
- 뜻 : **효도** • 소리 : **효** • 부수 : 子부 • 획수 : 총 7획
- 뜻 : **아들** • 소리 : **자** • 부수 : 子부 • 획수 : 총 3획

새김글

- 世間(세간) : 세상 일반. 세상에 널리 알려진 소문.
- '孝'자의 뜻인 '효도'는 '부모를 잘 섬기는 도리'와 '아버지나 어머니의 장례를 정성껏 잘 모시는 것'을 뜻합니다.

다음은 7급II 한자로 구성된 한자어입니다. 순서에 따라 쓰며 익혀봅시다.

| 民 | | | | | | |
|---|---|---|---|---|---|---|
| 백성 민 | ㇆ ㇅ 㔾 巨 民 | | | | | |
| 話 | | | | | | |
| 말씀 화 | 丶 亠 亠 言 言 言 言 言 訁 訐 訐 話 話 | | | | | |

돋보기
- 뜻 : **백성** • 소리 : **민** • 부수 : 氏부 • 획수 : 총 5획
- 뜻 : **말씀** • 소리 : **화** • 부수 : 言부 • 획수 : 총13획

| 前 | | | | | | |
|---|---|---|---|---|---|---|
| 앞 전 | 丶 丷 䒑 产 肻 肻 前 前 前 | | | | | |
| 後 | | | | | | |
| 뒤 후 | 丿 彳 彳 彳 祄 後 後 後 後 | | | | | |

돋보기
- 뜻 : **앞** • 소리 : **전** • 부수 : 刀부 • 획수 : 총 9획
- 뜻 : **뒤** • 소리 : **후** • 부수 : 彳부 • 획수 : 총 9획

새김글
- 民話(민화) : 민간에 전해 내려오는 옛날이야기.
- '前後'는 서로 뜻이 상대되는 한자로 결합된 상대어입니다.
- '前'자의 부수는 '刀(칼 도)'이나 글자 속에서는 '刂'처럼 모양이 변하기도 합니다.

다음은 7급II 한자로 구성된 한자어입니다. 순서에 따라 쓰며 익혀봅시다.

| | |
|---|---|
| 海 | |
| 바다 해 | 丶 丶 氵 氵 汇 汇 海 海 海 海 |
| 內 | |
| 안 내 | 丨 冂 内 內 |

돋보기
- 뜻 : **바다** • 소리 : **해** • 부수 : 水부 • 획수 : 총10획
- 뜻 : **안** • 소리 : **내** • 부수 : 入부 • 획수 : 총 4획

| | |
|---|---|
| 正 | |
| 바를 정 | 一 丅 下 正 正 |
| 午 | |
| 낮 오 | 丿 𠂉 午 午 |

돋보기
- 뜻 : **바르다** • 소리 : **정** • 부수 : 止부 • 획수 : 총 5획
- 뜻 : **낮** • 소리 : **오** • 부수 : 十부 • 획수 : 총 4획

새김글

- '內'자는 서체에 따라 부수 '入(들 입)'이 '人(사람 인)'으로 변하여 '内'자와 같이 쓰기도 하나 부수[入(들 입)]는 변함이 없습니다.
- 海內(해내) : ① '바다로 둘러싸인 육지'라는 뜻으로, '나라 안'을 이르는 말. ② '사해四海의 안'이라는 뜻으로, '천하'를 이르는 말.

다음은 7급II 한자로 구성된 한자어입니다. 순서에 따라 쓰며 익혀봅시다.

| | |
|---|---|
| 漢 | |
| 한수 한 | 丶 丶 氵 氵 汁 洪 洪 泄 淽 淽 漌 漌 漢 漢 |
| 江 | |
| 강 강 | 丶 丶 氵 氵 汀 江 |

돋보기
- 뜻 : **한수** · 소리 : **한** · 부수 : 水부 · 획수 : 총14획
- 뜻 : **강** · 소리 : **강** · 부수 : 水부 · 획수 : 총 6획

| | |
|---|---|
| 記 | |
| 기록할 기 | 丶 亠 二 亖 言 言 言 訁 訂 記 |
| 事 | |
| 일 사 | 一 丅 丆 戸 亨 亊 亊 事 |

돋보기
- 뜻 : **기록하다** · 소리 : **기** · 부수 : 言부 · 획수 : 총10획
- 뜻 : **일** · 소리 : **사** · 부수 : 亅부 · 획수 : 총 8획

새김글

- 漢江(한강) : ① 우리나라 중부를 흐르는 강. ② '물이 많이 괸 것'을 과장하여 이르는 말. 예 행주산성에 오르니 한강이 내려다 보였다.
- '記'자는 '言(말씀 언)'자와 '己(몸 기)'자를 서로 결합하여 만든 글자로, '己(몸 기)'자는 '已(그칠 이)'자, '巳(뱀 사)'자 등과 혼동하기 쉬우므로 주의해야 합니다.

다음은 7급II 한자로 구성된 한자어입니다. 순서에 따라 쓰며 익혀봅시다

| | |
|---|---|
| 姓 | |
| 성 성 | ㄑ 乆 女 女' 女' 女' 女' 姓 |
| 名 | |
| 이름 명 | ノ ク タ タ 名 名 |

돋보기
- 뜻 : **성** • 소리 : **성** • 부수 : 女부 • 획수 : 총 8획
- 뜻 : **이름** • 소리 : **명** • 부수 : 口부 • 획수 : 총 6획

| | |
|---|---|
| 上 | |
| 윗 상 | ㅣ ㅏ 上 |
| 下 | |
| 아래 하 | 一 丅 下 |

돋보기
- 뜻 : **위 / 윗** • 소리 : **상** • 부수 : 一부 • 획수 : 총 3획
- 뜻 : **아래** • 소리 : **하** • 부수 : 一부 • 획수 : 총 3획

새김글

- '姓'자의 뜻인 '성'은 같은 조상으로부터 갈려 나온 친족을 나타내기 위하여 붙이는 칭호로, 주로 아버지와 자식 간에 대대로 이어 나갑니다
- '上下'는 서로 뜻이 상대되는 한자로 결합된 상대어입니다.

다음은 7급II 한자로 구성된 한자어입니다. 순서에 따라 쓰며 익혀봅시다.

| 空 | | | | | | | |
|---|---|---|---|---|---|---|---|
| 빌 공 | 丶 丷 宀 穴 穴 宆 空 空 | | | | | | |
| 氣 | | | | | | | |
| 기운 기 | 丿 𠂉 𠂉 气 气 气 気 氧 氣 氣 | | | | | | |

돋보기
- 뜻 : **비다** • 소리 : **공** • 부수 : 穴부 • 획수 : 총 8획
- 뜻 : **기운** • 소리 : **기** • 부수 : 气부 • 획수 : 총10획

| 市 | | | | | | | |
|---|---|---|---|---|---|---|---|
| 저자 시 | 丶 亠 亠 亣 市 | | | | | | |
| 場 | | | | | | | |
| 마당 장 | 一 十 土 圠 坦 坦 坦 埕 埸 場 場 場 | | | | | | |

돋보기
- 뜻 : **저자** • 소리 : **시** • 부수 : 巾부 • 획수 : 총 5획
- 뜻 : **마당** • 소리 : **장** • 부수 : 土부 • 획수 : 총12획

새김글

- '空'자와 어울려 한자어를 이루는 낱말.
  - 참 空車(공차), 空山(공산), 時空(시공).
- '市'자의 뜻인 '저자'는 '시장市場' 또는 '시장에서 물건을 파는 가게'를 뜻합니다.
  - 참 저잣거리 : 가게가 죽 늘어서 있는 거리.

다음은 7급 한자로 구성된 한자어입니다. 순서에 따라 쓰며 익혀봅시다.

| | |
|---|---|
| 歌 | |
| 노래 가 | 一 丅 丆 可 可 哥 哥 哥 哥 哥 哥 歌 歌 歌 |
| 手 | |
| 손 수 | 丿 二 三 手 |

돋보기
- 뜻 : **노래** · 소리 : **가** · 부수 : 欠부 · 획수 : 총14획
- 뜻 : **손** · 소리 : **수** · 부수 : 手부 · 획수 : 총 4획

| | |
|---|---|
| 國 | |
| 나라 국 | 丨 冂 冂 冂 冂 冂 同 国 國 國 國 |
| 旗 | |
| 기 기 | 丶 亠 方 方 方 方 方 方 旂 旂 旂 旗 旗 旗 |

돋보기
- 뜻 : **나라** · 소리 : **국** · 부수 : 囗부 · 획수 : 총11획
- 뜻 : **기** · 소리 : **기** · 부수 : 方부 · 획수 : 총14획

새김글

- '手'자의 대표 훈은 '손'이나 '歌手'에서는 '그것을 직업으로 하는 사람'을 뜻합니다. 참 木手(목수), 旗手(기수).
- 歌手(가수) : 노래 부르는 것을 직업으로 하는 사람.
- 國旗(국기) : 한 나라의 역사, 국민성, 이상 따위를 상징하는 기.

## 다음은 7급 한자로 구성된 한자어입니다. 순서에 따라 쓰며 익혀봅시다.

| | |
|---|---|
| 登 | |
| 오를 등 | 登 (12획 필순) |
| 山 | |
| 메 산 | 丨 山 山 |

돋보기
- 뜻 : **오르다** • 소리 : **등** • 부수 : 癶부 • 획수 : 총12획
- 뜻 : **메** • 소리 : **산** • 부수 : 山부 • 획수 : 총 3획

| | |
|---|---|
| 來 | |
| 올 래/내 | 來 (8획 필순) |
| 年 | |
| 해 년 | 年 (6획 필순) |

돋보기
- 뜻 : **오다** • 소리 : **래** • 부수 : 人부 • 획수 : 총 8획
- 뜻 : **해** • 소리 : **년** • 부수 : 干부 • 획수 : 총 6획

새김글

- 登山(등산) : 산에 오름.
- '來年'에서 '來'자의 본음은 '래'이나 여기에서는 두음법칙에 의해 '내'로 읽고 적습니다. 참 두음법칙 : 낱말의 첫머리에서 'ㄴ'은 'ㅇ'으로 적고, 'ㄹ'은 'ㄴ'이나 'ㅇ'으로 적는 따위.
- 來年(내년) : 올해의 바로 다음 해.

다음은 7급 한자로 구성된 한자어입니다. 순서에 따라 쓰며 익혀봅시다.

| | |
|---|---|
| 洞 | |
| 골 동 | 丶 丶 氵 氵 汀 汌 洞 洞 洞 |
| 里 | |
| 마을 리 | 丨 口 日 日 旦 甲 里 |

돋보기
- 뜻 : **골** · 소리 : **동** · 부수 : 水부 · 획수 : 총 9획
- 뜻 : **마을** · 소리 : **리** · 부수 : 里부 · 획수 : 총 7획

| | |
|---|---|
| 問 | |
| 물을 문 | 丨 卩 卩 門 門 門 門 門 問 問 問 |
| 答 | |
| 대답 답 | ノ 𠂉 𥫗 竹 竹 竹 笁 笅 笅 笒 答 答 |

돋보기
- 뜻 : **묻다** · 소리 : **문** · 부수 : 口부 · 획수 : 총11획
- 뜻 : **대답** · 소리 : **답** · 부수 : 竹부 · 획수 : 총12획

새김글

- '洞'자의 뜻인 '골'은 '골짜기, 구렁'을 뜻하나 '洞里'에서는 '마을'을 뜻합니다.
- 洞里(동리) : ① 마을 ② 행정구역인 동과 리를 이르는 말.
- 問答(문답) : 물음과 대답, 또는 서로 묻고 대답함.
- '問答'은 서로 뜻이 상대되는 한자로 결합된 상대어입니다.

다음은 7급 한자로 구성된 한자어입니다. 순서에 따라 쓰며 익혀봅시다.

| 同 | | | | | | |
|---|---|---|---|---|---|---|
| 한가지 동 | 丨 冂 冂 同 同 同 | | | | | |
| 心 | | | | | | |
| 마음 심 | 丶 心 心 心 | | | | | |

돋보기
- 뜻 : **한가지** • 소리 : **동** • 부수 : 口부 • 획수 : 총 6획
- 뜻 : **마음** • 소리 : **심** • 부수 : 心부 • 획수 : 총 4획

| 老 | | | | | | |
|---|---|---|---|---|---|---|
| 늙을 로/노 | 一 十 土 耂 耂 老 | | | | | |
| 少 | | | | | | |
| 적을 소 | 亅 小 小 少 | | | | | |

돋보기
- 뜻 : **늙다** • 소리 : **로** • 부수 : 老부 • 획수 : 총 6획
- 뜻 : **적다** • 소리 : **소** • 부수 : 小부 • 획수 : 총 4획

새김글
- 同心(동심) : 마음을 같이함, 또는 같은 마음.
- 老少(노소) : 늙은이와 젊은이.
- '少'자의 대표 훈은 '적다'이나 '老少'에서는 '젊다'를 뜻합니다.
- '老少'는 서로 뜻이 상대되는 한자로 결합된 상대어입니다.

다음은 7급 한자로 구성된 한자어입니다. 순서에 따라 쓰며 익혀봅시다.

| | |
|---|---|
| 植 | |
| 심을 식 | 一 十 才 木 木' 木' 朾 枯 枯 植 植 植 |
| 木 | |
| 나무 목 | 一 十 才 木 |

돋보기
- 뜻 : **심다** · 소리 : **식** · 부수 : 木부 · 획수 : 총12획
- 뜻 : **나무** · 소리 : **목** · 부수 : 木부 · 획수 : 총 4획

| | |
|---|---|
| 便 | |
| 편할 편 | 丿 亻 亻 亻 佢 佰 佰 便 便 |
| 安 | |
| 편안 안 | 丶 丶 宀 它 安 安 |

돋보기
- 뜻 : **편하다** · 소리 : **편** · 부수 : 人부 · 획수 : 총 9획
- 뜻 : **편안** · 소리 : **안** · 부수 : 宀부 · 획수 : 총 6획

새김글

- 植木(식목) : 나무를 심음. 나무심기.
- 便安(편안) : 편하고 걱정 없이 좋음.
- '便'자는 쓰임에 따라 뜻과 소리가 달라지는 글자입니다.
  - 참 便(편할 편, 똥오줌 변)
- '便安'은 서로 뜻이 비슷한 한자끼리 결합된 유의어입니다.

다음은 7급 한자로 구성된 한자어입니다. 순서에 따라 쓰며 익혀봅시다.

| | |
|---|---|
| 天 | |
| 하늘 천 | 一 二 チ 天 |
| 然 | |
| 그럴 연 | ノ ク タ タ タ一 外 外 伏 狀 㸐 然 然 |

돋보기
- 뜻 : **하늘** • 소리 : **천** • 부수 : 大부 • 획수 : 총 4획
- 뜻 : **그러하다** • 소리 : **연** • 부수 : 火부 • 획수 : 총12획

| | |
|---|---|
| 有 | |
| 있을 유 | ノ ナ 十 冇 有 有 |
| 色 | |
| 빛 색 | ノ ク 仒 夻 多 色 |

돋보기
- 뜻 : **있다** • 소리 : **유** • 부수 : 月부 • 획수 : 총 6획
- 뜻 : **빛** • 소리 : **색** • 부수 : 色부 • 획수 : 총 6획

새김글
- '然'자의 부수는 '火'이나 글자 속에서는 '灬'처럼 모양이 변하기도 합니다.
- 天然(천연) : 사람의 힘을 가하지 아니한 상태. 천지자연.
- '有'자는 '右'자와 같이 '一'보다 'ノ'을 짧게 쓰므로 'ノ'을 먼저 씁니다.
- 有色(유색) : 빛깔이 있음. 참 유색인종.

다음은 7급 한자로 구성된 한자어입니다. 순서에 따라 쓰며 익혀봅시다.

| | |
|---|---|
| 春 | |
| 봄 춘 | 一 = 三 夫 夫 夫 春 春 春 |
| 秋 | |
| 가을 추 | ˊ ˊ 千 禾 禾 禾 禾ˊ 秒 秋 |

돋보기
- 뜻 : **봄** • 소리 : **춘** • 부수 : 日부 • 획수 : 총 9획
- 뜻 : **가을** • 소리 : **추** • 부수 : 禾부 • 획수 : 총 9획

| | |
|---|---|
| 母 | |
| 어미 모 | 乚 𠃊 母 母 母 |
| 語 | |
| 말씀 어 | ˋ 亠 ⺀ 言 言 言 言 言 訂 訂 語 語 語 語 |

돋보기
- 뜻 : **어미** • 소리 : **모** • 부수 : 毋부 • 획수 : 총 5획
- 뜻 : **말씀** • 소리 : **어** • 부수 : 言부 • 획수 : 총14획

새김글

- 春秋(춘추) : ① 봄가을. ② 1년의 세월. ③ 어른의 나이를 높여 이르는 말.
- '春秋'는 서로 뜻이 상대되는 한자로 결합된 상대어입니다.
- 母語(모어) : ① 자라나면서 배운, 바탕이 되는 말. ② 모국어.
- '母'자는 부수 '毋(말 무)'자에 1획을 더하여 만든 글자입니다.

다음은 7급 한자로 구성된 한자어입니다. 순서에 따라 쓰며 익혀봅시다.

| | |
|---|---|
| 育 | |
| 기를 육 | 丶 亠 亠 云 产 育 育 育 |
| 林 | |
| 수풀 림 | 一 十 才 木 木 村 材 林 |

돋보기
- 뜻 : **기르다** • 소리 : **육** • 부수 : 肉부 • 획수 : 총 8획
- 뜻 : **수풀** • 소리 : **림** • 부수 : 木부 • 획수 : 총 8획

| | |
|---|---|
| 入 | |
| 들 입 | 丿 入 |
| 口 | |
| 입 구 | 丨 冂 口 |

돋보기
- 뜻 : **들어가다** • 소리 : **입** • 부수 : 入부 • 획수 : 총 2획
- 뜻 : **입** • 소리 : **구** • 부수 : 口부 • 획수 : 총 3획

새김글
- 育林(육림) : 나무를 심거나 씨를 뿌려 인공적으로 나무를 가꾸는 일.
- '育'자의 부수는 '肉(고기 육)'이나 글자 속에서는 '月'처럼 모양이 변하기도 합니다.
- 入口(입구) : 들어가는 통로. 들어오는 곳.
- '入'자의 뜻인 '들'은 '들이다, 들어오다, 들어가다'를 뜻합니다.

다음은 7급 한자로 구성된 한자어입니다. 순서에 따라 쓰며 익혀봅시다.

| | |
|---|---|
| 地 | |
| 땅 지 | 一 十 土 圠 圵 地 |
| 主 | |
| 주인 주 | 丶 亠 亡 主 主 |

돋보기
- 뜻 : **땅** • 소리 : **지** • 부수 : 土부 • 획수 : 총 6획
- 뜻 : **주인** • 소리 : **주** • 부수 : 丶부 • 획수 : 총 5획

| | |
|---|---|
| 邑 | |
| 고을 읍 | 丨 口 口 吕 吊 吕 邑 |
| 面 | |
| 낯 면 | 一 丆 丆 丙 而 而 面 面 面 |

돋보기
- 뜻 : **고을** • 소리 : **읍** • 부수 : 邑부 • 획수 : 총 7획
- 뜻 : **낯** • 소리 : **면** • 부수 : 面부 • 획수 : 총 9획

새김글

- 地主(지주) : 토지의 소유자.
- '邑'자나 '面'자처럼 글자와 부수가 같은 글자를 '제부수' 글자라고 합니다.
- '面'자의 뜻인 '낯'은 '① 얼굴 ② 남을 대할 만한 체면'을 뜻합니다.
- 邑面(읍면) : 행정구역인 읍과 면을 아울러 이르는 말.

다음은 7급 한자로 구성된 한자어입니다. 순서에 따라 쓰며 익혀봅시다.

| | |
|---|---|
| 文 | |
| 글월 문 | 丶 亠 ナ 文 |
| 字 | |
| 글자 자 | 丶 丷 宀 宁 字 字 |

돋보기
- 뜻 : **글월** • 소리 : **문** • 부수 : 文부 • 획수 : 총 4획
- 뜻 : **글자** • 소리 : **자** • 부수 : 子부 • 획수 : 총 6획

| | |
|---|---|
| 祖 | |
| 할아비 조 | 丶 二 ラ ネ ネ 礼 祁 祁 祖 祖 |
| 上 | |
| 윗 상 | 丨 ト 上 / 丨 ト 上 |

돋보기
- 뜻 : **할아비** • 소리 : **조** • 부수 : 示부 • 획수 : 총10획
- 뜻 : **위 / 윗** • 소리 : **상** • 부수 : 一부 • 획수 : 총 3획

새김글
- 文字(문자) : 말이나 소리를 눈으로 볼 수 있도록 나타낸 부호.
- 祖上(조상) : 돌아간 어버이 위로 대대의 어른.
- '祖'자의 뜻인 '할아비'는 '할아버지'의 낮춤말로, '할아버지가 손자, 손녀에게 자기 자신을 이르는 말'입니다.

다음은 7급 한자로 구성된 한자어입니다. 순서에 따라 쓰며 익혀봅시다.

| | |
|---|---|
| 重 | |
| 무거울 중 | 一 二 千 旨 亩 亩 重 重 重 |
| 力 | |
| 힘 력 | 丁 力 |

돋보기
- 뜻 : **무겁다** • 소리 : **중** • 부수 : 里부 • 획수 : 총 9획
- 뜻 : **힘** • 소리 : **력** • 부수 : 力부 • 획수 : 총 2획

| | |
|---|---|
| 百 | |
| 일백 백 | 一 丆 丆 百 百 百 |
| 花 | |
| 꽃 화 | 一 十 廾 艹 艹 花 花 花 |

돋보기
- 뜻 : **일백** • 소리 : **백** • 부수 : 白부 • 획수 : 총 6획
- 뜻 : **꽃** • 소리 : **화** • 부수 : 艸부 • 획수 : 총 8획

새김글
- 重力(중력) : 지구 위의 물체가 지구로부터 받는 힘.
- 百花(백화) : 온갖 꽃. 참 白花(백화) : 흰 꽃.
- '百'자의 대표 훈은 '일백(십의 열배)'이나 '百花'에서는 '온갖, 모든'을 뜻합니다.
- '花'자의 부수는 '艸'이나 글자 속에서는 '卄, 艹'처럼 모양이 변하기도 합니다.

다음은 7급 한자로 구성된 한자어입니다. 순서에 따라 쓰며 익혀봅시다.

| | |
|---|---|
| 夏 | |
| 여름 하 | 一 丆 丆 丙 丙 百 百 頁 夏 夏 |
| 冬 | |
| 겨울 동 | 丿 ク 夂 冬 冬 |

돋보기
- 뜻 : **여름** • 소리 : **하** • 부수 : 夊부 • 획수 : 총10획
- 뜻 : **겨울** • 소리 : **동** • 부수 : 冫부 • 획수 : 총 5획

| | |
|---|---|
| 算 | |
| 셈 산 | 丿 𠂉 𥫗 𥫗 竹 竹 笪 笪 笪 笪 笪 筫 算 算 |
| 出 | |
| 날 출 | 丨 屮 屮 出 出 |

돋보기
- 뜻 : **셈** • 소리 : **산** • 부수 : 竹부 • 획수 : 총14획
- 뜻 : **나오다** • 소리 : **출** • 부수 : 凵부 • 획수 : 총 5획

새김글
- 夏冬(하동) : 여름과 겨울을 아울러 이르는 말.
- '夏冬'은 서로 뜻이 상대되는 한자로 결합된 상대어입니다.
- '算'자의 뜻인 '셈'은 '수를 세는 일'을 뜻합니다.
- 算出(산출) : 계산을 해냄.

다음은 7급 한자로 구성된 한자어입니다. 순서에 따라 쓰며 익혀봅시다.

| | |
|---|---|
| 小 | |
| 작을 소 | 亅 小 小 |
| 川 | |
| 내 천 | 丿 川 川 |

돋보기
- 뜻 : **작다** • 소리 : **소** • 부수 : 小부 • 획수 : 총 3획
- 뜻 : **내** • 소리 : **천** • 부수 : 巛부 • 획수 : 총 3획

| | |
|---|---|
| 休 | |
| 쉴 휴 | 丿 亻 仁 什 休 休 |
| 紙 | |
| 종이 지 | 乙 幺 幺 糸 糸 糸 紅 紅 紙 紙 |

돋보기
- 뜻 : **쉬다** • 소리 : **휴** • 부수 : 人부 • 획수 : 총 6획
- 뜻 : **종이** • 소리 : **지** • 부수 : 糸부 • 획수 : 총10획

새김글

- 小川(소천) : 자그마한 내. 소하천.
- '川'자의 뜻인 '내'는 '시내보다는 크지만 강보다는 작은 물줄기'를 뜻합니다.
- 休紙(휴지) : 쓸모없는 종이.
- '紙'자의 부수는 '糸'이나 글자 속에서는 '糹'처럼 모양이 변하기도 합니다.

다음은 7급 한자로 구성된 한자어입니다. 순서에 따라 쓰며 익혀봅시다.

| 秋 | | | | | | |
|---|---|---|---|---|---|---|
| 가을 추 | ノ 二 千 禾 禾 禾 禾' 秒 秋 | | | | | |
| 夕 | | | | | | |
| 저녁 석 | ノ ク 夕 | | | | | |

돋보기
- 뜻 : **가을** • 소리 : **추** • 부수 : 禾부 • 획수 : 총 9획
- 뜻 : **저녁** • 소리 : **석** • 부수 : 夕부 • 획수 : 총 3획

| 住 | | | | | | |
|---|---|---|---|---|---|---|
| 살 주 | ノ 亻 亻' 仁 仁 住 住 | | | | | |
| 所 | | | | | | |
| 바 소 | 丶 ㄱ ㅋ 戶 戶' 所 所 所 | | | | | |

돋보기
- 뜻 : **살다** • 소리 : **주** • 부수 : 人부 • 획수 : 총 7획
- 뜻 : **바** • 소리 : **소** • 부수 : 戶부 • 획수 : 총 8획

새김글
- 秋夕(추석) : 우리나라 명절의 하나인 음력 팔월 보름날
- 住所(주소) : 일정한 곳에 자리를 잡고 사는 곳.
- '所'자의 뜻인 '바'는 '앞에서 말한 내용 그 자체나 일 따위를 나타내는 말' 또는 '곳, 처소'를 뜻합니다.

다음은 7급 한자로 구성된 한자어입니다. 순서에 따라 쓰며 익혀봅시다.

| | |
|---|---|
| 數 | |
| 셈 수 | 丶 口 口 日 日 目 串 串 婁 婁 婁 婁 婁 數 數 |
| 千 | |
| 일천 천 | 丿 二 千 |

돋보기
- 뜻 : **셈** • 소리 : **수** • 부수 : 攴부 • 획수 : 총15획
- 뜻 : **일천** • 소리 : **천** • 부수 : 十부 • 획수 : 총 3획

| | |
|---|---|
| 花 | |
| 꽃 화 | 一 十 艹 艹 艹 芢 芢 花 |
| 草 | |
| 풀 초 | 一 十 艹 艹 艹 芇 苩 苜 萓 草 |

돋보기
- 뜻 : **꽃** • 소리 : **화** • 부수 : 艸부 • 획수 : 총 8획
- 뜻 : **풀** • 소리 : **초** • 부수 : 艸부 • 획수 : 총10획

새김글

- 數千(수천) : 천의 두서너 배가 되는 수.
- '數'자의 대표 훈은 '셈(수를 세는 일)'이나 '數千'에서는 '몇, 두서너'를 뜻합니다.
- '數'자의 부수는 '攴'이나 글자 속에서는 '攵'처럼 모양이 변하기도 합니다.
- 花草(화초) : 꽃이 피는 풀과 나무 또는 모든 식물을 통틀어 이르는 말.

다음은 7급 한자로 구성된 한자어입니다. 순서에 따라 쓰며 익혀봅시다.

| 村 | | | | | | |
|---|---|---|---|---|---|---|
| 마을 촌 | 一 十 才 木 木 村 村 | | | | | |
| 夫 | | | | | | |
| 지아비 부 | 一 二 夫 夫 | | | | | |

돋보기
- 뜻 : **마을** • 소리 : **촌** • 부수 : 木부 • 획수 : 총 7획
- 뜻 : **지아비** • 소리 : **부** • 부수 : 大부 • 획수 : 총 4획

| 天 | | | | | | |
|---|---|---|---|---|---|---|
| 하늘 천 | 一 二 チ 天 | | | | | |
| 命 | | | | | | |
| 목숨 명 | ノ 人 亼 亼 合 合 合 命 | | | | | |

돋보기
- 뜻 : **하늘** • 소리 : **천** • 부수 : 大부 • 획수 : 총 4획
- 뜻 : **목숨** • 소리 : **명** • 부수 : 口부 • 획수 : 총 8획

새김글

- 村夫(촌부) : 시골에 사는 남자.
- '夫'자의 뜻인 '지아비'는 '① 웃어른 앞에서 자기 남편을 낮추어 이르는 말 ② 남편을 예스럽게 이르는 말'을 뜻합니다.
- 天命(천명) : 타고난 수명. 타고난 운명.

한자능력
검정시험

# 본문학습

# 학습 도움

## 본문학습

한자능력검정 6급(300자)에 해당되는 배정한자를 중심으로, 각각의 한자에 뜻이 통하는 한자와 연결하여 한자어를 만들고, 그 뜻을 설명한 것입니다.

## 학습방법

① 각 회의 뒷면[짝수쪽]에 있는 한자를 획순[필순]에 따라 빈칸에 씁니다.
② 뒷면을 충분히 익힌 후에 앞쪽[홀수쪽]으로 돌아와서, 빈칸에 알맞은 훈음訓音과 독음讀音을 쓰세요.
③ 본문학습 5회[ 1 ~ 5 , 6 ~ 10 , … ]를 충분히 익힌 후에, 뒤에 수록된 평가문제[213쪽]를 풀어보도록 하세요.

## 학습예제

[홀수쪽]

六月 ( 여섯 륙 )( 달 월 )[ 유월 ]
도 ▸한 해 열두 달 가운데 여섯째 달.
속 六月 장마에 돌도 큰다.

[짝수쪽]

※ 다음 한자漢字를 필순筆順에 따라 또박또박 쓰세요.

| 六 | 六 | 六 | 六 | 月 | 月 | 月 | 月 |
|---|---|---|---|---|---|---|---|
| 여섯륙 | 八부 총4획 | | | 달 월 | 月부 총4획 | | |

## 정답확인

부록(3쪽 ~ 27쪽) : 한자어의 독음을 보고 한자로 바꾸어 쓰는 연습을 하세요. 5급 학습에 큰 도움이 될 것입니다.

## 아래 한자漢字의 뜻訓과 소리音를 자세히 익혀봅시다.

| 一 | 中 | 主 | 水 | 事 |
|---|---|---|---|---|
| 一/8급 총1획 | 丨/8급 총4획 | 丶/7급 총5획 | 水/8급 총4획 | 亅/7Ⅱ 총8획 |
| 한 일 | 가운데 중 | 주인 주 | 물 수 | 일 사 |

해답 부록 ☞ 5쪽

## 아래 설명을 읽고 빈칸에 보기 와 같이 쓰세요.

보기 良書(어질 량)(글 서)[양서]

**一生**(　　　)(　　　)[　　　]

도 ▸ ① 살아 있는 동안. 한살이. 한평생.
예 우리들의 만남은 一生동안 잊을 수 없을 것이다.

**一定**(　　　)(　　　)[　　　]

도 ▸ 정해져서 변하지 않고 한결같음.
예 모두들 一定한 복장으로 참석하였다.

**中間**(　　　)(　　　)[　　　]

도 ▸ ① 무엇과 무엇의 사이. 예 中間 기차역에서 잠시 휴식하였다. ② 한가운데. 예 그들은 열차에 올라 中間 위치에 자리하고 앉았다.

**中立**(　　　)(　　　)[　　　]

도 ▸ 어느 쪽에도 치우치지 않고 중간에 서 있음.
예 제삼자의 입장에서는 中立을 지켜야 한다.

**主人**(　　　)(　　　)[　　　]

도 ▸ ① 어떤 대상이나 물건을 소유한 사람. 임자. ② 단체 따위를 꾸려 나가는 주된 사람.
예 장차 나라의 主人이 될 어린이.

**主題**(　　　)(　　　)[　　　]

도 ▸ ① 연설이나 토론의 중심이 되는 제목, 또는 문제. 예 학급회의 主題. ② 작품 속에서 말하고자 하는 중심 제재나 사상. 예 소설의 主題.

**水球**(　　　)(　　　)[　　　]

도 ▸ (물 속에서) 두 편이 공을 서로 상대편 골에 넣어 승부를 겨루는 경기. 예 水球경기

**溫水**(　　　)(　　　)[　　　]

도 ▸ 따뜻한 물. 더운물. 반 냉수(冷水). 찬물.
예 보일러가 고장이 나서 溫水가 나오지 않았다.

**事前**(　　　)(　　　)[　　　]

도 ▸ 무슨 일이 있기 전.
예 앞으로의 계획을 事前에 알려왔다.
참 死戰(사전) ▹ 목숨을 걸고 싸움, 또는 그런 싸움.

**事由**(　　　)(　　　)[　　　]

도 ▸ 일의 까닭. 연고(緣故). 연유(緣由).
예 事由를 밝히다.

## 다음 한자어漢字語의 독음讀音을 쓰세요.

(1) 中心 (　　　)　(2) 水平 (　　　)　(3) 車主 (　　　)　(4) 農事 (　　　)

### 도움글

○ **한자漢字를 쓰는 순서 ······ (1)**

▸ 위에서 아래로 내려씁니다.　예1 三 : 一 二 三　　예2 言 : 丶 亠 亠 言 言 言 言

## 다음 한자漢字를 필순筆順에 따라 또박또박 쓰세요.

|  |  |  |  |  |  |  |  |
|---|---|---|---|---|---|---|---|
| 一 | 한 일 | 一부 총1획 | 一 | 定 | 정할 정 | 宀부 총8획 | 丶 宀 宀 宁 定 |
| 中 | 가운데 중 | 丨부 총4획 | 冂 口 中 | 間 | 사이 간 | 門부 총12획 | 丨 门 門 門 間 |
| 主 | 주인 주 | 丶부 총5획 | 丶 亠 亠 丰 主 | 題 | 제목 제 | 頁부 총18획 | 旦 早 是 題 題 |
| 水 | 물 수 | 水부 총4획 | 亅 刁 水 水 | 球 | 공 구 | 玉부 총11획 | 王 玗 球 球 球 |
| 事 | 일 사 | 亅부 총8획 | 一 事 事 事 事 | 前 | 앞 전 | 刀부 총9획 | 丷 前 前 前 前 |
| 溫 | 따뜻할 온 | 水부 총13획 | 氵 氵 氵 溫 溫 | 由 | 말미암을 유 | 田부 총5획 | 丨 冂 日 由 由 |

## 다음 밑줄 친 한자어漢字語를 한자漢字로 쓰세요.

해답 부록 ☞ 5쪽

- 공중<u>전화</u>(1)를 깨끗이 사용합시다.
- 군대에 갔던 <u>삼촌</u>(2)이 돌아왔습니다.
- 선현이는 걸어서 <u>등교</u>(3)합니다.
- 분단된 <u>국토</u>(4)는 우리 모두의 아픔입니다.

| (1) | (2) | (3) | (4) |
|---|---|---|---|
| | | | |

### 도움글

○ 한자漢字를 쓰는 순서 …… (2)

▸ 왼쪽에서 오른쪽으로 씁니다. 예1 川 : 丿 川 川 예2 行 : 丿 彳 彳 行 行

## 아래 한자漢字의 뜻訓과 소리音를 자세히 익혀봅시다.

| 二 二/8급 총2획 | 京 亠/6급 총8획 | 人 人/8급 총2획 | 住 人/7급 총7획 | 光 儿/6Ⅱ 총6획 |
|---|---|---|---|---|
| 두 이 | 서울 경 | 사람 인 | 살 주 | 빛 광 |

## 아래 설명을 읽고 빈칸에 보기 와 같이 쓰세요.

보기 良書(어질 량)(글 서)[양서]

**第二**(　　　)(　　　)[　　　]

도 ▸ ① 두 번째. 둘째. ② 또 하나의. 또 다른.
예 第二의 안창호 선생이 나와야 한다.

**二等**(　　　)(　　　)[　　　]

도 ▸ (순위나 등급에서) 두 번째 등급.
예 많은 사람들이 二等 선실에 몰려 있다.

**上京**(　　　)(　　　)[　　　]

도 ▸ (시골에서) 서울로 오는 것.
예 무작정 上京을 하고 말았다.

**入京**(　　　)(　　　)[　　　]

도 ▸ 서울에 들어가거나 들어옴. 반 출경(出京).

**人工**(　　　)(　　　)[　　　]

도 ▸ ① 사람이 행하는 일. ② (자연물과 똑같거나 전혀 새로운 것을) 사람의 힘으로 다르게 만들어 내는 일. 예 人工 심장을 개발하다.

**人道**(　　　)(　　　)[　　　]

도 ▸ ① 사람이 다니는 길. 예 人道와 車道. ② 사람으로서 마땅히 지켜야 할 도리.

**住民**(　　　)(　　　)[　　　]

도 ▸ 일정한 지역 안에 살고 있는 사람.
예 아파트 住民들이 한자리에 모였다.

**入住**(　　　)(　　　)[　　　]

도 ▸ (새로 마련한 집이나 땅에) 들어가 사는 것.
예 아파트 入住가 한창이다.

**光線**(　　　)(　　　)[　　　]

도 ▸ 빛의 줄기. 빛살. 예 태양 光線.

**光明**(　　　)(　　　)[　　　]

도 ▸ ① 밝고 환함. 밝은 빛. 예 붉은 光明이 번져나가면서 해가 떠올랐다. ② 기쁨과 희망.
예 앞날에 光明이 비치다.

## 다음 한자어漢字語의 독음讀音을 쓰세요.

| | | | |
|---|---|---|---|
| (1) 人力 (　　　) | (2) 夜光 (　　　) | (3) 住所 (　　　) | (4) 光色 (　　　) |
| (5) 東京 (　　　) | (6) 人間 (　　　) | (7) 京邑 (　　　) | (8) 永住 (　　　) |

### 도움글

○ 한자漢字를 쓰는 순서 ······· (3)

▸ 가로획과 세로획이 겹칠 때에는 가로획을 먼저 씁니다. 예1 十 : 一 十　예2 木 : 一 十 才 木

### 다음 한자漢字를 필순筆順에 따라 또박또박 쓰세요.

| | | | | | | | |
|---|---|---|---|---|---|---|---|
| 第 | 차례 제 | 竹부 총11획 | ⺈ ⺮ 竺 笃 第 | 二 | 두 이 | 二부 총2획 | 一 二 |
| 上 | 윗 상 | 一부 총3획 | 一 ⺊ 上 / 丨 ⺊ 上 | 京 | 서울 경 | 亠부 총8획 | 丶 亠 古 亨 京 |
| 人 | 사람 인 | 人부 총2획 | 丿 人 | 道 | 길 도 | 辶=辵부 총13획 | 䒑 首 首 道 道 |
| 住 | 살 주 | 人부 총7획 | 亻 亻 仁 仹 住 | 民 | 백성 민 | 氏부 총5획 | 乛 コ 尸 𠃜 民 |
| 光 | 빛 광 | 儿부 총6획 | 丨 丬 ⺌ 业 光 | 線 | 줄 선 | 糸부 총15획 | 幺 糸 約 絈 線 |
| 明 | 밝을 명 | 日부 총8획 | 冂 月 日 明 明 | 等 | 무리 등 | 竹부 총12획 | ⺮ 竺 笙 等 等 |

### 다음 밑줄 친 한자어漢字語를 한자漢字로 쓰세요.

- 소년은 참 정직(1)하였습니다.
- 친구와 정오(2)에 만나기로 약속하였습니다.
- 자연을 소중(3)히 생각합니다.
- 하늘빛은 청색(4) 물감을 뿌려놓은 듯합니다.

| (1) | (2) | (3) | (4) |
|---|---|---|---|
| | | | |

도움글

○ 한자漢字를 쓰는 순서 ······· (4)

▸ 좌우의 모양이 같을 때에는 가운데를 먼저 씁니다.

예1 小 : 亅 小 小

예2 水 : 亅 力 水 水

## 아래 한자漢字의 뜻訓과 소리音를 자세히 익혀봅시다.

| 入 入/7급 총2획 | 八 八/8급 총2획 | 冬 冫/7급 총5획 | 出 凵/7급 총5획 | 木 木/8급 총4획 |
|---|---|---|---|---|
| 들 입 | 여덟 팔 | 겨울 동 | 날 출 | 나무 목 |

## 아래 설명을 읽고 빈칸에 보기 와 같이 쓰세요.

보기 良書(어질 량)(글 서)[양서]

**入神**(　　)(　　)[　　]

도 ▸ 기술이나 지혜가 신과 같은 경지에 이르는 것. 예 그의 바둑 실력은 入神의 경지였다.
참 立身(입신) ▹ 사회적으로 기반을 닦고 출세하는 것.

**入手**(　　)(　　)[　　]

도 ▸ 손에 넣거나 들어옴. 예 정보를 入手하다.
참 入水(입수) ▹ 물에 들어감. 예 완벽한 入水 자세.

**八方**(　　)(　　)[　　]

도 ▸ ① 이곳 저곳의 모든 방면. 예 사람들이 八方에서 모여들었다. ② (동, 서, 남, 북, 동북, 동남, 서북, 서남을 이르는) 여덟 방위.

**八字**(　　)(　　)[　　]

도 ▸ 사람의 한평생의 운수.
예 사람 八字 시간문제라더니…!

**冬天**(　　)(　　)[　　]

도 ▸ ① 겨울 하늘. 예 구름은 걷히고 冬天에 희미한 해가 걸려 있다. ② 겨울날.

**冬服**(　　)(　　)[　　]

도 ▸ 겨울철에 입는 옷.
예 한여름에 冬服을 입고 다니다니…!

**出發**(　　)(　　)[　　]

도 ▸ ① 길을 떠남. 예 목적지를 향해 出發하다.
반 도착(到着). ② 어떤 일의 시작. 예 학생으로서의 새로운 出發을 하였다.

**出現**(　　)(　　)[　　]

도 ▸ 없었거나 숨겨져 있던 사물이나 현상이 나타나는 것. 예 야영장에 예기치 않던 산짐승이 出現하여 뜬눈으로 밤을 지새웠다.

**樹木**(　　)(　　)[　　]

도 ▸ (살아 있는) 나무. 예 한반도의 樹木은 기후의 특색에 의하여 다양하다.

**木手**(　　)(　　)[　　]

도 ▸ 나무를 다듬어 집을 짓거나 물건을 만드는 사람. 예 木手들이 나무를 다듬고 있다.

## 다음 한자어漢字語의 독음讀音을 쓰세요.

(1) 入室 (　　　) (2) 八道 (　　　) (3) 出動 (　　　) (4) 古木 (　　　)

**도움글**

○ **한자漢字를 쓰는 순서** …… (5)

▸ 안쪽과 바깥쪽이 있을 때에는 바깥쪽을 먼저 씁니다.

예1 同 : 丨 冂 冂 同 同 同
예2 問 : 丨 𠃌 𠃌 𠃌 𠃌 門 門 門 問 問

## 다음 한자漢字를 필순筆順에 따라 또박또박 쓰세요.

|  |  |  |  |  |  |  |  |
|---|---|---|---|---|---|---|---|
| 入 | 들 입 | 入부 총2획 | 丿 入 | 神 | 귀신 신 | 示부 총10획 | ラ ネ ネ 和 神 |
| 八 | 여덟 팔 | 八부 총2획 | 丿 八 | 字 | 글자 자 | 子부 총6획 | 丶 宀 宀 宁 字 |
| 冬 | 겨울 동 | 冫부 총5획 | 丿 ク 夂 冬 冬 | 服 | 옷 복 | 月부 총8획 | 月 肌 肌 服 服 |
| 出 | 날 출 | 凵부 총5획 | 丨 屮 屮 出 出 | 發 | 필 발 | 癶부 총12획 | フ ㇇ 癶 癶 發 |
| 樹 | 나무 수 | 木부 총16획 | 木 朩 桔 桔 樹 | 木 | 나무 목 | 木부 총4획 | 一 十 才 木 |
| 手 | 손 수 | 手부 총4획 | 一 二 三 手 | 現 | 나타날 현 | 玉부 총11획 | 王 王 玑 玥 現 |

## 다음 밑줄 친 한자어漢字語를 한자漢字로 쓰세요.

■ 맏아들을 장남(1)이라고 합니다. ■ 음력 8월 15일은 민속 명절인 추석(2)입니다.
■ 무궁화는 우리나라 국화(3)입니다. ■ 밤낮으로 학문(4)에 힘쓰다.

| (1) | (2) | (3) | (4) |
|---|---|---|---|
| | | | |

도움글

○ 한자漢字를 쓰는 순서 ······· (6)

▸ 꿰뚫는 획은 맨 나중에 씁니다.

예1 中 : 丨 口 口 中 예2 事 : 一 亓 亓 写 写 写 事

예3 女 : 𡿨 女 女 예4 母 : 𠃋 Q 母 母 母

## 아래 한자漢字의 뜻訓과 소리音를 자세히 익혀봅시다.

| 力 力/7Ⅱ 총2획 | 北 匕/8급 총5획 | 區 匚/6급 총11획 | 十 十/8급 총2획 | 才 手/6Ⅱ 총3획 |
|---|---|---|---|---|
| 힘 력 | 북녘 북 | 구분할 구 | 열 십 | 재주 재 |

## 아래 설명을 읽고 빈칸에 보기 와 같이 쓰세요.

보기 良書(어질 량)(글 서)[양서]

**體力**(　　　)(　　　)[　　　]

도 ▸몸의 힘이나 작업 능력. 예 體力은 국력.

**強力**(　　　)(　　　)[　　　]

도 ▸① 힘이 셈. 예 強力한 발동기. ② 효과나 작용이 강함. 예 強力한 살충제. ※ 強=强

**北風**(　　　)(　　　)[　　　]

도 ▸북쪽에서 불어오는 차고 거친 바람. 된바람.
예 뼛속으로 北風이 지나가는 추위를 느꼈다.
반 남풍(南風)

**對北**(　　　)(　　　)[　　　]

도 ▸북한을 상대로 하는. 북한에 대한.
예 한국의 對北 정책에 변화가 일고 있다.

**區別**(　　　)(　　　)[　　　]

도 ▸(사물들을 공통되는 성질이 있는 것끼리) 갈라놓는 것. 예 공(公)과 사(私)의 區別을 분명히 해야 한다.

**區分**(　　　)(　　　)[　　　]

도 ▸① 여럿 중에서 다른 점이 있는 것을 알아내거나 골라내는 것. 예 회색인지 청색인지 區分이 쉽지 않다. ② (어떤 기준에 따라) 전체를 몇 부분으로 나누는 것. 예 방법에 따라 시대 區分은 달라질 수 있다.

**十分**(　　　)(　　　)[　　　]

도 ▸충분히. 넉넉하게. 예 기개를 十分 발휘하다.

**數十**(　　　)(　　　)[　　　]

도 ▸열의 두서너 곱절이 되는 수.
예 장정 數十명이 들어도 꿈적도 하지 않았다.

**多才**(　　　)(　　　)[　　　]

도 ▸재주가 많음. 예 여러 방면에 多才를 과시하다.

**才色**(　　　)(　　　)[　　　]

도 ▸여자의 재주와 아름다운 용모.
예 그녀는 才色을 갖춘 여성이었다.

## 다음 한자어漢字語의 독음讀音을 쓰세요.

(1) 力動(　　　) (2) 北韓(　　　) (3) 區間(　　　) (4) 才氣(　　　)

**도움글**

○ 한자漢字를 쓰는 순서 ······· (7)

▸ 오른쪽 위의 점과 아래의 점은 맨 나중에 씁니다.

예1 式 : 一 二 亍 三 式 式

예2 太 : 一 ナ 大 太

## 다음 한자漢字를 필순筆順에 따라 또박또박 쓰세요.

|  |  |  |  |  |  |  |  |
|---|---|---|---|---|---|---|---|
| 體 | 몸 체 | 骨부 총23획 | 冎 骨 骨冂 骨曲 體 | 力 | 힘 력 | 力부 총2획 | 𠃌 力 |
| 對 | 대할 대 | 寸부 총14획 | 丷 业 丵 丵一 對 | 北 | 북녘 북 | 匕부 총5획 | 丨 ⺊ 丬 丬匕 北 |
| 區 | 구분할 구 | 匚부 총11획 | 一 𠮛 𠮛口 品 區 | 別 | 다를 별 | 刀부 총7획 | 口 号 另 別 別 |
| 數 | 셈 수 | 攴부 총15획 | 𠮛 㫗 婁 婁 數 | 十 | 열 십 | 十부 총2획 | 一 十 |
| 多 | 많을 다 | 夕부 총6획 | ク タ 夕 多 多 | 才 | 재주 재 | 手부 총3획 | 一 丁 才 |
| 色 | 빛 색 | 色부 총6획 | ⺈ ⺈ 㔾 色 色 | 強 | 강할 강 | 弓부 총11획 | 𠃌 コ 弓 弘 強 |

## 다음 밑줄 친 한자어漢字語를 한자漢字로 쓰세요.

■ 전교생이 힘차게 교가(1)를 불렀습니다. ■ 공원 입구(2)에 주차장이 있습니다.

■ 그의 이야기 솜씨는 유명(3)했습니다. ■ 아내는 남편(4)을 보고 기뻐하였습니다.

| (1) | (2) | (3) | (4) |
|---|---|---|---|
| | | | |

도움글

○ 한자漢字를 쓰는 순서 …… (8)

▸ 삐침과 파임이 만날 때에는 삐침을 먼저 씁니다.

예1 人 : 丿 人

예2 文 : 丶 亠 ナ 文

## 아래 한자漢字의 뜻訓과 소리音를 자세히 익혀봅시다.

| 口 口/7급 총3획 | 向 口/6급 총6획 | 國 口/8급 총11획 | 土 土/8급 총3획 | 夏 夊/7급 총10획 |
|---|---|---|---|---|
| 입 구 | 향할 향 | 나라 국 | 흙 토 | 여름 하 |

## 아래 설명을 읽고 빈칸에 보기 와 같이 쓰세요.

보기 良書(어질 량)(글 서)[양서]

**洞口**(　　　)(　　　)[　　　]

도 ▸동네 어귀. 예 두 사람은 洞口 밖 당산나무 아래에서 만나기로 하였다.

**口頭**(　　　)(　　　)[　　　]

도 ▸마주 대하여 입으로 하는 말. 예 대장에게 口頭로 보고하였다.

**向上**(　　　)(　　　)[　　　]

도 ▸생활, 기능, 기술 등의 수준이 더 나아지는 것. 예 품질 向上에 노력을 기울이다.

**意向**(　　　)(　　　)[　　　]

도 ▸어떻게 할 것인가에 대한 생각. 예 상대편의 意向도 들어보아야 한다.

**國樂**(　　　)(　　　)[　　　]

도 ▸우리나라 고유의 음악. 한국 음악. 예 한국 전통 음악인 國樂에 대해 세계인들의 관심이 늘고 있다.

**國運**(　　　)(　　　)[　　　]

도 ▸나라의 운명. 예 기울어 가는 國運을 회복하려고 온 백성이 일어섰다.

**風土**(　　　)(　　　)[　　　]

도 ▸①어떤 지방의 기후와 토지의 상태. 예 낯선 風土에서 적응하기가 어려웠다. ②어떤 일의 바탕이 되는 풍습이나 환경 따위. 예 정치 風土.

**出土**(　　　)(　　　)[　　　]

도 ▸(땅에 묻혀 있던 유물 따위가) 밖으로 나오거나 파냄. 예 무덤에서 황금 허리띠가 出土되었다.

**立夏**(　　　)(　　　)[　　　]

도 ▸(양력 5월 5일이나 6일경) 이때부터 여름이 시작된다는 24절기의 하나. 예 立夏가 지나니 역시 덥구나.

**夏服**(　　　)(　　　)[　　　]

도 ▸여름에 입는 옷. 반 동복(冬服).

## 다음 한자어漢字語의 독음讀音을 쓰세요.

(1) 方向 (　　　)　(2) 各國 (　　　)　(3) 國會 (　　　)　(4) 強國 (　　　)

### 도움글

○ **한자漢字를 쓰는 순서** …… (9)

▸ 삐침이 짧고 가로획이 길면 삐침을 먼저 씁니다.

예1 右 : ノ ナ オ 右 右

예2 有 : ノ ナ オ 有 有

## 다음 한자漢字를 필순筆順에 따라 또박또박 쓰세요.

|  |  |  |  |  |  |  |  |
|---|---|---|---|---|---|---|---|
| 洞 | 골 동 | 水부 총9획 | 丶 氵 汩 泂 洞 | 口 | 입 구 | 口부 총3획 | 丨 冂 口 |
| 意 | 뜻 의 | 心부 총13획 | 亠 立 音 意 意 | 向 | 향할 향 | 口부 총6획 | ノ 丿 冂 向 向 |
| 國 | 나라 국 | 囗부 총11획 | 冂 同 國 國 國 | 樂 | 노래 악 | 木부 총15획 | 白 䌛 幺白幺 樂 樂 |
| 風 | 바람 풍 | 風부 총9획 | 几 凡 凨 風 風 | 土 | 흙 토 | 土부 총3획 | 一 十 土 |
| 立 | 설 립 | 立부 총5획 | 丶 亠 亠 亣 立 | 夏 | 여름 하 | 夊부 총10획 | 一 丆 百 頁 夏 |
| 頭 | 머리 두 | 頁부 총16획 | 豆 豆 頭 頭 頭 | 運 | 옮길 운 | 辶=辵부 총13획 | 冖 宣 軍 運 運 |

## 다음 밑줄 친 한자어漢字語를 한자漢字로 쓰세요.

■ 열 번째 생일(1)을 맞이하였습니다. ■ 온 가족이 휴일(2)마다 한자리에 모입니다.
■ 화살이 과녁에 명중(3)하였습니다. ■ 이곳은 지상(4)에서 가장 아름다운 곳입니다.

| (1) | (2) | (3) | (4) |
|---|---|---|---|
| | | | |

도움글

○ 한자漢字를 쓰는 순서 ······ (10)

▸ 삐침이 길고 가로획이 짧으면 삐침을 나중에 씁니다.

예1 左 : 一 ナ 左 左 左

예2 在 : 一 ナ ナ 在 在 在

## 아래 한자漢字의 뜻訓과 소리音를 자세히 익혀봅시다.

| 夕 夕 / 7급 총3획 | 大 大 / 8급 총3획 | 女 女 / 8급 총3획 | 子 子 / 7Ⅱ 총3획 | 家 宀 / 7Ⅱ 총10획 |
|---|---|---|---|---|
| 저녁 석 | 큰 대 | 계집 녀 | 아들 자 | 집 가 |

## 아래 설명을 읽고 빈칸에 보기 와 같이 쓰세요.

보기 良書(어질 량)(글 서)[양서]

夕陽(　　　)(　　　)[　　　]

도▸① 저녁 해. 예 夕陽에 붉게 물든 하늘. ② 해가 질 무렵. 예 그는 夕陽 무렵에 돌아왔다.

日夕(　　　)(　　　)[　　　]

도▸저녁. 예 내무반 日夕 점호를 마치다.
참 一夕(일석)▹하룻저녁. 예 그 많던 일을 一夕에 해내다니 정말 놀랍다.

大會(　　　)(　　　)[　　　]

도▸① 어떤 행사를 위해 사람들이 모임. 예 전당大會. ② 실력이나 재주 따위를 겨루는 큰 모임. 예 체육大會.

強大(　　　)(　　　)[　　　]

도▸(나라나 정치 세력이) 세고 큰. 예 서유럽은 경제적으로 하나의 強大 세력을 이루고 있다.

孫女(　　　)(　　　)[　　　]

도▸자식의 딸. 예 노부부가 어린 孫女의 재롱을 보고 기뻐하신다.

孝女(　　　)(　　　)[　　　]

도▸효성이 지극한 딸.
예 심청이는 孝女의 상징이 되어 왔다.

太子(　　　)(　　　)[　　　]

도▸장차 임금이 될 왕자. 예 장차 太子께서는 이 나라의 주인이 될 것입니다.

利子(　　　)(　　　)[　　　]

도▸남에게 돈을 꾸어 쓴 대가로 치르는 일정한 비율의 돈. 예 비싼 利子를 요구하다.

家長(　　　)(　　　)[　　　]

도▸① 집안의 어른. 예 전통적으로 아버지 쪽 계통의 家長 원칙을 따른다. ② 한 가정을 이끌어 가는 사람. 예 어린 순철이는 소년 家長이다.

家訓(　　　)(　　　)[　　　]

도▸한 집안의 자손들에게 올바르게 살아가는 방법을 가르쳐 주는 윤리적 교훈.
예 우리 집안의 家訓은 '성실(誠實)'이다.

## 다음 한자어漢字語의 독음讀音을 쓰세요.

(1) 作家(　　　)　(2) 子音(　　　)　(3) 分子(　　　)　(4) 女軍(　　　)

**도움글**

○ **한자漢字를 쓰는 순서** …… (11) ※'받침'이란, 글자의 왼쪽과 아래를 감싸는 모양의 부수를 말합니다.
▸ 받침을 먼저 쓰는 경우　예 題 : 日 旦 昇 是 匙 題 題 題 題

### ❀ 다음 한자漢字를 필순筆順에 따라 또박또박 쓰세요.

| | | | | | | | |
|---|---|---|---|---|---|---|---|
| 夕 | 저녁 석 | 夕부 총3획 | 丿 ク 夕 | 陽 | 볕 양 | 阜부 총12획 | 阝 阝 阝旦 陽 陽 |
| 大 | 큰 대 | 大부 총3획 | 一 ナ 大 | 會 | 모일 회 | 曰부 총13획 | 人 佘 佘 會 會 |
| 孫 | 손자 손 | 子부 총10획 | 了 子 孑 孫 孫 | 女 | 계집 녀 | 女부 총3획 | く 女 女 |
| 利 | 이할 리 | 刀부 총7획 | 二 千 禾 利 利 | 子 | 아들 자 | 子부 총3획 | ㇇ 了 子 |
| 家 | 집 가 | 宀부 총10획 | 宀 宇 家 家 家 | 訓 | 가르칠 훈 | 言부 총10획 | 亠 言 訁 訓 訓 |
| 強 | 강할 강 | 弓부 총11획 | ㇆ ㇆ 弓 弘 強 | 太 | 클 태 | 大부 총4획 | 一 ナ 大 太 |

### ❀ 다음 밑줄 친 한자어漢字語를 한자漢字로 쓰세요.

- 마을회관에 동리(1) 사람들이 모였습니다. ■ 강아지의 주인(2)을 찾습니다.
- 0보다 크고 1보다 작은 실수를 소수(3)라고 합니다. ■ 매미의 일생(4)은 짧습니다.

| | | | |
|---|---|---|---|
| (1) | (2) | (3) | (4) |

도움글

○ **한자漢字를 쓰는 순서** ⋯⋯ (12) ※'받침'이란, 글자의 왼쪽과 아래를 감싸는 모양의 부수를 말합니다.

▶ 받침을 나중에 쓰는 경우　예 道 : 丷 䒑 䒑 芀 首 首 首 首 道 道

## 아래 한자漢字의 뜻訓과 소리音를 자세히 익혀봅시다.

| 寸 寸/8급 총3획 | 小 小/8급 총3획 | 山 山/8급 총3획 | 川 巛/7급 총3획 | 席 巾/6급 총10획 |
|---|---|---|---|---|
| 마디 촌 | 작을 소 | 메 산 | 내 천 | 자리 석 |

## 아래 설명을 읽고 빈칸에 보기 와 같이 쓰세요.

보기 良書(어질 량)(글 서)[양서]

**方寸**(　　　)(　　　)[　　　]

도 ▸①(한 치 넓이의) 좁은 땅. ②('사람의 마음이 한 치 사방의 가슴속에 깃들인다.'는 뜻에서) '마음'을 달리 이르는 말.

**分寸**(　　　)(　　　)[　　　]

도 ▸(일 분 일 촌이라는 뜻에서) 아주 적음을 이르는 말. 예 分寸을 가지고 다투다니…!

**小生**(　　　)(　　　)[　　　]

도 ▸저. 나. (윗사람에게 자기를 낮추어 이르는 말) 예 어르신의 은혜에 小生은 감사할 따름입니다.
참 所生(소생) ▹ 자기가 낳은 자녀. 예 본처의 所生.

**小國**(　　　)(　　　)[　　　]

도 ▸작은 나라. 예 강대국은 주변 小國들을 정복해 가며 발전했다.

**山野**(　　　)(　　　)[　　　]

도 ▸산과 들. 예 봄이면 진달래가 山野를 물들인다.

**山水**(　　　)(　　　)[　　　]

도 ▸(산과 물이 있는) 자연의 경치.
예 山水를 유람하다.
참 算數(산수) ▹ 더하기, 빼기, 곱하기, 나누기 따위를 다루는 초보적인 수학.

**母川**(　　　)(　　　)[　　　]

도 ▸물고기가 태어나서 바다로 갈 때까지 자란 하천. 예 연어는 알을 낳기 위해 母川으로 돌아온다.

**大川**(　　　)(　　　)[　　　]

도 ▸큰 내, 또는 이름난 내. 예 名山大川.

**公席**(　　　)(　　　)[　　　]

도 ▸공적인 일로 여러 사람이 모인 자리.
참 空席(공석) ▹ 비어있는 자리. 빈자리.

**出席**(　　　)(　　　)[　　　]

도 ▸수업이나 회합, 집회 등에 나감.
반 결석(缺席).

## 다음 한자어漢字語의 독음讀音을 쓰세요.

(1) 上席(　　　)　(2) 四寸(　　　)　(3) 大小(　　　)　(4) 山川(　　　)

**도움글**

○ 동음이의어同音異義語 : 소리는 같으나 뜻이 다른 한자어漢字語

예1 小生(소생) ≠ 所生(소생)　예2 公席(공석) ≠ 空席(공석)　예3 算數(산수) ≠ 山水(산수)

### 다음 한자漢字를 필순筆順에 따라 또박또박 쓰세요.

|  |  |  |  |  |  |  |  |
|---|---|---|---|---|---|---|---|
| 方 | 모 방 | 方부 총4획 | 丶 亠 亐 方 | 寸 | 마디 촌 | 寸부 총3획 | 一 十 寸 |
| 小 | 작을 소 | 小부 총3획 | 亅 小 小 | 生 | 날 생 | 生부 총5획 | 丿 𠂉 仁 牛 生 |
| 山 | 메 산 | 山부 총3획 | 丨 山 山 | 野 | 들 야 | 里부 총11획 | 旦 里 野 野 野 |
| 開 | 열 개 | 門부 총12획 | 冂 門 閂 開 開 | 川 | 내 천 | 巛부 총3획 | 丿 川 川 |
| 公 | 공평할 공 | 八부 총4획 | 丿 八 公 公 | 席 | 자리 석 | 巾부 총10획 | 广 户 庐 庐 席 |
| 分 | 나눌 분 | 刀부 총4획 | 丿 八 分 分 | 國 | 나라 국 | 口부 총11획 | 冂 同 國 國 國 |

### 다음 밑줄 친 한자어漢字語를 한자漢字로 쓰세요.

■ 사나이는 농부(1)에게 작별 인사(2)를 하고 자기 집을 향해 떠났습니다.

■ 내일(3)이면 학교에 가서 보고 싶었던 선생(4)님과 친구들을 만날 수 있습니다.

| (1) | (2) | (3) | (4) |
|---|---|---|---|
| | | | |

도움글

○ 모양이 비슷하여 혼동하기 쉬운 한자漢字

예1 席(자리 석) ≠ 度(법도 도)　예2 小(작을 소) ≠ 少(적을 소)　예3 開(열 개) ≠ 聞(들을 문)

## 아래 한자漢字의 뜻訓과 소리音를 자세히 익혀봅시다.

| 年 干/8급 총6획 | 度 广/6급 총9획 | 工 工/7Ⅱ 총3획 | 式 弋/6급 총6획 | 強 弓/6급 총11획 |
|---|---|---|---|---|
| 해 년 | 법도 도 | 장인 공 | 법 식 | 강할 강 |

## 아래 설명을 읽고 빈칸에 보기 와 같이 쓰세요.

보기 良書(어질 량)(글 서)[양서]

**年號**(　　)(　　)[　　]

도 ▸(옛날에) 새 임금의 통치 기간을 나타내는 이름. 예 대한제국 정부는 年號를 광무(光武)라 정하고, 왕을 황제라 칭하였다.

**今年**(　　)(　　)[　　]

도 ▸올해. 현재의 해. 예 今年 농사는 풍년이다.

**溫度**(　　)(　　)[　　]

도 ▸덥고 찬 정도, 또는 그 수치.
예 실외 溫度에 비해 실내 溫度가 너무 높다.

**高度**(　　)(　　)[　　]

도 ▸① 해수면으로부터의 높이. 예 높은 高度에서 비행하다. ② 높은 정도. 예 高度의 기술.

**工作**(　　)(　　)[　　]

도 ▸① 물건을 만드는 일. 예 工作 재료. ② (어떤 목적을 위하여) 미리 일을 꾸미거나 활동하는 것. 예 상대편에게 방해 工作을 펴다.

**工業**(　　)(　　)[　　]

도 ▸재료에 기술이나 힘을 들여 상품을 만들어내는 산업. 예 기계 工業. 섬유 工業.

**禮式**(　　)(　　)[　　]

도 ▸(결혼식이나 약혼식, 장례식 등에서) 정해진 절차에 따라서 치르는 의식. 예 신랑 신부가 禮式을 치르고 신혼여행을 떠났다.
참 例式(예식) ▹ 항상 정하여져 있는 일정한 격식.

**新式**(　　)(　　)[　　]

도 ▸새로운 형식이나 방식. 예 新式 무기.
반 구식(舊式).

**強者**(　　)(　　)[　　]

도 ▸힘이나 세력이 강한 사람, 또는 생물. 반 약자(弱者). 예 맹수들은 強者가 약자를 지배한다.

**強度**(　　)(　　)[　　]

도 ▸강한 정도. 예 強度 높은 훈련을 받다.

## 다음 한자어漢字語의 독음讀音을 쓰세요.

(1) 式場 (　　)　(2) 年老 (　　)　(3) 度數 (　　)　(4) 工事 (　　)

도움글

○ '年號'에서 '年(해 년)'자와 같이 첫 음절에 'ㄴ', 또는 'ㄹ'이 올 때에는 'ㄴ'은 'ㅇ'으로, 'ㄹ'은 'ㄴ', 또는 'ㅇ'으로 소리가 변하여 발음됩니다. 참 두음법칙頭音法則 ☞ 91쪽

### 다음 한자漢字를 필순筆順에 따라 또박또박 쓰세요.

|  |  |  |  |  |  |  |  |
|---|---|---|---|---|---|---|---|
| 年 | 해 년 | 干부 총6획 | 丿 𠂉 𠂉 乍 年 | 號 | 이름 호 | 虍부 총13획 | 号 号 号 號 號 |
| 溫 | 따뜻할 온 | 水부 총13획 | 氵 氵冂 氵四 淐 溫 | 度 | 법도 도 | 广부 총9획 | 亠 广 庐 庤 度 |
| 工 | 장인 공 | 工부 총3획 | 一 丅 工 | 業 | 업 업 | 木부 총13획 | 丷 业 丵 丵 業 |
| 禮 | 예도 례 | 示부 총18획 | 亠 礻 礻冂 礻曲 禮 | 式 | 법 식 | 弋부 총6획 | 二 亍 亍 式 式 |
| 強 | 강할 강 | 弓부 총11획 | ㄱ ㄱ 弓 弘 強 | 者 | 놈 자 | 老부 총9획 | 十 耂 耂 者 者 |
| 高 | 높을 고 | 高부 총10획 | 亠 亠 亠 高 高 | 新 | 새 신 | 斤부 총13획 | 立 辛 亲 新 新 |

### 다음 밑줄 친 한자어漢字語를 한자漢字로 쓰세요.

- 정원에는 예쁜 <u>화초</u>(1)가 많이 있습니다.
- 국경일에는 <u>국기</u>(2)를 답니다.
- 마을 <u>주민</u>(3)들이 소방 훈련을 합니다.
- 함부로 버려진 <u>휴지</u>(4)를 주웠습니다.

| (1) | (2) | (3) | (4) |
|---|---|---|---|
| | | | |

도움글

○ 반대자反對字 : 서로 뜻이 반대, 또는 상대되는 한자漢字

예1 水(물 수) ↔ 火(불 화)　예2 前(앞 전) ↔ 後(뒤 후)　예3 先(먼저 선) ↔ 後(뒤 후)

## 아래 한자漢字의 뜻訓과 소리音를 자세히 익혀봅시다.

| 形 彡 / 6Ⅱ 총7획 | 待 彳 / 6급 총9획 | 心 心 / 7급 총4획 | 成 戈 / 6Ⅱ 총7획 | 老 老 / 7급 총6획 |
|---|---|---|---|---|
| 모양 **형** | 기다릴 **대** | 마음 **심** | 이룰 **성** | 늙을 **로** |

## 아래 설명을 읽고 빈칸에 보기 와 같이 쓰세요.

보기 良書(어질 량)(글 서)[양서]

**形便**(　　　)(　　　)[　　　]

도 ▸ ① 일이 되어 가는 상황이나 상태. 예 세상 돌아가는 形便. ② 살림살이. 예 形便이 딱하다.

**形成**(　　　)(　　　)[　　　]

도 ▸ 어떤 모양으로 이루어짐. 예 인격 形成.

**苦待**(　　　)(　　　)[　　　]

도 ▸ 몹시 기다림.
예 드디어 苦待하던 消息을 받았다.
참 古代(고대) ▹ ① 아주 옛 시대. ② 중세의 앞 시대.

**待人**(　　　)(　　　)[　　　]

도 ▸ ① 사람을 기다림. ② 기다리는 사람.
참 對人(대인) ▹ 남을 대함, 또는 남과의 관계.
예 그는 對人 관계가 원만하다.
참 大人(대인) ▹ 성인. 예 大人은 유료, 小人은 무료.

**心氣**(　　　)(　　　)[　　　]

도 ▸ 마음으로 느끼는 기분. 예 불편한 心氣.

**心理**(　　　)(　　　)[　　　]

도 ▸ 마음의 움직임이나 상태.
예 도무지 그의 心理를 알 수 없다.

**成長**(　　　)(　　　)[　　　]

도 ▸ ① 생물이 자라남. 예 청소년기는 成長이 매우 빠른 시기이다. ② 사물의 규모가 커짐.
예 고도의 경제 成長을 이룩하다.

**作成**(　　　)(　　　)[　　　]

도 ▸ 원고나 서류 따위를 만드는 것.
예 보고서를 作成하다.

**老年**(　　　)(　　　)[　　　]

도 ▸ 늙은 나이. 늙은 상태.
예 老年의 외로움을 달래다.

**老後**(　　　)(　　　)[　　　]

도 ▸ 늙은 뒤. 나이를 많이 먹은 때.
예 老後 생활을 설계하다.

## 다음 한자어漢字語의 독음讀音을 쓰세요.

(1) 形式(　　　)　(2) 立身(　　　)　(3) 合心(　　　)　(4) 成功(　　　)

### 도움글

○ 모양이 비슷하여 혼동하기 쉬운 한자漢字

예1 苦(쓸 고) ≠ 若(같을 약) 예2 待(기다릴 대) ≠ 特(특별할 특) 예3 心(마음 심) ≠ 必(반드시 필)

**다음 한자漢字를 필순筆順에 따라 또박또박 쓰세요.**

| | | | | | | | |
|---|---|---|---|---|---|---|---|
| 形 | 모양 형 | 彡부 총7획 | 二 于 开 开' 形 | 便 | 편할 편 | 人부 총9획 | 亻 伝 伝 便 便 |
| 苦 | 쓸 고 | 艸부 총9획 | 艹 艹 艹 芊 苦 | 待 | 기다릴 대 | 彳부 총9획 | 彳 彳 待 待 待 |
| 心 | 마음 심 | 心부 총4획 | 丶 心 心 心 | 理 | 다스릴 리 | 玉부 총11획 | 干 王 玾 理 理 |
| 作 | 지을 작 | 人부 총7획 | ノ 亻 作 作 作 | 成 | 이룰 성 | 戈부 총7획 | 丿 厂 成 成 成 |
| 老 | 늙을 로 | 老부 총6획 | 十 土 耂 老 老 | 後 | 뒤 후 | 彳부 총9획 | 彳 彳 彸 後 後 |
| 氣 | 기운 기 | 气부 총10획 | 气 气 氣 氣 氣 | 長 | 긴 장 | 長부 총8획 | 一 厂 E 長 長 |

**다음 글에서 밑줄 친 한자漢字는 독음讀音으로, 한글은 한자漢字로 쓰세요.**

■ 어려운 낱말을 공부하기에는 <u>全科</u>(1)도 <u>便利</u>(2)하지만, 全科보다는 <u>국어</u>(3) 사전에서 낱말이 들어가는 <u>短文</u>(4)을 참고하는 것이 더 뜻을 이해하기 쉽습니다.

| (1) | (2) | (3) | (4) |
|---|---|---|---|
| | | | |

**도움글**

- '成'자의 획수는 총7획이나 보통 쓸 때에는 6획으로 씁니다. ☞ 丿 厂 万 成 成
- '苦'자의 윗부분 '艸 = 艹'자는 위의 방법과 다르게 쓸 수 있습니다. ☞ 丷 艹 艹 芊 芊 苦 苦

### 아래 한자漢字의 뜻訓과 소리音를 자세히 익혀봅시다.

| 手 手 / 7Ⅱ 총4획 | 教 攴 / 8급 총11획 | 文 文 / 7급 총4획 | 新 斤 / 6Ⅱ 총13획 | 方 方 / 7Ⅱ 총4획 |
|---|---|---|---|---|
| 손 수 | 가르칠 교 | 글월 문 | 새 신 | 모 방 |

### 아래 설명을 읽고 빈칸에 보기 와 같이 쓰세요.

보기 良書(어질 량)(글 서)[양서]

**手術**(　　)(　　)[　　]

도 ▸ ① 병을 고치기 위하여 몸의 어떤 부분을 째고 자르거나 붙이고 꿰매는 일. ② 어떤 흠이 되는 부분을 근본적으로 고치는 일.

**身手**(　　)(　　)[　　]

도 ▸ 사람의 얼굴에 드러난 건강한 기운.
예 身手가 훤하다.
참 身數(신수) ▹ 사람의 운수. 예 身數가 사납다.

**教訓**(　　)(　　)[　　]

도 ▸ 행동이나 생활에 지침이 될 만한 가르침
예 선생님의 教訓을 한평생 잊지 않겠다.
참 校訓(교훈) ▹ 학교의 교육 이념이나 목표를 간단하고 분명하게 나타낸 말.

**教科**(　　)(　　)[　　]

도 ▸ 가르치는 과목. 교과목. 예 教科 과정.

**文書**(　　)(　　)[　　]

도 ▸ 어떤 사실을 증명하는 데 쓰이는 글을 적은 종이. 예 文書를 작성하다.

**長文**(　　)(　　)[　　]

도 ▸ 길게 지은 글. 반 단문(短文).
예 그는 長文의 편지를 읽어 내려갔다.

**新正**(　　)(　　)[　　]

도 ▸ 양력(陽曆) 설[양력 1월 1일]. 예 新正 연휴.

**新綠**(　　)(　　)[　　]

도 ▸ 초여름에 새로 나온 풀잎이나 나뭇잎들이 띤 연한 초록빛. 예 5월은 新綠의 계절이다.

**今方**(　　)(　　)[　　]

도 ▸ ① 조금 뒤에 곧. 예 하늘은 今方이라도 소나기가 내릴 기세이다. ② 조금 전에 막. 예 今方 구워낸 빵. ③ 바로. 연이어서. 예 친구와 다투고 나서 今方 후회했다. ④ (시간이) 얼마 지나지 않아서. 예 얼굴이 今方 밝아졌다.

**方言**(　　)(　　)[　　]

도 ▸ 어떤 지역이나 지방에서만 쓰이는 특유한 언어. 사투리. 예 제주도 方言은 이해하기 어렵다.

### 다음 한자어漢字語의 독음讀音을 쓰세요.

(1) 石手 (　　)　(2) 明月 (　　)　(3) 教育 (　　)　(4) 新作 (　　)

**도움글**

○ 태양력太陽曆 ☞ '태양의 운행을 보고 만든 역법曆法'을 이르는 말로, 지구가 태양 둘레를 한 바퀴 도는 동안을 1년으로 하는 달력이며, 이를 양력陽曆이라고도 합니다. 참 태음력太陰曆 ☞ 84쪽

### 다음 한자漢字를 필순筆順에 따라 또박또박 쓰세요.

| | | | | | | | |
|---|---|---|---|---|---|---|---|
| 手 | | | | 術 | | | |
| 손 수 | 手부 총4획 | 一 二 三 手 | | 재주 술 | 行부 총11획 | 彳 行 秫 秫 術 | |
| 教 | | | | 科 | | | |
| 가르칠 교 | 攴부 총11획 | 㐅 孝 孝 教 教 | | 과목 과 | 禾부 총9획 | 千 禾 禾 私 科 | |
| 文 | | | | 書 | | | |
| 글월 문 | 文부 총4획 | 丶 亠 ナ 文 | | 글 서 | 曰부 총10획 | ㄱ ㅋ 聿 書 書 | |
| 新 | | | | 綠 | | | |
| 새 신 | 斤부 총13획 | 立 辛 亲 新 新 | | 푸를 록 | 糸부 총14획 | 幺 糸 紓 綠 綠 | |
| 今 | | | | 方 | | | |
| 이제 금 | 人부 총4획 | ノ 人 亼 今 | | 모 방 | 方부 총4획 | 丶 亠 亠 方 | |
| 訓 | | | | 正 | | | |
| 가르칠 훈 | 言부 총10획 | 言 言 訁 訓 訓 | | 바를 정 | 止부 총5획 | 一 丅 下 正 正 | |

### 다음 밑줄 친 한자어漢字語를 한자漢字로 쓰세요.

■ 식당은 빌딩 지하(1)에 있었습니다. ■ 어머니를 따라서 오후(2)에 시장에 갔습니다.
■ 말 못하는 식물(3)이지만 매일(4) 정성을 들여 아기를 보살피듯 가꾸어야 합니다.

| | | | |
|---|---|---|---|
| (1) | (2) | (3) | (4) |

도움글

○ 태음력太陰曆 ☞ '달이 차고 이지러지는 주기인 삭망월朔望月(29.53059일)을 기본 주기로 날짜를 계산하는 역법曆法'을 이르는 말로, 보통 음력陰曆이라고도 합니다. 참 태양력太陽曆 83쪽

## 아래 한자漢字의 뜻訓과 소리音를 자세히 익혀봅시다.

| 母 母 / 8급 총5획 | 日 日 / 8급 총4획 | 白 白 / 8급 총5획 | 月 月 / 8급 총4획 | 果 木 / 6Ⅱ 총8획 |
|---|---|---|---|---|
| 어미 모 | 날 일 | 흰 백 | 달 월 | 실과 과 |

## 아래 설명을 읽고 빈칸에 보기 와 같이 쓰세요.

보기 良書(어질 량)(글 서)[양서]

母國(　　　　)(　　　　)[　　　　]

도 ▸(외국에 있는 사람이) '자기가 태어난 나라'를 일컫는 말. 예 해외동포 母國 방문.

母親(　　　　)(　　　　)[　　　　]

도 ▸'어머니'의 높임말. 예 그녀는 그녀의 母親과 여러모로 닮은 점이 많았다.

生日(　　　　)(　　　　)[　　　　]

도 ▸태어난 날. 높 생신(生辰). 예 며칠 있으면 선현이는 열한 돌의 生日을 맞는다.

明日(　　　　)(　　　　)[　　　　]

도 ▸내일. 반 작일(昨日).
참 名日(명일) ▹'명절과 국경일' 등을 이르는 말.

明白(　　　　)(　　　　)[　　　　]

도 ▸('明白하다', '명백한' 등으로 쓰는 말) 의심할 여지가 없이 분명하고 뚜렷함.
예 이번 일은 그의 실수가 明白하다.

白晝(　　　　)(　　　　)[　　　　]

도 ▸대낮. 한낮. 예 白晝에 술에 취해 있다니!

正月(　　　　)(　　　　)[　　　　]

도 ▸한 해의 첫째 달. 일월(一月). 원월(元月).
예 正月 초하루에는 웃어른께 세배를 드립니다.

風月(　　　　)(　　　　)[　　　　]

도 ▸① 아름다운 자연. ② 자연 경치를 노래한 시. 시를 짓거나 읊는 것. 예 정자에서 風月을 읊던 옛 선비들의 모습을 상상해보았다.

成果(　　　　)(　　　　)[　　　　]

도 ▸이루어진 결과. 예 노력의 소중한 成果이다.

藥果(　　　　)(　　　　)[　　　　]

도 ▸① 곡식 가루를 기름에 튀기거나 지져서 꿀이나 물엿을 바른 한국식 전통 과자.
②(다른 것과 비교하면) 그 정도는 아무것도 아님.
예 그에 비하면 나의 고생은 藥果였다.

## 다음 한자漢字의 훈訓과 음音을 쓰세요.

(1) 京(　　　　)　(2) 光(　　　　)　(3) 區(　　　　)　(4) 才(　　　　)

### 도움글

○ 모양이 비슷하여 혼동하기 쉬운 한자漢字

예1 晝(낮 주) ≠ 書(글 서)　예2 藥(약 약) ≠ 樂(즐길 락)　예3 母(어미 모) ≠ 毋(말 무)

### 다음 한자漢字를 필순筆順에 따라 또박또박 쓰세요.

|  |  |  |  |  |  |  |  |
|---|---|---|---|---|---|---|---|
| 母 | 어미 모 | 毋부 총5획 | 𠃋 𠃌 毋 毋 母 | 親 | 친할 친 | 見부 총16획 | 立 辛 亲 親 親 |
| 明 | 밝을 명 | 日부 총8획 | 冂 日 日 明 明 | 日 | 날 일 | 日부 총4획 | 丨 冂 日 日 |
| 白 | 흰 백 | 白부 총5획 | ノ 亻 白 白 白 | 晝 | 낮 주 | 日부 총11획 | ⺕ 聿 聿 書 晝 |
| 正 | 바를 정 | 止부 총5획 | 一 丅 下 正 正 | 月 | 달 월 | 月부 총4획 | ノ 刀 月 月 |
| 藥 | 약 약 | 艸부 총19획 | 艹 苩 䒫 蕬 藥 | 果 | 실과 과 | 木부 총8획 | 口 旦 甲 果 果 |
| 成 | 이룰 성 | 戈부 총7획 | ノ 厂 万 成 成 | 風 | 바람 풍 | 風부 총9획 | 几 凡 凨 風 風 |

### 다음 밑줄 친 한자어漢字語를 한자漢字로 쓰세요.

■ 모두들 <u>불평</u>(1)이 이만저만이 아닙니다. ■ 태풍은 <u>전국</u>(2)을 휩쓸고 지나갔습니다.
■ 어린이는 장차 나라의 <u>주인</u>(3)이 될 것입니다. ■ 농촌에는 일손이 <u>부족</u>(4)합니다.

| | | | |
|---|---|---|---|
| (1) | (2) | (3) | (4) |

**도움글**

○ '親'자는 '친하다, 가까이 하다' 등의 뜻을 담고 있습니다. 특히, 친족 관계를 나타내는 말의 앞에 붙어 '친부모, 친형제' 등의 '혈연관계로 맺어짐'을 뜻하는 말로 쓰입니다. 참 內親내친 ↔ 外親외친

## 아래 한자漢字의 뜻訓과 소리音를 자세히 익혀봅시다.

| 活 水 / 7Ⅱ 총9획 | 樹 木 / 6급 총16획 | 歌 欠 / 7급 총14획 | 正 止 / 7Ⅱ 총5획 | 死 歹 / 6급 총6획 |
|---|---|---|---|---|
| 살 활 | 나무 수 | 노래 가 | 바를 정 | 죽을 사 |

## 아래 설명을 읽고 빈칸에 보기 와 같이 쓰세요.

보기 良書(어질 량)(글 서)[양서]

特活(　　　)(　　　)[　　　]

도▸교과 학습 이외에 선택하여 하는 특별 활동. 예 特活 시간에 과학 실험을 하였다.

活路(　　　)(　　　)[　　　]

도▸어려움에서 벗어나 살아나갈 수 있는 방법이나 방향. 예 어렵게 活路가 열렸다.

樹立(　　　)(　　　)[　　　]

도▸(국가, 정부, 제도, 계획 등을) 이룩하여 세움. 예 정부의 새로운 정책이 樹立되다.

神樹(　　　)(　　　)[　　　]

도▸신령이 깃들어 있다고 전해지는 나무. 예 神樹라고 불리는 나무 앞에는 제단도 있었다.
참 身手(신수)▹사람의 얼굴에 드러난 건강한 기운.

農歌(　　　)(　　　)[　　　]

도▸농부가 모내기나 김매기를 할 때 즐겨 불렀던 노래. 농부가(農夫歌).
참 農家(농가)▹농사를 업으로 하는 가정, 또는 그 집.

國歌(　　　)(　　　)[　　　]

도▸나라를 상징하며 대표하는 것으로써, 국가에서 정한 노래. 예 國歌를 부르다.
참 國家(국가)▹영토를 가지고 그곳에서 국민을 구성하고, 통치 조직을 가진 집단. 예 사회와 國家.

公正(　　　)(　　　)[　　　]

도▸공평(公平)하고 올바름.
예 판결은 언제나 公正해야 한다.

正體(　　　)(　　　)[　　　]

도▸사물의 본 모양. 겉으로 드러나지 않는 본 모습. 예 곧바로 그들의 正體가 탄로 났다.

戰死(　　　)(　　　)[　　　]

도▸전쟁터에서 싸우다가 죽는 것. 예 아들의 갑작스런 戰死 소식에 어머니는 정신을 잃었다.

死活(　　　)(　　　)[　　　]

도▸죽음과 삶. 죽느냐 사느냐의 갈림.
예 이것은 死活이 걸린 문제이다.

## 다음 훈訓과 음音에 알맞은 한자漢字를 쓰세요.

(1) 가르칠 교(　　)　(2) 늙을 로(　　)　(3) 마디 촌(　　)　(4) 북녘 북(　　)

### 도움글

○ 서로 소리는 같으나 뜻이 다른 한자어漢字語 – 동음이의어同音異義語

예1 植樹(식수) ≠ 食水　예2 農歌(농가) ≠ 農家　예3 國歌(국가) ≠ 國家　예4 戰死(전사) ≠ 前事

## 다음 한자漢字를 필순筆順에 따라 또박또박 쓰세요.

|  |  |  |  |  |  |  |  |
|---|---|---|---|---|---|---|---|
| 特 | 특별할 특 | 牛부 총10획 | 𠂉 牜 牛 牡 特 | 活 | 살 활 | 水부 총9획 | 冫 氵 氵 汗 活 |
| 神 | 귀신 신 | 示부 총10획 | ラ ネ 礻 神 神 | 樹 | 나무 수 | 木부 총16획 | 木 杧 桔 桔 樹 |
| 農 | 농사 농 | 辰부 총13획 | 曲 曲 農 農 農 | 歌 | 노래 가 | 欠부 총14획 | 可 哥 哥 歌 歌 |
| 公 | 공평할 공 | 八부 총4획 | ノ 八 公 公 | 正 | 바를 정 | 止부 총5획 | 一 丁 下 正 正 |
| 戰 | 싸움 전 | 戈부 총16획 | 單 單 單 戰 戰 | 死 | 죽을 사 | 歹부 총6획 | 一 歹 歹 歹 死 |
| 路 | 길 로 | 足부 총13획 | 口 卩 足 路 路 | 體 | 몸 체 | 骨부 총23획 | 冎 骨 骨 體 體 |

## 다음 밑줄 친 한자어漢字語를 한자漢字로 쓰세요.

- 시험지의 정답(1)을 확인하세요. ■ 수나라의 13만 대군(2)이 고구려로 쳐들어왔다.
- 공장(3)에서는 전기로 기계를 돌립니다. ■ 약속 시간(4)보다 조금 일찍 나왔습니다.

| (1) | (2) | (3) | (4) |
|---|---|---|---|
| | | | |

도움글

○ '特'자의 부수는 '牛(소 우)'자입니다. '牛'자는 필순에서 'ㅣ'을 가장 나중에 쓰지만, '特'자와 같이 글자의 왼쪽에서 부수로 쓰일 때에는 다음과 같은 순서로 씁니다. ☞ 𠂉 牜 牛 牡 特

## 아래 한자漢字의 뜻訓과 소리音를 자세히 익혀봅시다.

| 石 石 / 6급 총5획 | 氣 气 / 7Ⅱ 총10획 | 江 水 / 7Ⅱ 총6획 | 清 水 / 6Ⅱ 총11획 | 火 火 / 8급 총4획 |
|---|---|---|---|---|
| 돌 석 | 기운 기 | 강 강 | 맑을 청 | 불 화 |

## 아래 설명을 읽고 빈칸에 보기 와 같이 쓰세요.

보기 良書(어질 량)(글 서)[양서]

石戰(　　)(　　)[　　]

도 ▸ 돌팔매질을 하여 승부를 겨루는 우리나라 민속놀이의 한 가지. 돌싸움.

死石(　　)(　　)[　　]

도 ▸ (바둑에서) 상대편에게 잡혀 죽은 돌.

人氣(　　)(　　)[　　]

도 ▸ 많은 사람들의 관심이나 좋아하는 기운.
예 그는 오랫동안 대단한 人氣를 누렸다.

氣體(　　)(　　)[　　]

도 ▸ ① (김이나 공기처럼) 일정한 모양이나 부피가 없고, 자유롭게 움직이는 물질.
② (웃어른의) '몸과 마음의 형편'이라는 뜻으로, 어른에게 안부를 물을 때 쓰는 말.
예 그동안 氣體 평안하셨는지요?

江海(　　)(　　)[　　]

도 ▸ '강과 바다'를 아울러 이르는 말.

江南(　　)(　　)[　　]

도 ▸ 강, 또는 한강의 남쪽 지역. 반 강북(江北).

清算(　　)(　　)[　　]

도 ▸ ① 빚을 완전히 갚거나, ② 일정한 일이나 부정적인 요소들의 결말을 지음. 예 그동안의 잘못된 생활을 清算하고 새로운 삶을 시작하다.
참 青山(청산) ▹ 푸른 산.

清風(　　)(　　)[　　]

도 ▸ 맑은 바람. 예 清風이 서늘하게 불어오다.

火力(　　)(　　)[　　]

도 ▸ ① 불의 힘. 예 火力발전소 ② 총, 포탄 따위의 힘과 능력. 예 막강한 火力으로 공격하다.

消火(　　)(　　)[　　]

도 ▸ 불을 끔. 예 방마다 消火기를 비치하다.
참 消化(소화) ▹ ① 음식물을 삭임. 예 消化에 좋은 음식. ② 배운 것을 잘 익혀 자기 것으로 만듦.

## 다음 한자漢字의 훈訓과 음音을 쓰세요.

(1) 向 (　　)　(2) 席 (　　)　(3) 度 (　　)　(4) 式 (　　)

### 도움글

○ '清'자는 '水 = 氵(수)'자와 '青(청)'자가 결합하여 만들어진 글자입니다. 여기에서 '水(수)'자는 '뜻'을 전하고, '青(청)'자는 '소리'를 전하여 만들었습니다. ※ '青'자의 아랫부분은 보통 '月'자로 씁니다.

### ❀ 다음 한자漢字를 필순筆順에 따라 또박또박 쓰세요.

|  |  |  |  |  |  |  |  |
|---|---|---|---|---|---|---|---|
| 石 | 돌 석 | 石부 총5획 | 一 ア 不 石 石 | 戰 | 싸움 전 | 戈부 총16획 | 罒 單 單 戰 戰 |
| 氣 | 기운 기 | 气부 총10획 | 气 気 気 氧 氣 | 體 | 몸 체 | 骨부 총23획 | 口 骨 骨 體 體 |
| 江 | 강 강 | 水부 총6획 | 丶 氵 氵 汀 江 | 海 | 바다 해 | 水부 총10획 | 氵 氵 海 海 海 |
| 清 | 맑을 청 | 水부 총11획 | 氵 氵 洼 清 清 | 算 | 셈 산 | 竹부 총14획 | ⺮ ⺮ 筲 筲 算 |
| 消 | 사라질 소 | 水부 총10획 | 氵 氵 氵 消 消 | 火 | 불 화 | 火부 총4획 | 丶 丷 火 火 |
| 南 | 남녘 남 | 十부 총9획 | 十 内 内 南 南 | 力 | 힘 력 | 力부 총2획 | 丁 力 |

### ❀ 다음 밑줄 친 한자어漢字語를 한자漢字로 쓰세요.

■ 견우와 직녀는 일년에 한 번 칠월(1) 칠석(2)날 밤에 만날 수 있었습니다.

■ 유월(3) 육일은 현충일입니다. ■ 여름철에는 실외(4) 온도가 30°C를 넘습니다.

| (1) | (2) | (3) | (4) |
|---|---|---|---|
| | | | |

**도움글**

○ '南(남녘 남)'자의 뜻인 '남녘'에서 '녘'은 방향을 가리키는 '쪽'을 뜻하기도 하고, '어떤 때의 무렵'을 뜻하기도 합니다. 예1 남녘 = 남쪽. 예2 황혼 녘. 예3 동이 틀 녘.

### ❁ 아래 한자漢字의 뜻訓과 소리音를 자세히 익혀봅시다.

| 父 父 / 8급 총4획 | 物 牛 / 7Ⅱ 총8획 | 農 辰 / 7Ⅱ 총13획 | 生 生 / 8급 총5획 | 用 用 / 6Ⅱ 총5획 |
|---|---|---|---|---|
| 아비 부 | 물건 물 | 농사 농 | 날 생 | 쓸 용 |

### ❁ 아래 설명을 읽고 빈칸에 보기 와 같이 쓰세요.

보기 良書(어질 량)(글 서)[양서]

父親(　　　　)(　　　　)[　　　　]

도 ▸아버지. 예 그의 父親은 엄격하셨다.

國父(　　　　)(　　　　)[　　　　]

도 ▸①'임금'을 이르는 말. ②(건국에 큰 공로가 있어) 국민이 아버지처럼 존경하는 사람.

人物(　　　　)(　　　　)[　　　　]

도 ▸①사람. ②뛰어난 사람. ③사람의 됨됨이. 예 이 고장에서는 많은 人物이 나왔다.

文物(　　　　)(　　　　)[　　　　]

도 ▸(종교, 예술, 학문, 정치, 경제, 기술 따위의) 사람이 만들어 낸 모든 문화적 산물.

農路(　　　　)(　　　　)[　　　　]

도 ▸농사일에 많이 이용(利用)되는 길.
참 農老(농로)▹농사에 경험이 많은 사람, 또는 늙은 농부. 노농(老農).

農藥(　　　　)(　　　　)[　　　　]

도 ▸농작물에 해로운 벌레, 병균, 잡초 따위를 없애거나 농작물이 잘 자라게 하는 약품.

生前(　　　　)(　　　　)[　　　　]

도 ▸①살아있는 동안. 예 生前에 하신 말씀. ②전혀. 결코. 아무리. 예 이 문제는 生前 모르겠다.

生母(　　　　)(　　　　)[　　　　]

도 ▸(자기를) 낳은 어머니. 생어머니. 친어머니.
반 양모(養母).

利用(　　　　)(　　　　)[　　　　]

도 ▸①(필요에 따라) 물건을 이롭게 씀. 예 강물을 利用한 수력발전. ②(자신의 목적을 위해) 수단으로 삼는 것. 예 남에게 利用만 당하다.

愛用(　　　　)(　　　　)[　　　　]

도 ▸(어떤 물건을) 좋아해서 즐겨 사용하는 것.

### ❁ 다음 훈訓과 음音에 알맞은 한자漢字를 쓰세요.

(1) 살 활(　　) (2) 노래 가(　　) (3) 어미 모(　　) (4) 바를 정(　　)

도움글

○ 두음법칙頭音法則 : (우리말에서) 음절의 첫소리에 어떤 소리가 오는 것을 꺼리는 현상. [첫소리에서 'ㄴ'은 'ㅇ'으로, 'ㄹ'은 'ㄴ', 또는 'ㅇ'으로 적습니다.] 예 理由(리유) → 이유, 女子(녀자) → 여자

## ❀ 다음 한자漢字를 필순筆順에 따라 또박또박 쓰세요.

|  |  |  |  |  |  |  |  |
|---|---|---|---|---|---|---|---|
| 父 | 아비 부 | 父부 총4획 | 丿 八 ク 父 | 親 | 친할 친 | 見부 총16획 | 立 辛 亲 親 親 |
| 文 | 글월 문 | 文부 총4획 | 丶 亠 ナ 文 | 物 | 물건 물 | 牛부 총8획 | 𠂉 牛 牜 牞 物 |
| 農 | 농사 농 | 辰부 총13획 | 曲 농 農 農 農 | 藥 | 약 약 | 艸부 총19획 | 艹 苩 䓁 藥 藥 |
| 生 | 날 생 | 生부 총5획 | 丿 𠂉 𠂉 牛 生 | 前 | 앞 전 | 刀부 총9획 | 䒑 䒤 首 前 前 |
| 利 | 이할 리 | 刀부 총7획 | 二 千 禾 利 利 | 用 | 쓸 용 | 用부 총5획 | 丿 冂 月 月 用 |
| 愛 | 사랑 애 | 心부 총13획 | 爫 爫 𢖻 愛 愛 | 國 | 나라 국 | 口부 총11획 | 冂 同 國 國 國 |

## ❀ 다음 밑줄 친 한자어漢字語를 한자漢字로 쓰세요.

■ 길이 막혀 많은 <u>불편</u>(1)함을 겪었습니다. ■ 우리 <u>국토</u>(2)를 아름답게 가꿉니다.
■ <u>교실</u>(3)을 깨끗이 청소합니다. ■ 봄철은 <u>연중</u>(4) 일교차가 가장 큰 때입니다.

| (1) | (2) | (3) | (4) |
|---|---|---|---|
| | | | |

**도움글**

○ '文(글월 문)'자의 뜻인 '글월'은 '글이나 문장', 또는 '편지'를 달리 이르는 말입니다.
○ '利(이할 리)'자는 '이롭다, 이롭게 하다, 이기다, 날카롭다' 등을 뜻하는 말로 쓰입니다.

## 아래 한자漢字의 뜻訓과 소리音를 자세히 익혀봅시다.

| 界 田 / 6Ⅱ 총9획 | 病 疒 / 6급 총10획 | 登 癶 / 7급 총12획 | 百 白 / 7급 총6획 | 目 目 / 6급 총5획 |
|---|---|---|---|---|
| 지경 **계** | 병 **병** | 오를 **등** | 일백 **백** | 눈 **목** |

## 아래 설명을 읽고 빈칸에 보기 와 같이 쓰세요.

보기 良書(어질 량)(글 서)[양서]

各界(　　　)(　　　)[　　　]

도 ▸사회의 여러 분야. 예 各界의 전문가.

世界(　　　)(　　　)[　　　]

도 ▸① 지구상의 모든 나라. ② 사람이 살아가는 세상. ③ 어떤 분야나 영역. 예 예술 世界.

病苦(　　　)(　　　)[　　　]

도 ▸병으로 말미암은 고통. 질고(疾苦). 예 오랜 病苦에 시달리다.

病席(　　　)(　　　)[　　　]

도 ▸병들어 아픈 사람이 앓아 누워 있는 자리. 예 病席에 계신 노모를 정성으로 모셨다.

登用(　　　)(　　　)[　　　]

도 ▸나라에서 인재를 뽑아서 관리로 삼음. 예 중국의 탕 임금은 인재의 登用에 있어서 오직 인품과 실력만을 중시하고, 출신을 묻지 않았다.

登場(　　　)(　　　)[　　　]

도 ▸① 무대나 연단 위에 나옴. ② (소설, 연극, 영화 등에) 어떤 인물로 나타남. ③ 어떠한 일에 관련된 새로운 인물이나 사물이 나타남.

百方(　　　)(　　　)[　　　]

도 ▸① 온갖 방법. ② 여러 방면. 천방(千方). 예 百方으로 수소문하다.

數百(　　　)(　　　)[　　　]

도 ▸백의 몇 배가 되는 수. 예 數百 명의 이재민.

科目(　　　)(　　　)[　　　]

도 ▸가르치거나 배워야 할 지식이나 경험의 체계를 분야에 따라 나눈 학문이나 교과.

目前(　　　)(　　　)[　　　]

도 ▸① 눈앞. ② 지금 당장. 예 目前의 이익만을 생각하지 마라. 비 목첩(目睫).

## 다음 한자漢字의 훈訓과 음音을 쓰세요.

(1) 果 (　　　)　(2) 路 (　　　)　(3) 特 (　　　)　(4) 淸 (　　　)

### 도움글

○ 반대자反對字 : 서로 뜻이 반대, 또는 상대되는 한자漢字

예1 前(앞 전) ↔ 後(뒤 후)　예2 苦(쓸 고) ↔ 樂(즐길 락)　예3 物(물건 물) ↔ 心(마음 심)

❀ 다음 한자漢字를 필순筆順에 따라 또박또박 쓰세요.

|  |  |  |  |  |  |  |  |
|---|---|---|---|---|---|---|---|
| 各 | 각각 각 | 口부 총6획 | ク 夂 夂 各 各 | 界 | 지경 계 | 田부 총9획 | 冂 田 罒 畀 界 |
| 病 | 병 병 | 疒부 총10획 | 广 疒 疒 病 病 | 席 | 자리 석 | 巾부 총10획 | 广 庐 庐 席 席 |
| 登 | 오를 등 | 癶부 총12획 | ノ 癶 癶 癸 登 | 場 | 마당 장 | 土부 총12획 | 扌 坦 坍 場 場 |
| 數 | 셈 수 | 攴부 총15획 | 冐 婁 婁 婁 數 | 百 | 일백 백 | 白부 총6획 | 丆 丆 百 百 百 |
| 科 | 과목 과 | 禾부 총9획 | 千 禾 禾 科 科 | 目 | 눈 목 | 目부 총5획 | 丨 冂 月 目 |
| 苦 | 쓸 고 | 艸부 총9획 | 艹 艹 艹 苹 苦 | 世 | 인간 세 | 一부 총5획 | 一 十 廿 廿 世 |

❀ 다음 밑줄 친 한자어漢字語를 한자漢字로 쓰세요.

■ 올림픽에 참가한 각국의 선수단이 <u>기수</u>(1)를 앞세우고 <u>입장</u>(2)하고 있습니다.

■ 백두산을 <u>중심</u>(3)으로 뻗친 우리의 금수<u>강산</u>(4)은 아름답고도 살기 좋은 곳입니다.

| (1) | (2) | (3) | (4) |
|---|---|---|---|
| | | | |

도움글

○ '病(병 병)'자의 뜻인 '병'은 '질병, 흠, 하자' 등을 의미합니다.

○ '苦(쓸 고)'자의 뜻인 '쓸'은 '쓰다, 쓴맛, 고통, 괴로워하다' 등을 의미합니다.

## 아래 한자漢字의 뜻訓과 소리音를 자세히 익혀봅시다.

| 短 矢/6Ⅱ 총12획 | 禮 示/6급 총18획 | 秋 禾/7급 총9획 | 空 穴/7Ⅱ 총8획 | 童 立/6Ⅱ 총12획 |
|---|---|---|---|---|
| 짧을 단 | 예도 례 | 가을 추 | 빌 공 | 아이 동 |

## 아래 설명을 읽고 빈칸에 보기 와 같이 쓰세요.

보기 良書(어질 량)(글 서)[양서]

**短信**(　　　　)(　　　　)[　　　　]

도 ▸ ① 짤막하게 쓴 편지. ② 짤막한 보도(報道).
참 短身(단신) ▹ 키가 작은 몸. 반 장신(長身).

**短命**(　　　　)(　　　　)[　　　　]

도 ▸ ① 짧은 목숨, 또는 목숨이 짧음. ② '조직(組織) 따위가 오래가지 못하고 곧 무너짐'을 비유하여 이르는 말.

**答禮**(　　　　)(　　　　)[　　　　]

도 ▸ 남의 인사에 답하여 인사를 함.
문 그들의 호의(好意)에 答禮하였다.

**目禮**(　　　　)(　　　　)[　　　　]

도 ▸ 눈짓으로 가볍게 하는 인사.
문 서로는 어색한 듯 目禮로 답했다.

**千秋**(　　　　)(　　　　)[　　　　]

도 ▸ 오래고 긴 세월, 또는 먼 장래. 문 너희들은 千秋에 맺힌 민족의 한을 꼭 풀어야 한다.

**立秋**(　　　　)(　　　　)[　　　　]

도 ▸ 24절기의 열셋째. [대서와 처서 사이로 8월 8일경, 이 무렵에 가을이 시작된다고 함.]

**時空**(　　　　)(　　　　)[　　　　]

도 ▸ 시간과 공간. 문 時空을 초월한 사랑 이야기.

**空氣**(　　　　)(　　　　)[　　　　]

도 ▸ ① 지구 대기의 하층 부분을 이루고 있는 무색・투명한 기체. 문 실내 空氣가 탁하다. ② 주위의 기분이나 상태. 분위기. 문 회의실 空氣가 심상치 않다.

**童話**(　　　　)(　　　　)[　　　　]

도 ▸ 어린이에게 들려주거나 읽히기 위하여 지은 이야기. 문 童話 구연 대회에 참가하다.

**童心**(　　　　)(　　　　)[　　　　]

도 ▸ 어린이의 마음, 또는 어린이의 마음처럼 순진한 마음. 문 童心으로 돌아가 마음껏 즐기다.

## 다음 훈訓과 음音에 알맞은 한자漢字를 쓰세요.

(1) 바람 풍(　　)　(2) 바다 해(　　)　(3) 기운 기(　　)　(4) 글월 문(　　)

### 도움글

○ '立秋'에서 '立(설 립)'자는 두음법칙頭音法則에 의해 '입'으로 쓰고 읽습니다. ['ㅣ・ㅑ・ㅕ・ㅛ・ㅠ' 앞에서의 'ㄹ'과 'ㄴ'은 'ㅇ'으로 적습니다.] 예 女人(녀인) → 여인, 里長(리장) → 이장

## 다음 한자漢字를 필순筆順에 따라 또박또박 쓰세요.

| | | | | | | | |
|---|---|---|---|---|---|---|---|
| 短 | 짧을 단 | 矢부 총12획 | 𠂉 矢 矩 短 短 | 信 | 믿을 신 | 人부 총9획 | 亻 仁 信 信 信 |
| 答 | 대답 답 | 竹부 총12획 | ⺮ 笅 笑 答 答 | 禮 | 예도 례 | 示부 총18획 | 亠 礻 礻 禮 禮 |
| 立 | 설 립 | 立부 총5획 | 丶 亠 亣 立 立 | 秋 | 가을 추 | 禾부 총9획 | 二 千 禾 秋 秋 |
| 時 | 때 시 | 日부 총10획 | 冂 日 旪 時 時 | 空 | 빌 공 | 穴부 총8획 | 宀 穴 空 空 空 |
| 童 | 아이 동 | 立부 총12획 | 立 音 音 童 童 | 話 | 말씀 화 | 言부 총13획 | 言 言 話 話 話 |
| 命 | 목숨 명 | 口부 총8획 | 人 亼 合 命 命 | 千 | 일천 천 | 十부 총3획 | 丿 二 千 |

## 다음 밑줄 친 한자어漢字語를 한자漢字로 쓰세요.

■ 농촌 체험을 <u>수기</u>(1)로 발표하였다. ■ <u>민간</u>(2) 교류가 활발히 이루어지고 있다.

■ 외국의 가수들이 공연을 위해 <u>내한</u>(3)하다. ■ 내가 나서서 말할 <u>입장</u>(4)이 아니다.

| (1) | (2) | (3) | (4) |
|---|---|---|---|
| | | | |

**도움글**

○ 반대자反對字 : 서로 뜻이 반대, 또는 상대되는 한자漢字

예1 問(물을 문) ↔ 答(대답 답) 예2 長(긴 장) ↔ 短(짧을 단) 예3 春(봄 춘) ↔ 秋(가을 추)

## 아래 한자漢字의 뜻訓과 소리音를 자세히 익혀봅시다.

| 答 竹/7Ⅱ 총12획 | 米 米/6급 총6획 | 級 糸/6급 총10획 | 美 羊/6급 총9획 | 習 羽/6급 총11획 |
|---|---|---|---|---|
| 대답 답 | 쌀 미 | 등급 급 | 아름다울 미 | 익힐 습 |

## 아래 설명을 읽고 빈칸에 보기 와 같이 쓰세요.

보기 良書(어질 량)(글 서)[양서]

**對答**(　　　)(　　　)[　　　]

도 ▸묻는 말에 자기 뜻을 표함.
예 묻는 말에 對答하다.

**答信**(　　　)(　　　)[　　　]

도 ▸받은 편지나 통신에 회답하는 편지나 통신
예 기다리던 答信이 왔다.

**白米**(　　　)(　　　)[　　　]

도 ▸흰쌀. 희게 쓿은 멥쌀.

**米色**(　　　)(　　　)[　　　]

도 ▸껍질을 벗겨 낸 쌀의 빛깔처럼 약간 노란 빛깔. 예 그녀의 살결은 희미한 米色이었다.

**級數**(　　　)(　　　)[　　　]

도 ▸(여러 급으로 나누었을 때) 등급의 등수.
참 給水(급수)▹물을 대어 줌. 물 공급.

**體級**(　　　)(　　　)[　　　]

도 ▸(권투, 레슬링, 태권도, 역도 등에서) 경기자의 몸무게에 따라 매겨진 등급.

**美感**(　　　)(　　　)[　　　]

도 ▸아름다움에 대한 느낌. 아름다운 느낌.

**美風**(　　　)(　　　)[　　　]

도 ▸아름다운 풍속. 예 조상과 어른을 받드는 美風을 이어가야 합니다.

**風習**(　　　)(　　　)[　　　]

도 ▸(오래전부터 지켜 내려오는) 사회적으로 이루어진 풍속이나 관습. 예 민족 고유의 風習.

**習作**(　　　)(　　　)[　　　]

도 ▸(문예 · 음악 · 미술 따위에서) 연습으로 작품을 만듦, 또는 그 작품. 예 習作을 발표하다.

## 다음은 날짜를 세는 말입니다. (　) 안에 알맞은 말을 한자漢字로 쓰세요.

(1) 사흘(　　　)　(2) 나흘(　　　)　(3) 이레(　　　)　(4) 아흐레(　　　)

**도움글**

○ 한자의 부수部首 : 한자 자전에서 글자를 찾는 데 길잡이가 되도록 분류하여 놓은 글자의 한 부분.
예 美 → 부수 : ( 羊 )　習 → 부수 : ( 羽 )　空 → 부수 : ( 穴 )　童 → 부수 : ( 立 )

### 다음 한자漢字를 필순筆順에 따라 또박또박 쓰세요.

| | | | | | | | |
|---|---|---|---|---|---|---|---|
| 對 | 대할 대 | 寸부 총14획 | 〃 业 丵 丵 對 | 答 | 대답 답 | 竹부 총12획 | ⺮ 笅 笑 答 答 |
| 米 | 쌀 미 | 米부 총6획 | 丶丶 丷 半 米 米 | 色 | 빛 색 | 色부 총6획 | ⺈ 乌 刍 刍 色 |
| 級 | 등급 급 | 糸부 총10획 | 幺 糸 糹 紉 級 | 數 | 셈 수 | 攴부 총15획 | 畀 串 婁 婁 數 |
| 美 | 아름다울 미 | 羊부 총9획 | 丶丶 䒑 羊 兰 美 | 感 | 느낄 감 | 心부 총13획 | 丿 后 咸 咸 感 |
| 風 | 바람 풍 | 風부 총9획 | 几 凡 凨 凬 風 | 習 | 익힐 습 | 羽부 총11획 | 丁 羽 羽 習 習 |
| 作 | 지을 작 | 人부 총7획 | 丿 亻 仁 作 作 | 體 | 몸 체 | 骨부 총23획 | 冎 骨 骨 體 體 |

### 다음 밑줄 친 한자어漢字語를 한자漢字로 쓰세요.

- 우리 가족은 휴일(1)마다 등산을 합니다.
- 승객들에게 하차(2) 준비를 알렸다.
- 청각 장애인을 위해 수화(3) 방송을 하였다.
- 우리 조상(4)들이 물려준 문화유산

| (1) | (2) | (3) | (4) |
|---|---|---|---|
| | | | |

도움글

- '習(익힐 습)'자는 '어린 새가 날개[羽(깃 우)]를 자주 파드닥거려 스스로[自 → 白] 날기를 연습한다'는 의미에서 '익히다'를 뜻하는 글자로 쓰이게 된 것입니다.

## ※ 아래 한자漢字의 뜻訓과 소리音를 자세히 익혀봅시다.

| 者 老 / 6급 총9획 | 聞 耳 / 6Ⅱ 총14획 | 育 肉 / 7급 총8획 | 自 自 / 7Ⅱ 총6획 | 色 色 / 7급 총6획 |
|---|---|---|---|---|
| 놈 자 | 들을 문 | 기를 육 | 스스로 자 | 빛 색 |

## ※ 아래 설명을 읽고 빈칸에 보기 와 같이 쓰세요.

보기 良書(어질 량)(글 서)[양서]

記者(　　　　)(　　　　)[　　　　]

도 ▸신문·잡지·방송 등에서 기사(記事)를 모으거나 쓰거나 하는 사람.

近者(　　　　)(　　　　)[　　　　]

도 ▸요즈음. 요사이. 근일(近日).
예 近者에 이르러 실력이 무척 향상되었다.

風聞(　　　　)(　　　　)[　　　　]

도 ▸바람결에 들리는 소문. 예 그에 대한 이야기를 風聞으로 들어 어렴풋이 알고 있다.

新聞(　　　　)(　　　　)[　　　　]

도 ▸사회에서 일어난 새로운 사건이나 화제 따위를 빨리 보도·해설·비평하는 정기 간행물. 예 아침마다 新聞이 배달된다.

育成(　　　　)(　　　　)[　　　　]

도 ▸길러서 자라게 함. 예 중소기업을 育成하다.
참 肉聲(육성) ▹ (기계를 통하지 않고 직접 나오는) 목소리.

發育(　　　　)(　　　　)[　　　　]

도 ▸생물이 차차 크게 자라남.
예 어린이의 신체 發育에는 운동이 중요합니다.

自習(　　　　)(　　　　)[　　　　]

도 ▸배운 것을 혼자서 공부하여 익힘.
예 선생님이 아프셔서 학생들은 自習을 하였다.

自由(　　　　)(　　　　)[　　　　]

도 ▸남에게 얽매이거나 무엇에 구속받지 않고 자기가 책임지고 마음대로 행동하는 일.

物色(　　　　)(　　　　)[　　　　]

도 ▸①물건의 빛깔. ②(어떤 기준에 맞는) 사람이나 물건을 고름. 예 일자리를 物色하다. ③까닭이나 형편. 예 아무 物色도 모르고 날뛴다.

色感(　　　　)(　　　　)[　　　　]

도 ▸①색에 대한 감각. ②어떤 빛깔에서 받는 느낌. 예 부드러운 色感의 옷을 입다.

## ※ 다음 훈訓과 음音에 알맞은 한자漢字를 쓰세요.

(1) 오를 등(　　)　(2) 일백 백(　　)　(3) 빌 공(　　)　(4) 대답 답(　　)

**도움글**

○ 物色없다. : 말이나 행동이 형편에 맞거나 조리에 닿지 아니하다. 부 物色없이.
예 그의 物色없는 소리에 모두들 짜증을 냈다.

### 다음 한자漢字를 필순筆順에 따라 또박또박 쓰세요.

|  |  |  |  |  |  |  |  |
|---|---|---|---|---|---|---|---|
| 記 | 기록할 기 | 言부 총10획 | 言 言 訁 訂 記 | 者 | 놈 자 | 老부 총9획 | 十 耂 耂 者 者 |
| 風 | 바람 풍 | 風부 총9획 | 几 凡 凨 風 風 | 聞 | 들을 문 | 耳부 총14획 | 門 門 門 聞 聞 |
| 發 | 필 발 | 癶부 총12획 | ノ ㇇ 癶 癹 發 | 育 | 기를 육 | 肉부 총8획 | 亠 亠 云 育 育 |
| 自 | 스스로 자 | 自부 총6획 | 丿 亻 白 自 自 | 由 | 말미암을유 | 田부 총5획 | 丨 冂 曰 由 由 |
| 色 | 빛 색 | 色부 총6획 | ⺈ ⺈ 色 色 色 | 感 | 느낄 감 | 心부 총13획 | 丿 后 咸 咸 感 |
| 近 | 가까울 근 | 辶=辵부 총8획 | 厂 斤 斤 沂 近 | 新 | 새 신 | 斤부 총13획 | 立 辛 亲 新 新 |

### 다음 밑줄 친 한자어漢字語를 한자漢字로 쓰세요.

- 형제는 <u>등교</u>(1)를 같이 합니다.
- <u>소수</u>(2)의 의견도 존중되어야 합니다.
- 폭발 <u>직전</u>(3)에 모두 몸을 피할 수 있었다.
- 주말마다 봉사 <u>활동</u>(4)을 합니다.

| (1) | (2) | (3) | (4) |
|---|---|---|---|
| | | | |

도움글

- '育(기를 육)'자의 부수는 '肉(고기 육)'자이나 글자 속에서는 '月'자로 변하여 쓰입니다.
- '感(느낄 감)'자의 필순은 위의 방법과 다르게 쓸 수도 있습니다. ☞ 丿 厂 戊 咸 感

## 아래 한자漢字의 뜻訓과 소리音를 자세히 익혀봅시다.

| 苦 艸/6급 총9획 | 號 虍/6급 총13획 | 行 行/6급 총6획 | 衣 衣/6급 총6획 | 西 襾/8급 총6획 |
|---|---|---|---|---|
| 쓸 고 | 이름 호 | 다닐 행 | 옷 의 | 서녘 서 |

## 아래 설명을 읽고 빈칸에 보기 와 같이 쓰세요.

보기 良書(어질 량)(글 서)[양서]

苦心(　　　)(　　　)[　　　]

도 ▸몹시 애씀. 몹시 애를 태우며 마음을 씀. 고려(考慮). 예 苦心끝에 결정하다.

苦學(　　　)(　　　)[　　　]

도 ▸학비를 스스로 벌어서 고생하며 배움. 예 어려서 부모를 잃고 苦學으로 대학을 나왔다.

國號(　　　)(　　　)[　　　]

도 ▸나라의 이름. 국명(國名). 예 우리나라 國號를 대한민국이라 한다.

口號(　　　)(　　　)[　　　]

도 ▸(집회나 시위 등에서) 어떤 요구나 주장 따위를 나타내는 짤막하게 표현한 문구. 예 口號를 외치다.

行方(　　　)(　　　)[　　　]

도 ▸간 곳. 간 방향. 종적(踵迹). 예 그의 行方을 알 수 없다. 비 거처(居處)

發行(　　　)(　　　)[　　　]

도 ▸① 책이나 신문, 화폐 따위를 인쇄하여 세상에 펴냄. 예 책을 發行하다. ② 증명서 따위를 만들어 요구하는 사람에게 내어 줌.

衣服(　　　)(　　　)[　　　]

도 ▸옷. 예 衣服을 손질하여 보관하다.

內衣(　　　)(　　　)[　　　]

도 ▸속옷. 예 內衣를 입으니 한결 따뜻하였다.
참 內意(내의) ▹ 마음속에 품은 뜻.

東西(　　　)(　　　)[　　　]

도 ▸① 동쪽과 서쪽. ② 자유 진영(陣營)과 공산 진영. 예 東西 간의 정치적 대립보다 자국의 경제발전을 꾀하다.

西風(　　　)(　　　)[　　　]

도 ▸서쪽에서 불어오는 바람. 갈바람. 하늬바람.
참 書風(서풍) ▹ 서예의 글씨체.

## 다음은 날짜를 세는 말입니다. (　) 안에 알맞은 말을 한자漢字로 쓰세요.

(1) 엿새(　　　)　(2) 여드레(　　　)　(3) 닷새(　　　)　(4) 열흘(　　　)

도움글

○ 衣服이 날개(라) : 옷이 날개라. ☞ 못난 사람도 옷을 잘 입으면 잘나 보인다는 말.

○ '內'자의 부수는 '入(입)'자이나 서체에 따라 '入'자를 '人'자로 써서 '内'자와 같이 쓰기도 합니다.

### 다음 한자漢字를 필순筆順에 따라 또박또박 쓰세요.

|  |  |  |  |  |  |  |  |
|---|---|---|---|---|---|---|---|
| 苦 | 쓸 고 | 艸부 총9획 | 十 艹 芏 芊 苦 | 學 | 배울 학 | 子부 총16획 | 𦥑 㒨 與 學 學 |
| 國 | 나라 국 | 口부 총11획 | 冂 同 國 國 國 | 號 | 이름 호 | 虍부 총13획 | 号 号ᅡ 号ᆠ 號 號 |
| 行 | 다닐 행 | 行부 총6획 | ノ 彳 彳 彳 行 | 方 | 모 방 | 方부 총4획 | 丶 亠 亢 方 |
| 衣 | 옷 의 | 衣부 총6획 | 亠 𠃋 衤 衣 衣 | 服 | 옷 복 | 月부 총8획 | 月 月 月 服 服 |
| 東 | 동녘 동 | 木부 총8획 | 冂 日 申 東 東 | 西 | 서녘 서 | 襾부 총6획 | 一 冂 丙 西 西 |
| 發 | 필 발 | 癶부 총12획 | フ ヲ 癶 癸 發 | 風 | 바람 풍 | 風부 총9획 | 几 凡 凤 風 風 |

### 다음 밑줄 친 한자어漢字語를 한자漢字로 쓰세요.

- 인간은 만물(1)의 영장靈長이다.
- 매년 학교에서 동문(2)회가 열립니다.
- 태풍은 매년(3) 많은 피해를 줍니다.
- 온 가족이 한자리에 모여 식사(4)를 합니다.

| (1) | (2) | (3) | (4) |
|---|---|---|---|
| | | | |

**도움글**

○ 靈長영장 : '모든 만물 중에서 가장 뛰어난 존재이며, 영묘靈妙한 힘을 가진 우두머리'라는 뜻으로, '사람'을 이르는 말.

아래 한자漢字의 뜻訓과 소리音를 자세히 익혀봅시다.

| 科 禾/6Ⅱ 총9획 | 角 角/6Ⅱ 총7획 | 言 言/6급 총7획 | 足 足/7Ⅱ 총7획 | 身 身/6Ⅱ 총7획 |
|---|---|---|---|---|
| 과목 과 | 뿔 각 | 말씀 언 | 발 족 | 몸 신 |

아래 설명을 읽고 빈칸에 보기 와 같이 쓰세요. 보기 良書(어질 량)(글 서)[양서]

科學(　　)(　　)[　　]

도 ▸(자연과 인간 사회의) 보편적 진리나 법칙의 발견을 목적으로 하는 체계적인 지식.

理科(　　)(　　)[　　]

도 ▸자연계의 원리나 현상을 연구하는 학문. [생물, 물리, 화학, 천문학 등 자연 과학의 분괘

號角(　　)(　　)[　　]

도 ▸입으로 불어서 소리를 내어 신호하는 데에 쓰는 도구. 호루라기. 예 경찰의 號角 소리.

角度(　　)(　　)[　　]

도 ▸① 각의 크기. ② 사물을 보거나 생각하는 방향. 관점. 예 여러 角度로 검토해 보다.

言語(　　)(　　)[　　]

도 ▸생각이나 느낌을 음성이나 문자로 전달하는 수단과 체계. 예 모습은 물론 言語도 다르다.

言行(　　)(　　)[　　]

도 ▸말과 행동. 언어 행동. 예 그는 言行도 바르고 용모도 말쑥해 보였습니다.

自足(　　)(　　)[　　]

도 ▸① 스스로 넉넉하게 여김. ② 필요한 물건을 자기 스스로 충족시킴. 예 自給自足하다.

長足(　　)(　　)[　　]

도 ▸'기다란 다리'라는 뜻으로, '사물의 진보나 발전이 매우 크고 빠름'을 이르는 말.
예 외국어 실력이 長足으로 발전하였다.

身長(　　)(　　)[　　]

도 ▸사람의 키. 예 평균 身長보다 크다.
참 信章(신장) ▹ 도장(圖章).

身體(　　)(　　)[　　]

도 ▸사람의 몸. 예 건강한 身體와 건전한 정신.

다음 훈訓과 음音에 알맞은 한자漢字를 쓰세요.

(1) 셈 수(　　) (2) 기를 육(　　) (3) 서녘 서(　　) (4) 가을 추(　　)

도움글

○ 유의자類義字 : 서로 소리는 다르나 뜻이 비슷한 한자漢字

예1 衣(옷 의) - 服(옷 복)　예2 身(몸 신) - 體(몸 체)　예3 言(말씀 언) - 語(말씀 어)

## 다음 한자漢字를 필순筆順에 따라 또박또박 쓰세요.

|  |  |  |  |  |  |  |  |
|---|---|---|---|---|---|---|---|
| 理 | 다스릴 리 | 玉부 총11획 | 𠃋 王 玾 理 理 | 科 | 과목 과 | 禾부 총9획 | 千 禾 禾 科 科 |
| 角 | 뿔 각 | 角부 총7획 | ⺈ ⺈ 角 角 角 | 度 | 법도 도 | 广부 총9획 | 亠 广 庐 度 度 |
| 言 | 말씀 언 | 言부 총7획 | 亠 亖 言 言 言 | 語 | 말씀 어 | 言부 총14획 | 言 訁 訂 語 語 |
| 長 | 긴 장 | 長부 총8획 | 一 ㄏ 𠀐 镸 長 | 足 | 발 족 | 足부 총7획 | 口 早 早 足 足 |
| 身 | 몸 신 | 身부 총7획 | 丿 ⺆ 自 身 身 | 體 | 몸 체 | 骨부 총23획 | 冎 骨 骨 體 體 |
| 學 | 배울 학 | 子부 총16획 | 𦥯 𦥯 與 學 學 | 自 | 스스로 자 | 自부 총6획 | 丿 亻 白 自 自 |

## 다음 밑줄 친 한자어漢字語를 한자漢字로 쓰세요.

■ 쿵쿵, 쾅쾅! 청소 <u>시간</u>(1)만 되면 조용했던 우리 <u>교실</u>(2)은 시끌시끌합니다.

■ 초등학교에 <u>입학</u>(3)한 <u>동생</u>(4)을 데리고 학교의 이곳저곳을 돌며 가르쳐주었습니다.

| (1) | (2) | (3) | (4) |
|---|---|---|---|
| | | | |

**도움글**

○ '自'자는 '스스로, 자기, 몸소, 저절로, ~로부터' 등의 뜻으로 쓰이고 있습니다. 여기에서 '~로부터'는 '어떤 일이나 범위에서의 시작임'을 뜻하는 말로, 흔히 끝을 나타내는 '~까지'와 짝을 이룹니다.

## 아래 한자漢字의 뜻訓과 소리音를 자세히 익혀봅시다.

| 車 車 / 7Ⅱ 총7획 | 近 辶 / 6급 총8획 | 邑 邑 / 7급 총7획 | 醫 酉 / 6급 총18획 | 里 里 / 7급 총7획 |
|---|---|---|---|---|
| 수레 거/차 | 가까울 근 | 고을 읍 | 의원 의 | 마을 리 |

## 아래 설명을 읽고 빈칸에 보기 와 같이 쓰세요.

보기 良書(어질 량)(글 서)[양서]

車窓(　　)(　　)[　　]

도 ▸ 차의 창문.

戰車(　　)(　　)[　　]

도 ▸ (전쟁할 때에 쓰는) 포와 기관총 따위로 무장한 차량.

참 電車(전차) ▹ 전기의 힘으로 궤도 위를 다니는 차.

近來(　　)(　　)[　　]

도 ▸ 가까운 요즈음. 예 近來에 보기 드문 일.

近海(　　)(　　)[　　]

도 ▸ (육지에) 가까운 바다. 반 원양(遠洋).

邑長(　　)(　　)[　　]

도 ▸ 지방 행정 구역인 읍의 행정 업무를 총괄하는 책임자. 읍사무소의 장.

邑民(　　)(　　)[　　]

도 ▸ 읍에 사는 사람.

醫術(　　)(　　)[　　]

도 ▸ 병이나 상처를 고치는 의학에 관련된 기술. 예 醫術의 발달로 수명(壽命)이 길어졌다.

名醫(　　)(　　)[　　]

도 ▸ 병을 잘 고쳐 이름난 의사. 예 名醫인 허준은 '동의보감(東醫寶鑑)'을 저술하였다.

洞里(　　)(　　)[　　]

도 ▸ ① (시골의) 마을이나 동네. ② 지방 행정의 최소 구역인 동(洞)과 리(里).

海里(　　)(　　)[　　]

도 ▸ 바다 위의 거리를 나타내는 단위.

## 다음 한자漢字의 훈訓과 음音을 쓰세요.

(1) 言 (　　) (2) 足 (　　) (3) 聞 (　　) (4) 短 (　　)

(5) 苦 (　　) (6) 角 (　　) (7) 育 (　　) (8) 號 (　　)

도움글

○ '車'자는 쓰임에 따라 소리를 '차', 또는 '거'로 읽습니다. 이 글자의 뜻은 '수레'입니다. '수레'는 바퀴를 달아서 굴러가게 만든 것으로, 사람이 타거나 짐을 싣는 데에 사용합니다.

## 다음 한자漢字를 필순筆順에 따라 또박또박 쓰세요.

|  |  |  |  |  |  |  |  |
|---|---|---|---|---|---|---|---|
| 車 | 수레 차 | 車부 총7획 | 一 冂 戸 亘 車 | 窓 | 창 창 | 穴부 총11획 | 宀 穴 空 窓 窓 |
| 近 | 가까울 근 | 辶부 총8획 | 厂 斤 斤 䜣 近 | 來 | 올 래 | 人부 총8획 | 一 从 ⿻ 來 來 |
| 邑 | 고을 읍 | 邑부 총7획 | 口 므 뮤 뭅 邑 | 民 | 백성 민 | 氏부 총5획 | ㄱ ㄱ 尸 尸 民 |
| 醫 | 의원 의 | 酉부 총18획 | 医 医 殹 殹 醫 | 術 | 재주 술 | 行부 총11획 | 彳 犴 徘 徘 術 |
| 海 | 바다 해 | 水부 총10획 | 氵 氵 海 海 海 | 里 | 마을 리 | 里부 총7획 | 丨 冂 日 甲 里 |
| 戰 | 싸움 전 | 戈부 총16획 | 罒 單 單 戰 戰 | 洞 | 골 동 | 水부 총9획 | 氵 氵 汩 洞 洞 |

## 다음 밑줄 친 한자어漢字語를 한자漢字로 쓰세요.

■ 우리나라의 제품이 해외(1) 시장(2)에서 많은 인기를 끌고 있습니다.

■ '서풍'(3)을 '하늬바람'이라고 합니다. ■ 한강(4)은 삼국시대부터 중요시되어 왔습니다.

| (1) | (2) | (3) | (4) |
|---|---|---|---|
| | | | |

**도움글**

○ '東風'은 '봄바람, 동부새, 또는 샛바람'이라 하고, '南風'을 '개풍凱風'이라 하며, '北風'은 '된바람'이라고 합니다. 참 댓바람 : 지체하지 않고 단번에. 예 그는 댓바람에 몇 사발의 물을 들이켰다.

◈ 아래 한자漢字의 뜻訓과 소리音를 자세히 익혀봅시다.

| 金 | 長 | 門 | 陽 | 集 |
|---|---|---|---|---|
| 金/8급 총8획 | 長/8급 총8획 | 門/8급 총8획 | 阜/6급 총12획 | 隹/6Ⅱ 총12획 |
| 쇠 금, 성 김 | 긴 장 | 문 문 | 볕 양 | 모을 집 |

◈ 아래 설명을 읽고 빈칸에 보기 와 같이 쓰세요.

보기 良書(어질 량)(글 서)[양서]

合金(　　　)(　　　)[　　　]

도 ▸ 둘 이상의 금속이나 비금속을 섞어 만든 새로운 성질의 금속.

年金(　　　)(　　　)[　　　]

도 ▸ 국가나 사회 등에서 특별한 공로가 있는 사람에게 일정 기간 동안 해마다 지급하는 돈. 예 월 1백만 원의 체육 年金을 받다.

長成(　　　)(　　　)[　　　]

도 ▸ 자라 어른이 됨. 예 長成한 아들을 두었군요!

長短(　　　)(　　　)[　　　]

도 ▸ ① 길고 짧음. ② 장점과 단점. ③ 박자, 리듬. 예 長短에 맞추어 춤을 추다.

窓門(　　　)(　　　)[　　　]

도 ▸ 공기나 빛이 통하도록 벽이나 지붕에 만들어 놓은 작은 문. 예 窓門 밖의 밝은 달.

同門(　　　)(　　　)[　　　]

도 ▸ 같은 학교의 출신자, 또는 같은 스승에게서 배운 사람. 예 중학교 同門들의 모임.
참 洞門(동문) ▹ ① 동굴의 입구. ② 동네 어귀.

陽地(　　　)(　　　)[　　　]

도 ▸ 볕이 바로 드는 곳. 반 음지(陰地).

太陽(　　　)(　　　)[　　　]

도 ▸ ① 태양계의 중심이 되는 별. ② 매우 소중하고 희망을 주는 존재. 예 민족의 太陽.

集計(　　　)(　　　)[　　　]

도 ▸ 한데 모아서 계산함, 또는 그 합계.
예 전국의 투표 용지를 集計하다.

集會(　　　)(　　　)[　　　]

도 ▸ 많은 사람이 일정한 때에 일정한 자리에 모임, 또는 그 모임. 회합. 예 集會의 자유.

◈ 다음 훈訓과 음音에 알맞은 한자漢字를 쓰세요.

(1) 노래 가(　　) (2) 강 강(　　) (3) 물건 물(　　) (4) 오를 등(　　)

도움글

○ 양지陽地가 음지陰地 되고 음지陰地가 양지陽地 된다.
☞ 속 '세상일이란 돌고 도는 것이어서, 처지가 뒤바뀌는 경우가 많음'을 이르는 말.

## 다음 한자漢字를 필순筆順에 따라 또박또박 쓰세요.

|  |  |  |  |  |  |  |  |
|---|---|---|---|---|---|---|---|
| 合 | 합할 합 | 口부 총6획 | ノ 人 亼 亽 合 | 金 | 쇠 금 | 金부 총8획 | 人 亼 仐 余 金 |
| 長 | 긴 장 | 長부 총8획 | 一 厂 E 镸 長 | 短 | 짧을 단 | 矢부 총12획 | 𠂉 矢 矩 短 短 |
| 窓 | 창 창 | 穴부 총11획 | 宀 穴 空 窓 窓 | 門 | 문 문 | 門부 총8획 | 丨 户 門 門 門 |
| 陽 | 볕 양 | 阜부 총12획 | 了 阝 阝旦 陽 陽 | 地 | 땅[따] 지 | 土부 총6획 | 十 土 圠 圵 地 |
| 集 | 모을 집 | 隹부 총12획 | 亻 亻 隹 隼 集 | 會 | 모일 회 | 曰부 총13획 | 人 合 侖 會 會 |
| 太 | 클 태 | 大부 총4획 | 一 ナ 大 太 | 計 | 셀 계 | 言부 총9획 | 亠 亡 言 言 計 |

## 다음 밑줄 친 한자어漢字語를 한자漢字로 쓰세요.

■ '아침밥'을 한자어로는 '<u>조식</u>'(1)이라고 하며, 반대어는 '<u>석식</u>'(2)이라고 합니다.

■ 편지 겉봉투에는 보내온 사람의 <u>주소</u>(3)와 <u>성명</u>(4)이 적혀 있지 않았습니다.

| (1) | (2) | (3) | (4) |
|---|---|---|---|
| | | | |

도움글

○ '陽'자의 부수인 '阝'자는 왼쪽에 있을 때에는 '阜(언덕 부)'자로 쓰이고, 오른쪽에 있을 때에는 '邑(고을 읍)'자로 쓰입니다. ☞ 예1 陽 : 阝 = 阜부 예2 郡 : 阝 = 邑부

## 아래 한자漢字의 뜻訓과 소리音를 자세히 익혀봅시다.

| 孝 子 / 7Ⅱ 총7획 | 青 青 / 8급 총8획 | 面 面 / 7급 총9획 | 韓 韋 / 8급 총17획 | 音 音 / 6Ⅱ 총9획 |
|---|---|---|---|---|
| 효도 **효** | 푸를 **청** | 낯 **면** | 나라 **한**, 한국 **한** | 소리 **음** |

## 아래 설명을 읽고 빈칸에 보기 와 같이 쓰세요.

보기 良書(어질 량)(글 서)[양서]

孝行(　　　　)(　　　　)[　　　　]

도 ▸ 어버이를 잘 섬기는 행실. 예 그는 孝行이 지극하여 부모의 뜻을 거역하지 않는다.

孝道(　　　　)(　　　　)[　　　　]

도 ▸ 부모를 잘 섬기는 도리. 예 부모에게 孝道를 다하는 것은 자식의 도리이다.

青年(　　　　)(　　　　)[　　　　]

도 ▸ 젊은 사람. 젊은이. 예 아버지는 스무 살 青年 때의 추억을 말씀해주셨다.

青綠(　　　　)(　　　　)[　　　　]

도 ▸ 녹색과 파란색의 중간색인 푸른빛을 띤 녹색, 또는 그 물감. 예 青綠색 물감.

體面(　　　　)(　　　　)[　　　　]

도 ▸ 남을 대하기에 떳떳한 도리나 입장. 예 體面 차리다가 굶어 죽는다.

紙面(　　　　)(　　　　)[　　　　]

도 ▸ ① 종이의 겉면. ② 글이나 그림이 실리는 인쇄물의 면. 예 紙面을 모두 채우다.
참 地面(지면) ▹ 땅바닥. 땅의 표면.

韓服(　　　　)(　　　　)[　　　　]

도 ▸ 우리나라 고유의 옷. 예 명절에 韓服을 입다.

韓醫(　　　　)(　　　　)[　　　　]

도 ▸ ① 예로부터 우리나라에서 발달한 의술. 한의술. ② 한의사.

和音(　　　　)(　　　　)[　　　　]

도 ▸ (음악에서) 높이가 서로 다른 둘 이상의 소리가 듣기 좋게 함께 어울리는 소리.

音樂(　　　　)(　　　　)[　　　　]

도 ▸ (박자 · 가락 · 음성 따위를 조화하여 목소리나 악기로) 인간의 사상과 감정을 나타내는 예술.

## 다음 한자漢字의 훈訓과 음音을 쓰세요.

(1) 用 (　　　　　)　(2) 清 (　　　　　)　(3) 死 (　　　　　)　(4) 果 (　　　　　)

**도움글**

○ '樂'자는 쓰임에 따라 뜻[訓]과 소리[音]가 달라지는 글자이므로, 한자어의 뜻을 통해 그 발음을 구별하여야 합니다. 예1 風樂(풍악) : (바람 풍)(노래 악) 예2 樂園(낙원) : (즐길 락)(동산 원)

## 다음 한자漢字를 필순筆順에 따라 또박또박 쓰세요.

|  |  |  |  |  |  |  |  |
|---|---|---|---|---|---|---|---|
| 孝 | 효도 효 | 子부 총7획 | 十 土 耂 孝 孝 | 道 | 길 도 | 辶부 총13획 | 䒑 首 首 道 道 |
| 靑 | 푸를 청 | 靑부 총8획 | 二 丰 主 靑 靑 | 綠 | 푸를 록 | 糸부 총14획 | 糸 紀 綠 綠 綠 |
| 體 | 몸 체 | 骨부 총23획 | 冎 骨 骨 體 體 | 面 | 낯 면 | 面부 총9획 | 丆 丙 而 面 面 |
| 韓 | 나라 한 | 韋부 총17획 | 車 乾 韓 韓 韓 | 醫 | 의원 의 | 酉부 총18획 | 医 医 殹 醫 醫 |
| 音 | 소리 음 | 音부 총9획 | 亠 亠 立 音 音 | 樂 | 노래 악 | 木부 총15획 | 白 幼 幽 樂 樂 |
| 服 | 옷 복 | 月부 총8획 | 月 月 服 服 服 | 紙 | 종이 지 | 糸부 총10획 | 𠃋 幺 糸 紅 紙 |

## 다음 밑줄 친 한자어漢字語를 한자漢字로 쓰세요.

■ 부모 곁을 떠나 <u>자립</u>(1) 생활을 하였습니다. ■ 훌륭한 <u>자제</u>(2)를 두셨습니다.

■ 박물관에는 우리 <u>선조</u>(3)들의 지혜로운 <u>생활</u>(4) 모습이 전시되어 있습니다.

| (1) | (2) | (3) | (4) |
|---|---|---|---|
| | | | |

**도움글**

○ '道 = 道'자의 부수인 '辶 = 辶'자는 '辵(쉬엄쉬엄갈 착)'자가 변화된 것으로, '辶'자와 '辶'자는 서체에 따라 모양이 다르지만, 보통 쓸 때에는 '辶'자와 같이 씁니다.

아래 한자漢字의 뜻訓과 소리音를 자세히 익혀봅시다.

| 頭 | 風 | 食 | 體 | 高 |
|---|---|---|---|---|
| 頁 / 6급 총16획 | 風 / 6Ⅱ 총9획 | 食 / 7Ⅱ 총9획 | 骨 / 6Ⅱ 총23획 | 高 / 6Ⅱ 총10획 |
| 머리 두 | 바람 풍 | 먹을 식, 밥 식 | 몸 체 | 높을 고 |

아래 설명을 읽고 빈칸에 보기 와 같이 쓰세요. 보기 良書(어질 량)(글 서)[양서]

頭角(　　　)(　　　)[　　　]

도 ▸('짐승 머리의 뿔'이라는 뜻으로) '여럿 중에서 특히 뛰어난 학식이나 재능'을 이르는 말.

出頭(　　　)(　　　)[　　　]

도 ▸① 관청 같은 곳에 몸소 나감. 활 법정에서 出頭를 요청했다. ② '어사출두'의 준말.

風物(　　　)(　　　)[　　　]

도 ▸① 한 지방의 독특한 경치와 생활하는 모습. 활 세계의 風物 기행. ② 농악(農樂)에 쓰는 악기. 활 風物 소리가 요란하다.

古風(　　　)(　　　)[　　　]

도 ▸① 옛 풍속. ② 예스러운 모습.

食代(　　　)(　　　)[　　　]

도 ▸음식을 먹고 치르는 값. 음식값.
활 주인은 食代와 숙박비를 먼저 내라고 하였다.

食用(　　　)(　　　)[　　　]

도 ▸사람이 먹을 것으로 씀. 활 제주도에서 많이 재배되는 유채는 食用 기름으로 쓰인다.

體育(　　　)(　　　)[　　　]

도 ▸건강한 몸과 온전한 운동 능력을 기르는 일, 또는 그것을 목적으로 하는 교육.

立體(　　　)(　　　)[　　　]

도 ▸공간의 일부를 차지하고, 길이와 넓이, 두께를 지닌 것. 활 立體도형.

高音(　　　)(　　　)[　　　]

도 ▸높은 소리. 반 저음(低音). 활 음악 선생님은 맑은 高音으로 노래 한 곡을 불러 주셨다.

高手(　　　)(　　　)[　　　]

도 ▸수가 높음, 또는 그 사람.
활 무예의 高手들이 서로 대결하다.

다음 훈訓과 음音에 알맞은 한자漢字를 쓰세요.

(1) 가을 추(　　) (2) 대답 답(　　) (3) 기를 육(　　) (4) 서녘 서(　　)

도움글

○ '古風'과 소리는 같으나 뜻이 다른 한자어. ☞ 高風(고풍) : ① 높은 곳에서 부는 바람. ② 고상하고 뛰어난 풍채나 품격. ③ 남을 높이어 그의 '풍채'를 이르는 말.

### 다음 한자漢字를 필순筆順에 따라 또박또박 쓰세요.

|  |  |  |  |  |  |  |  |
|---|---|---|---|---|---|---|---|
| 頭 | 머리 두 | 頁부 총16획 | 豆 豆 頭 頭 頭 | 角 | 뿔 각 | 角부 총7획 | ⺈ 户 角 角 角 |
| 風 | 바람 풍 | 風부 총9획 | 几 凡 凨 風 風 | 物 | 물건 물 | 牛부 총8획 | ⺧ 牛 牜 物 物 |
| 食 | 먹을 식 | 食부 총9획 | 今 今 食 食 食 | 代 | 대신할 대 | 人부 총5획 | ノ 亻 亻 代 代 |
| 體 | 몸 체 | 骨부 총23획 | 骨 骨 體 體 體 | 育 | 기를 육 | 肉부 총8획 | 亠 云 云 育 育 |
| 高 | 높을 고 | 高부 총10획 | 亠 亠 高 高 高 | 音 | 소리 음 | 音부 총9획 | 亠 亠 立 音 音 |
| 古 | 예 고 | 口부 총5획 | 一 十 古 古 古 | 用 | 쓸 용 | 用부 총5획 | 丿 冂 月 月 用 |

### 다음 밑줄 친 한자어漢字語를 한자漢字로 쓰세요.

■ 출장 중인 아버지께서 <u>전화</u>(1)를 하셨습니다. ■ <u>동구</u>(2) 밖에 과수원이 있습니다.
■ 등교시간에 <u>교문</u>(3) 앞은 언제나 복잡합니다. ■ 공주는 <u>왕자</u>(4)를 만났습니다.

| (1) | (2) | (3) | (4) |
|---|---|---|---|
| | | | |

**도움글**

○ 동음이의어同音異義語 : 소리는 같으나 뜻이 다른 한자어漢字語 ☞ '出場출장'과 '出張출장'
▸ 出場 : (경기를 하러) 경기장에 나감. ▸ 出張 : 용무를 위하여 임시로 다른 곳으로 나감.

❀ 아래 한자漢字의 뜻訓과 소리音를 자세히 익혀봅시다.

| 黃 黃/6급 총12획 | 不 一/7Ⅱ 총4획 | 九 乙/8급 총2획 | 五 二/8급 총4획 | 交 亠/6급 총6획 |
|---|---|---|---|---|
| 누를 **황** | 아닐 **불** | 아홉 **구** | 다섯 **오** | 사귈 **교** |

❀ 아래 설명을 읽고 빈칸에 보기 와 같이 쓰세요. 　보기 良書(어질 량)(글 서)[양서]

黃金(　　　　)(　　　　)[　　　　]

도 ▸ ① 금, 돈, 또는 재물. 예 黃金에 눈이 어두워지다. ② '가장 좋은, 절정에 달한' 시기 따위를 비유하여 이르는 말. 예 黃金의 팔.

黃色(　　　　)(　　　　)[　　　　]

도 ▸ 누런색. 예 黃色 국화가 활짝 피었습니다.

不信(　　　　)(　　　　)[　　　　]

도 ▸ 믿지 않음, 또는 믿을 수 없음. 예 그의 잘못된 행동은 不信을 불러왔다.

不幸(　　　　)(　　　　)[　　　　]

도 ▸ ① 행복하지 않음. 예 不幸했던 과거. ② 좋지 않은 일을 당함, 또는 그런 운수. 예 부주의는 돌이킬 수 없는 不幸을 부를 수도 있다.

九天(　　　　)(　　　　)[　　　　]

도 ▸ (불교에서) '높고 높은 하늘'을 이르는 말.

九秋(　　　　)(　　　　)[　　　　]

도 ▸ ① 가을철의 약 90일 동안 ② 음력 9월을 '가을'이란 뜻으로 이르는 말.

五感(　　　　)(　　　　)[　　　　]

도 ▸ 시각視覺, 청각聽覺, 미각味覺, 후각嗅覺, 촉각觸覺의 다섯 가지 감각. 예 그녀는 유난히 五感이 발달하였다.

五寸(　　　　)(　　　　)[　　　　]

도 ▸ 사촌 형제의 자식이나 아버지의 사촌 형제

交通(　　　　)(　　　　)[　　　　]

도 ▸ ① 사람이나 차·배·비행기 따위가 일정한 길을 오고 가는 일. 예 출퇴근길의 交通. ② 나라 사이에 관계를 맺고 오고 가고 함.

國交(　　　　)(　　　　)[　　　　]

도 ▸ 두 나라 사이의 외교 관계. 예 國交의 정상화.

❀ 다음 한자漢字의 훈訓과 음音을 쓰세요.

(1) 醫 (　　　　)　(2) 集 (　　　　)　(3) 陽 (　　　　)　(4) 音 (　　　　)

도움글

○ '不'자는 ('ㄷ'이나 'ㅈ'으로 시작하는 명사 앞에서) '아님', '아니함', '어긋남' 등의 뜻을 더하는 접두사로 쓰일 때에는 '부'로 적습니다. 예1 不道德(부도덕) 예2 不自由(부자유)

다음 한자漢字를 필순筆順에 따라 또박또박 쓰세요.

| | | | | | | | |
|---|---|---|---|---|---|---|---|
| 黃 | 누를 황 | 黃부 총12획 | 一 廾 昔 凿 黃 | 色 | 빛 색 | 色부 총6획 | ⺈ ⺈ 刍 刍 色 |
| 不 | 아닐 불 | 一부 총4획 | 一 ア 不 不 | 幸 | 다행 행 | 干부 총8획 | 十 土 去 坴 幸 |
| 九 | 아홉 구 | 乙부 총2획 | 丿 九 | 秋 | 가을 추 | 禾부 총9획 | 二 千 禾 禾' 秋 |
| 五 | 다섯 오 | 二부 총4획 | 一 丁 五 五 | 感 | 느낄 감 | 心부 총13획 | 丿 后 咸 咸 感 |
| 交 | 사귈 교 | 亠부 총6획 | 亠 六 六 亥 交 | 通 | 통할 통 | 辶부 총11획 | ㄱ 乃 甬 甬 通 |
| 信 | 믿을 신 | 人부 총9획 | 亻 仁 信 信 信 | 國 | 나라 국 | 口부 총11획 | 冂 同 國 國 國 |

다음 밑줄 친 한자어漢字語를 한자漢字로 쓰세요.

■ 두 사람은 사촌(1)입니다. ■ 0보다 크고 1보다 작은 실수를 소수(2)라고 합니다.
■ 돌쇠는 불효(3)를 용서해 달라고 빌었습니다. ■ 아침마다 한자 공부(4)를 합니다.

| | | | |
|---|---|---|---|
| (1) | (2) | (3) | (4) |

도 움 글

○ 동음이의어同音異義語 : 소리는 같으나 뜻이 다른 한자어漢字語 ☞ '小數소수'와 '少數소수'
▸ 小數 : (0 다음에 점을 찍어 나타내는) 0보다 크고 1보다 작은 실수. ▸ 少數 : 적은 수효.

## 아래 한자漢字의 뜻訓과 소리音를 자세히 익혀봅시다.

| 今 人/6Ⅱ 총4획 | 便 人/7급 총9획 | 先 儿/8급 총6획 | 內 入/7Ⅱ 총4획 | 公 八/6Ⅱ 총4획 |
|---|---|---|---|---|
| 이제 **금** | 편할 **편**, 똥오줌 **변** | 먼저 **선** | 안 **내** | 공평할 **공** |

## 아래 설명을 읽고 빈칸에 보기 와 같이 쓰세요.

보기 良書(어질 량)(글 서)[양서]

古今(　　　)(　　　)[　　　]

도 ▸옛날과 지금. 예 그는 古今을 통하여 가장 위대한 인물로 평가받고 있다.

今番(　　　)(　　　)[　　　]

도 ▸이번. 이제 돌아온 차례, 또는 막 지나간 차례. 예 그는 今番에도 참가하였다.

便利(　　　)(　　　)[　　　]

도 ▸어떤 일을 하는 데 편하고 이용하기 쉬움. 예 교통이 便利하다. 반 不便(불편).

便所(　　　)(　　　)[　　　]

도 ▸대소변을 볼 수 있게 만들어 놓은 곳. 뒷간. 측간. 예 수세식 便所.

先天(　　　)(　　　)[　　　]

도 ▸어떤 성질이나 체질을 태어날 때부터 몸에 지니고 있는 일. 반 후천(後天).

先頭(　　　)(　　　)[　　　]

도 ▸(여럿이 나아가거나 무슨 일을 할 때) 맨 앞, 또는 그 위치에 있는 사람. 예 先頭로 나서다.

內服(　　　)(　　　)[　　　]

도 ▸겉옷 속에 입는 옷. 속옷.

內角(　　　)(　　　)[　　　]

도 ▸(수학에서) 서로 만나는 두 직선의 안쪽에 생기는 각. 다각형의 안쪽의 각. 예 삼각형 內角의 합은 180도이다.

公平(　　　)(　　　)[　　　]

도 ▸어느 한쪽에 치우치지 않고 공정함.

公式(　　　)(　　　)[　　　]

도 ▸① 국가나 공공 기관에서 인정한 방식이나 형식. ② (수학에서) 계산의 규칙이나 법칙을 문자나 기호로 나타낸 식. ③ 틀에 박힌 방식.

## 다음 훈訓과 음音에 알맞은 한자漢字를 쓰세요.

(1) 발 족(　　　)　(2) 달 월(　　　)　(3) 빛 색(　　　)　(4) 빌 공(　　　)

### 도움글

○ '便'자는 쓰임에 뜻과 소리가 달라지는 글자입니다. ☞ 예1 便安(편안) 예2 小便(소변)

○ '內'자는 서체에 따라 '入'자를 '人'자로 쓰기도 합니다. ☞ 內 = 内

### 다음 한자漢字를 필순筆順에 따라 또박또박 쓰세요.

|  |  |  |  |  |  |  |  |
|---|---|---|---|---|---|---|---|
| 今 | 이제 금 | 人부 총4획 | ノ 人 亼 今 | 番 | 차례 번 | 田부 총12획 | 丆 立 平 采 番 |
| 便 | 편할 편 | 人부 총9획 | 亻 佢 佰 便 便 | 利 | 이할 리 | 刀부 총7획 | 二 千 禾 和 利 |
| 先 | 먼저 선 | 儿부 총6획 | 𠂉 屮 生 生 先 | 頭 | 머리 두 | 頁부 총16획 | 豆 豆 頭 頭 頭 |
| 內 內 | 안 내 | 入부 총4획 | 丨 冂 內 內 | 角 | 뿔 각 | 角부 총7획 | ⺈ 户 角 角 角 |
| 公 | 공평할 공 | 八부 총4획 | ノ 八 公 公 | 式 | 법 식 | 弋부 총6획 | 二 亍 ヱ 式 式 |
| 所 | 바 소 | 戶부 총8획 | ㇇ ㇋ 戶 所 所 | 服 | 옷 복 | 月부 총8획 | 刀 月 肌 服 服 |

### 다음 밑줄 친 한자어漢字語를 한자漢字로 쓰세요.

■4월 5일은 식목(1)일입니다. ■우리나라 동쪽에 있는 바다를 '동해'(2)라고 합니다.
■풍력(3)을 이용한 발전소 ■우리는 자연(4)이 주는 혜택을 누리고 있습니다.

| (1) | (2) | (3) | (4) |
|---|---|---|---|
| | | | |

도움글

○ 반대자反對字 : 서로 뜻이 반대, 또는 상대되는 한자漢字

예1 古(예 고) ↔ 今(이제 금) 예2 先(먼저 선) ↔ 後(뒤 후) 예3 內(안 내) ↔ 外(바깥 외)

아래 한자漢字의 뜻訓과 소리音를 자세히 익혀봅시다.

| 利 刀/6Ⅱ 총7획 | 功 力/6Ⅱ 총5획 | 立 立/7Ⅱ 총5획 | 南 十/8급 총9획 | 反 又/6Ⅱ 총4획 |
|---|---|---|---|---|
| 이할 리 | 공 공 | 설 립 | 남녘 남 | 돌이킬 반 |

아래 설명을 읽고 빈칸에 보기 와 같이 쓰세요. 보기 良書(어질 량)(글 서)[양서]

金利(　　　)(　　　)[　　　]

도 ▸빌려 준 돈이나 예금 따위에 붙는 이자. 예 金利를 내리다.

勝利(　　　)(　　　)[　　　]

도 ▸겨루거나 싸워서 이김. 예 청군이 勝利를 거두었다. 반 패배(敗北).

成功(　　　)(　　　)[　　　]

도 ▸목적, 또는 뜻한 것을 이룸. 반 실패(失敗). 예 실패는 成功의 어머니이다.

戰功(　　　)(　　　)[　　　]

도 ▸전쟁에서 세운 공로. 예 혁혁한 戰功. 참 電工(전공) ▹ ① 전기 공업. ② 전기공.

對立(　　　)(　　　)[　　　]

도 ▸의견이나 처지·속성 따위가 서로 반대되거나 모순되는 관계. 예 의견이 對立되다.

國立(　　　)(　　　)[　　　]

도 ▸(공공의 이익을 위하여) 나라에서 세우고 관리함. 예 國立박물관. 반 사립(私立).

南北(　　　)(　　　)[　　　]

도 ▸남쪽과 북쪽. 예 南北 정상 회담.

南向(　　　)(　　　)[　　　]

도 ▸남쪽 방향. 남쪽으로 향함. 예 언덕 밑에 南向으로 학교가 있습니다.

反問(　　　)(　　　)[　　　]

도 ▸되물음. 물음에 대답하지 아니하고 되받아 물음. 또는 그 물음. 예 질문의 참뜻을 反問하다.

反對(　　　)(　　　)[　　　]

도 ▸①(사물의 위치·방향·순서 따위가) 서로 등지거나 맞선 상태. 예 反對 방향. ②(어떤 의견이나 제안에) 따르지 아니하고 맞서 거스름.

다음 한자漢字의 훈訓과 음音을 쓰세요.

(1) 界(　　　)　(2) 樹(　　　)　(3) 石(　　　)　(4) 美(　　　)

도움글

- '利(이할 리)'자의 뜻인 '이할'은 '이利'를 뜻하는 말로, '이익利益이나 이득利得'을 의미합니다.
- '功(공 공)'자의 뜻인 '공'은 '공功'을 뜻하는 말로, '공로功勞', 또는 '공력功力'을 의미합니다.

## 다음 한자漢字를 필순筆順에 따라 또박또박 쓰세요.

|  |  |  |  |  |  |  |  |
|---|---|---|---|---|---|---|---|
| 勝 | 이길 승 | 力부 총12획 | 月 胪 朕 勝 勝 | 利 | 이할 리 | 刀부 총7획 | 二 千 禾 和 利 |
| 戰 | 싸움 전 | 戈부 총16획 | 罒 單 單 戰 戰 | 功 | 공 공 | 力부 총5획 | 一 丅 工 玏 功 |
| 對 | 대할 대 | 寸부 총14획 | 丨丨 业 丵 丵 對 | 立 | 설 립 | 立부 총5획 | 丶 亠 亠 立 立 |
| 南 | 남녘 남 | 十부 총9획 | 十 冇 冇 南 南 | 向 | 향할 향 | 口부 총6획 | 丿 门 句 向 向 |
| 反 | 돌이킬 반 | 又부 총4획 | 一 厂 万 反 | 問 | 물을 문 | 口부 총11획 | 門 門 門 門 問 |
| 成 | 이룰 성 | 戈부 총7획 | 丿 厂 厅 成 成 | 北 | 북녘 북 | 匕부 총5획 | 丨 十 爿 北 北 |

## 다음 밑줄 친 한자어漢字語를 한자漢字로 쓰세요.

■ 백성(1)은 나라의 근본입니다. ■ 홍석이는 생일(2)에 친구들을 초대하였습니다.
■ 할아버지의 춘추(3)는 여든입니다. ■ 물음에 알맞은 정답(4)을 쓰세요.

| (1) | (2) | (3) | (4) |
|---|---|---|---|
| | | | |

도움글

○ '反(돌이킬 반)'자의 뜻인 '돌이키다'는 '① 원래 향한 방향에서 반대쪽으로 돌림. ② 지난 일을 다시 생각함. ③ 반성하여 생각함. ④ 먹었던 마음을 바꾸어 달리 생각함. ⑤ 원래의 상태로 돌아가게 함'을 뜻합니다. ○ '北'자의 필순은 위의 방법과 다르게 쓸 수 있습니다. ☞ 一 十 爿 北 北

## 아래 한자漢字의 뜻訓과 소리音를 자세히 익혀봅시다.

| 各 口 / 6Ⅱ 총6획 | 和 口 / 6Ⅱ 총8획 | 圖 口 / 6Ⅱ 총14획 | 堂 土 / 6Ⅱ 총11획 | 多 夕 / 6급 총6획 |
|---|---|---|---|---|
| 각각 각 | 화할 화 | 그림 도 | 집 당 | 많을 다 |

## 아래 설명을 읽고 빈칸에 보기 와 같이 쓰세요.

보기 良書(어질 량)(글 서)[양서]

各自(　　　)(　　　)[　　　]

도 ▸제각기. 각각의 사람. 예 各自가 체험한 소감을 발표하기로 하였습니다.

各界(　　　)(　　　)[　　　]

도 ▸사회의 여러 분야. 예 사회 各界에서 에너지 절약 운동을 벌이고 있다.

和合(　　　)(　　　)[　　　]

도 ▸화목하게 어울림. 예 세계 각국의 청소년들이 모여 친목과 和合을 다졌다.

不和(　　　)(　　　)[　　　]

도 ▸서로 화합하지 못함, 곧 사이가 좋지 못함. 예 부부간의 不和를 해소하다.

圖章(　　　)(　　　)[　　　]

도 ▸(개인이나 단체의 이름을 새겨) 인주를 묻힌 후 문서에 찍어 증거로 삼는 물건.
참 道場(도장) ▹무예 등을 연습하거나 가르치는 곳.

圖書(　　　)(　　　)[　　　]

도 ▸① 책. ② 그림, 글씨, 책 따위를 통틀어 이르는 말. 예 圖書출판 신지원.

明堂(　　　)(　　　)[　　　]

도 ▸①(풍수지리에서) 좋은 집이나 무덤의 자리. ② 마음에 꼭 들거나 썩 알맞은 자리.
예 여름철에는 물 있고 그늘진 곳이 明堂이지.

食堂(　　　)(　　　)[　　　]

도 ▸음식물을 팔거나 식사하기에 편리하도록 시설을 갖춘 장소. 예 깨끗한 食堂.

多讀(　　　)(　　　)[　　　]

도 ▸책을 많이 읽음. 예 多讀도 필요하지만 글의 참뜻을 바르게 파악하여야 한다.

多數(　　　)(　　　)[　　　]

도 ▸많은 수. 많은 수의 사람. 예 단체는 多數의 의견을 따르는 것을 원칙으로 한다.

## 다음 훈訓과 음音에 알맞은 한자漢字를 쓰세요.

(1) 아비 부(　　) (2) 불 화(　　) (3) 살 활(　　) (4) 흰 백(　　)

**도움글**

○ **반대자反對字 : 서로 뜻이 반대, 또는 상대되는 한자漢字**

예1 多(많을 다) ↔ 少(적을 소) 예2 老(늙을 로) ↔ 少(젊을 소) 예3 南(남녘 남) ↔ 北(북녘 북)

## 다음 한자漢字를 필순筆順에 따라 또박또박 쓰세요.

|  |  |  |  |  |  |  |  |
|---|---|---|---|---|---|---|---|
| 各 | 각각 각 | 口부 총6획 | ク 夂 夂 各 各 | 界 | 지경 계 | 田부 총9획 | 口 田 甲 畀 界 |
| 和 | 화할 화 | 口부 총8획 | 二 千 禾 和 和 | 合 | 합할 합 | 口부 총6획 | ノ 人 亼 仝 合 |
| 圖 | 그림 도 | 囗부 총14획 | 冂 冎 冎 圖 圖 | 書 | 글 서 | 曰부 총10획 | ㄱ ヨ 聿 書 書 |
| 食 | 먹을 식 | 食부 총9획 | 今 今 今 食 食 | 堂 | 집 당 | 土부 총11획 | 丷 尚 尚 堂 堂 |
| 多 | 많을 다 | 夕부 총6획 | ク タ タ 多 多 | 讀 | 읽을 독 | 言부 총22획 | 言 訁 讀 讀 讀 |
| 章 | 글 장 | 立부 총11획 | 亠 立 音 音 章 | 明 | 밝을 명 | 日부 총8획 | 冂 日 日 明 明 |

## 다음 밑줄 친 한자어漢字語를 한자漢字로 쓰세요.

■ 전 <u>해상</u>(1)에 높은 파도가 일겠습니다. ■ 산을 개간하여 <u>농지</u>(2)를 만들었습니다.
■ 여름철에는 <u>전력</u>(3) 소비량이 많습니다. ■ <u>안전</u>(4) 수칙을 지켜야 합니다.

| (1) | (2) | (3) | (4) |
|---|---|---|---|
| | | | |

**도움글**

○ '各(각각 각)'자의 뜻인 '각각'은 '各各'을 이르는 말로, '저마다', 또는 '따로따로'라는 순우리말로 바꾸어 쓸 수 있습니다.

## 아래 한자漢字의 뜻訓과 소리音를 자세히 익혀봅시다.

| 夫 大/7급 총4획 | 始 女/6Ⅱ 총8획 | 孫 子/6급 총10획 | 室 宀/8급 총9획 | 對 寸/6Ⅱ 총14획 |
|---|---|---|---|---|
| 지아비 **부** | 비로소 **시** | 손자 **손** | 집 **실** | 대할 **대** |

## 아래 설명을 읽고 빈칸에 보기 와 같이 쓰세요.

보기 良書(어질 량)(글 서)[양서]

**工夫**(　　　)(　　　)[　　　]

도 ▸학문이나 기술을 배우거나 닦음.
예 工夫는 죽을 때까지 해도 다 못한다.

**弟夫**(　　　)(　　　)[　　　]

도 ▸여동생의 남편. 제랑(弟郞).

**始作**(　　　)(　　　)[　　　]

도 ▸① 무엇을 처음으로 하거나 쉬었다가 다시 함. 예 수업을 始作하다. ② 어떤 행동이나 현상의 처음. 예 始作이 있어야 끝도 있다.

**始祖**(　　　)(　　　)[　　　]

도 ▸① 한 집안이나 왕조의 맨 처음 조상. 예 단군은 우리 민족의 始祖이다. ② 어떤 학문이나 기술 등을 처음으로 연 사람.

**長孫**(　　　)(　　　)[　　　]

도 ▸손자 가운데서 맨 먼저 태어난 손자. 맏손자. 큰손자.

**孫子**(　　　)(　　　)[　　　]

도 ▸아들의 아들.

**溫室**(　　　)(　　　)[　　　]

도 ▸①(식물, 또는 동물을 보호하기 위하여) 알맞은 온도와 습도를 유지할 수 있게 만든 건물. 예 溫室에서 재배한 과일. ② 가혹한 시련이 없는 편안한 환경. 예 溫室 속의 화초.

**教室**(　　　)(　　　)[　　　]

도 ▸학교에서 교사가 학생들을 가르치는 방
예 6학년 3반 教室.

**對等**(　　　)(　　　)[　　　]

도 ▸낮고 높음의 차이 없이 서로 비슷함.
예 서로 對等한 관계를 이루다.

**對面**(　　　)(　　　)[　　　]

도 ▸직접 얼굴을 마주보고 대함.
예 뜻밖의 對面에 당황하였다.

## 다음 한자漢字의 훈訓과 음音을 쓰세요.

(1) 目 (　　　)　(2) 病 (　　　)　(3) 短 (　　　)　(4) 者 (　　　)

### 도움글

○ 동음이의어同音異義語

☞ '**始祖**시조'와 소리는 같으나 뜻이 다른 한자어는 '**時調**', '**市朝**' 등이 있습니다. 여기에서 '**時調**'는 '우리나라 고유의 정형시'를 뜻하며, '**市朝**'는 '시정(市井)과 조정(朝廷)'을 뜻합니다.

## 다음 한자漢字를 필순筆順에 따라 또박또박 쓰세요.

|  |  |  |  |  |  |  |  |
|---|---|---|---|---|---|---|---|
| 弟 | 아우 제 | 弓부 총7획 | 丷 䒑 当 弟 弟 | 夫 | 지아비 부 | 大부 총4획 | 一 二 夫 夫 |
| 始 | 비로소 시 | 女부 총8획 | ㄑ 女 女 女厶 始 | 作 | 지을 작 | 人부 총7획 | 丿 亻 亻𠂉 作 作 |
| 長 | 긴 장 | 長부 총8획 | 一 厂 F 𠀐 長 | 孫 | 손자 손 | 子부 총10획 | 了 子 孑 孫 孫 |
| 溫 | 따뜻할 온 | 水부 총13획 | 氵 泗 泗 溫 溫 | 室 | 집 실 | 宀부 총9획 | 宀 宀 宀 室 室 |
| 對 | 대할 대 | 寸부 총14획 | 丨 业 丵 丵 對 | 等 | 무리 등 | 竹부 총12획 | ⺮ 竺 竺 等 等 |
| 祖 | 할아비 조 | 示부 총10획 | 礻 礻 礻 祖 祖 | 面 | 낯 면 | 面부 총9획 | 丆 而 而 面 面 |

## 다음 밑줄 친 한자어漢字語를 한자漢字로 쓰세요.

■ 한자어는 우리의 국어(1)입니다. ■ 친구와 정오(2)에 만나기로 약속하였습니다.
■ 사람은 외면(3)만 보고 판단해서는 안 됩니다. ■ 뜰에 화초(4)가 만발하였습니다.

| (1) | (2) | (3) | (4) |
|---|---|---|---|
| | | | |

도움글

○ '始(비로소 시)'자의 뜻인 '비로소'는 '어느 한 시점을 기준으로 그전까지 이루어지지 아니하였던 일이 벌어지거나 일의 상태가 변화하기 시작함'을 나타내는 말입니다.

❀ 아래 한자漢字의 뜻訓과 소리音를 자세히 익혀봅시다.

| 少 小/7급 총4획 | 市 巾/7Ⅱ 총5획 | 平 干/7Ⅱ 총5획 | 庭 广/6Ⅱ 총10획 | 左 工/7Ⅱ 총5획 |
|---|---|---|---|---|
| 적을 **소** | 저자 **시** | 평평할 **평** | 뜰 **정** | 왼 **좌** |

❀ 아래 설명을 읽고 빈칸에 보기 와 같이 쓰세요.

보기 良書(어질 량)(글 서)[양서]

少年(　　　)(　　　)[　　　]

도 ▸① 소년법 등에서 19세 미만인 자. ② 성숙하지 아니한 어린 사내아이. 반 소녀(少女).

多少(　　　)(　　　)[　　　]

도 ▸① 많음과 적음. 예 인원의 多少에 따라 승패가 좌우된다. ② 조금. 약간. 어느 정도. 예 多少나마 도움이 되었으면 좋겠다.

市場(　　　)(　　　)[　　　]

도 ▸온갖 상품을 사고파는 일정한 장소.
참 市長(시장) ▹ 지방 자치 단체인 시의 책임자.

開市(　　　)(　　　)[　　　]

도 ▸가게 문을 열고 처음으로 물건을 팔기 시작함. 예 정오가 되어서야 開市를 하였다.
참 開始(개시) ▹ 어떤 일이나 행동을 처음 시작함.

平野(　　　)(　　　)[　　　]

도 ▸넓게 펼쳐진 들. 예 드넓은 平野 지대.

平和(　　　)(　　　)[　　　]

도 ▸① 평온하고 화목함. 예 平和스러운 가정. ② 전쟁이 없이 세상이 평온함. 예 인류의 平和.

校庭(　　　)(　　　)[　　　]

도 ▸학교의 운동장.

家庭(　　　)(　　　)[　　　]

도 ▸가족이 함께 생활하는, 사회의 가장 작은 집단, 또는 그러한 생활의 장소. 예 家庭 환경.

左右(　　　)(　　　)[　　　]

도 ▸① 왼쪽과 오른쪽. 예 고개를 左右로 흔들었다. ② 옆이나 곁 또는 주변. 예 左右를 두리번거리다. ③ 곁에 가까이 거느리고 있는 사람. 예 임금은 左右를 물리치고 일어났다.

左便(　　　)(　　　)[　　　]

도 ▸왼쪽. 왼편. 반 우편(右便). 예 左便에서 공격을 도왔다.

❀ 다음 훈訓과 음音에 알맞은 한자漢字를 쓰세요.

(1) 날 생(　　) (2) 바를 정(　　) (3) 앞 전(　　) (4) 나라 국(　　)

도움글

○ '市(저자 시)'자의 뜻인 '저자'는 시끌시끌하고 사람이 많이 북적이는 '시장市場'을 예스럽게 이르는 말입니다. 참 저잣거리 : 가게가 죽 늘어서 있는 거리.

### 다음 한자漢字를 필순筆順에 따라 또박또박 쓰세요.

| | | | | | | | |
|---|---|---|---|---|---|---|---|
| 多 | | | | 少 | | | |
| 많을 다 | 夕부 총6획 | ク タ タ 多 多 | | 적을 소 | 小부 총4획 | 亅 小 小 少 | |
| 開 | | | | 市 | | | |
| 열 개 | 門부 총12획 | 丨 門 閂 開 開 | | 저자 시 | 巾부 총5획 | 丶 亠 亣 市 市 | |
| 平 | | | | 野 | | | |
| 평평할 평 | 干부 총5획 | 一 丷 丷 乊 平 | | 들 야 | 里부 총11획 | 旦 里 野 野 野 | |
| 家 | | | | 庭 | | | |
| 집 가 | 宀부 총10획 | 宀 宇 家 家 家 | | 뜰 정 | 广부 총10획 | 广 庐 庄 庭 庭 | |
| 左 | | | | 便 | | | |
| 왼 좌 | 工부 총5획 | 一 ナ 𠂇 左 左 | | 편할 편 | 人부 총9획 | 亻 佢 佰 便 便 | |
| 場 | | | | 和 | | | |
| 마당 장 | 土부 총12획 | 𡈼 坦 場 場 場 | | 화할 화 | 口부 총8획 | 二 千 禾 和 和 | |

### 다음 밑줄 친 한자어漢字語를 한자漢字로 쓰세요.

■ 우리 글 한글은 한국(1)의 자랑입니다. ■ 힘차게 군가(2)를 부르며 행진합니다.
■ 아버지는 자정(3)이 넘어서야 퇴근하셨다. ■ 푸른 하늘에 국기(4)가 펄럭입니다.

| (1) | (2) | (3) | (4) |
|---|---|---|---|
| | | | |

**도움글**

○ 동음이의어同音異義語

☞ '校庭교정'과 소리는 같으나 뜻이 다른 한자어는 '校正', '敎正' 등이 있습니다. '校正'은 '교정지와 원고지를 대조하여 글자 따위를 바로잡는 일', '敎正'은 '가르쳐서 바로잡음'을 뜻합니다.

## 아래 한자漢字의 뜻訓과 소리音를 자세히 익혀봅시다.

| 弱 弓/6Ⅱ 총10획 | 後 彳/7Ⅱ 총9획 | 感 心/6급 총13획 | 戰 戈/6Ⅱ 총16획 | 所 戶/7급 총8획 |
|---|---|---|---|---|
| 약할 약 | 뒤 후 | 느낄 감 | 싸움 전 | 바 소 |

## 아래 설명을 읽고 빈칸에 보기 와 같이 쓰세요.

보기 良書(어질 량)(글 서)[양서]

**強弱**(　　　)(　　　)[　　　]

도▸① 강함과 약함. 예 진동의 強弱을 조절하다. ② 강자와 약자.

**弱體**(　　　)(　　　)[　　　]

도▸① 허약한 몸. ② 실력이나 능력이 약한 조직이나 단체. 예 가장 弱體팀이라고 평가받다.

**死後**(　　　)(　　　)[　　　]

도▸죽은 뒤. 반 생전(生前).
참 事後(사후) ▹ 일이 끝난 뒤.

**後孫**(　　　)(　　　)[　　　]

도▸여러 세대가 지난 뒤의 자손. 예 우리 後孫들에게 조국 사랑의 정신을 가르쳐 주었습니다.

**感氣**(　　　)(　　　)[　　　]

도▸바이러스 감염으로 걸리는 호흡기 계통의 병. [기침, 콧물, 오한, 두통 등의 증세가 보임.]

**直感**(　　　)(　　　)[　　　]

도▸사물을 접하자마자 곧바로 느껴서 앎. 예 그가 범인이라는 것을 直感으로 알아차렸다.

**交戰**(　　　)(　　　)[　　　]

도▸서로 싸움. 예 두 나라는 交戰 상태이다.

**戰術**(　　　)(　　　)[　　　]

도▸어떤 목적을 달성하기 위한 수단이나 방법. 예 우리 팀의 戰術을 바꾸다.

**所感**(　　　)(　　　)[　　　]

도▸어떤 일에 대하여 마음에 느낀 것. 예 당선 所感을 밝혔다.

**所聞**(　　　)(　　　)[　　　]

도▸여러 사람의 입에 오르내리면서 전하여 오는 말. 예 그에 대한 所聞이 자자하다.

## 다음 한자漢字의 훈訓과 음音을 쓰세요.

(1) 醫(　　　)　(2) 近(　　　)　(3) 陽(　　　)　(4) 集(　　　)

**도움글**

○ 반대자反對字 : 서로 뜻이 반대, 또는 상대되는 한자漢字

예1 強(강할 강) ↔ 弱(약할 약)　예2 生(날 생) ↔ 死(죽을 사)　예3 死(죽을 사) ↔ 活(살 활)

## 다음 한자漢字를 필순筆順에 따라 또박또박 쓰세요.

|  |  |  |  |  |  |  |  |
|---|---|---|---|---|---|---|---|
| 強 | 강할 강 | 弓부 총11획 | ㄱ ㄱ 弓 弘 強 | 弱 | 약할 약 | 弓부 총10획 | ㄱ ㄱ 弓 弓 弱 |
| 死 | 죽을 사 | 歹부 총6획 | 一 万 歹 歹 死 | 後 | 뒤 후 | 彳부 총9획 | 彳 彳 彸 後 後 |
| 直 | 곧을 직 | 目부 총8획 | 十 冇 有 直 直 | 感 | 느낄 감 | 心부 총13획 | 丿 后 咸 咸 感 |
| 戰 | 싸움 전 | 戈부 총16획 | 罒 單 單 戰 戰 | 術 | 재주 술 | 行부 총11획 | 彳 仆 往 徘 術 |
| 所 | 바 소 | 戶부 총8획 | ㄱ ㄱ 户 所 所 | 聞 | 들을 문 | 耳부 총14획 | 門 門 門 聞 聞 |
| 體 | 몸 체 | 骨부 총23획 | 口 骨 骨 體 體 | 孫 | 손자 손 | 子부 총10획 | 了 子 孑 孫 孫 |

## 다음 밑줄 친 한자어漢字語를 한자漢字로 쓰세요.

■ 그 일은 <u>일생</u>(1) 잊을 수 없을 것입니다. ■ 막강한 <u>국력</u>(2)을 자랑합니다.

■ 모두 <u>동일</u>(3)한 규격으로 만들었다. ■ 회관에서 <u>노인</u>(4)을 위한 잔치를 열었습니다.

| (1) | (2) | (3) | (4) |
|---|---|---|---|
| | | | |

도움글

○ '強'자는 '强'자와 쓰임이 같은 글자입니다. 여기에서 '厶'자는 '口'자로 쓰이기도 합니다.

○ '感'자, 또는 '戰'자와 같이 글자의 오른쪽 위에 찍는 점은 맨 나중에 씁니다.

## 아래 한자漢字의 뜻訓과 소리音를 자세히 익혀봅시다.

| 由 田 / 6급 총5획 | 放 攴 / 6Ⅱ 총8획 | 旗 方 / 7급 총14획 | 每 毋 / 7Ⅱ 총7획 | 明 日 / 6Ⅱ 총8획 |
|---|---|---|---|---|
| 말미암을 **유** | 놓을 **방** | 기 **기** | 매양 **매** | 밝을 **명** |

## 아래 설명을 읽고 빈칸에 보기 와 같이 쓰세요.

보기 良書(어질 량)(글 서)[양서]

由來(　　　)(　　　)[　　　]

도 ▸(사물이 어디에서) 전부터 전해 내려옴, 또는 그 내력. 예 민속 행사의 由來.

理由(　　　)(　　　)[　　　]

도 ▸①(어떤 결과나 결론에 이른) 까닭이나 근거. ②책임을 피하기 위한 구실이나 변명.

放學(　　　)(　　　)[　　　]

도 ▸학교에서 한더위나 한추위 때, 일정 기간 수업을 쉬는 일.

開放(　　　)(　　　)[　　　]

도 ▸①문을 열어 놓음. 예 도서관 開放 시간을 지키다. ②금지하던 것을 풀고 열어 놓음. 예 수업을 開放하다. 반 폐쇄(閉鎖).

反旗(　　　)(　　　)[　　　]

도 ▸반대의 뜻이나 기세를 나타내는 행동, 또는 표시. 예 상대의 견해에 反旗를 들다.

旗手(　　　)(　　　)[　　　]

도 ▸(군대나 단체의 행진에서) 앞에서 기를 드는 사람, 또는 대표로서 앞장서는 사람을 비유하여 이르는 말. 예 평화 운동의 旗手.

每事(　　　)(　　　)[　　　]

도 ▸①모든 일. 예 每事를 신중히 생각하여 처리하다. ②일마다. 예 每事 단단히 단속하다.

每番(　　　)(　　　)[　　　]

도 ▸번번이. 매회(每回). 예 每番 우승하다.

文明(　　　)(　　　)[　　　]

도 ▸(사람의 지혜가 발달하여) 인간의 사회적, 기술적, 정신적 생활이 풍부하고 편리해진 상태.

發明(　　　)(　　　)[　　　]

도 ▸새로 생각해 내거나 만들어 냄. 예 전화기를 發明하다. 예 특효약을 發明하다.

## 다음 훈訓과 음音에 알맞은 한자漢字를 쓰세요.

(1) 긴 장(　　) (2) 수레 차(　　) (3) 마을 리(　　) (4) 고을 읍(　　)

### 도움글

○ '由'자의 뜻인 '말미암을'은 '말미암아', 또는 '말미암으니' 형태로 쓰이는 말로, '(~에), (~으로) 등의 어떤 현상이나 사물 따위가 원인이나 이유가 됨'을 이르는 말입니다.

## 다음 한자漢字를 필순筆順에 따라 또박또박 쓰세요.

|  |  |  |  |  |  |  |  |
|---|---|---|---|---|---|---|---|
| 理 | 다스릴 리/이 | 玉부 총11획 | 王 王 玾 理 理 | 由 | 말미암을 유 | 田부 총5획 | 丨 冂 冃 由 由 |
| 放 | 놓을 방 | 攴부 총8획 | 亠 方 方 放 放 | 學 | 배울 학 | 子부 총16획 | 臼 㦰 與 學 學 |
| 反 | 돌이킬 반 | 又부 총4획 | 一 厂 万 反 | 旗 | 기 기 | 方부 총14획 | 亠 方 方 㫃 旗 |
| 每 | 매양 매 | 毋부 총7획 | 丿 𠂉 勹 毎 每 | 番 | 차례 번 | 田부 총12획 | 丿 一 平 釆 番 |
| 發 | 필 발 | 癶부 총12획 | フ フ 癶 癶 發 | 明 | 밝을 명 | 日부 총8획 | 冂 冃 日 明 明 |
| 開 | 열 개 | 門부 총12획 | 冂 門 閂 開 開 | 事 | 일 사 | 亅부 총8획 | 冖 亠 亊 亊 事 |

## 다음 밑줄 친 한자어漢字語를 한자漢字로 쓰세요.

- 누구나 자유롭게 출입[1]하는 곳입니다.
- 길거리에서 소변[2]을 보다니!
- 남자[3]들은 모두 전쟁터로 나가고 집에는 두 모녀[4]만이 있었습니다.

| (1) | (2) | (3) | (4) |
|---|---|---|---|
| | | | |

도움글

○ '理由'의 '理(다스릴 리)'자와 같이 첫소리에 'ㄴ', 또는 'ㄹ'이 올 때에는 'ㄴ'은 'ㅇ'으로 적고, 'ㄹ'은 'ㄴ', 또는 'ㅇ'으로 적습니다. 참 두음법칙頭音法則 ☞ 91쪽

## ❀ 아래 한자漢字의 뜻訓과 소리音를 자세히 익혀봅시다.

| 書 曰 / 6Ⅱ 총10획 | 服 月 / 6급 총8획 | 根 木 / 6급 총10획 | 植 木 / 7급 총12획 | 民 氏 / 8급 총5획 |
|---|---|---|---|---|
| 글 서 | 옷 복 | 뿌리 근 | 심을 식 | 백성 민 |

## ❀ 아래 설명을 읽고 빈칸에 보기 와 같이 쓰세요.

보기 良書(어질 량)(글 서)[양서]

書堂(　　　　)(　　　　)[　　　　]

도 ▸(옛날에) 아이들이 글을 배우던 곳. 글방.
예 옛날에는 남자아이들만 書堂에 다니고 여자 아이들은 집에서 일을 도왔다.

書畫(　　　　)(　　　　)[　　　　]

도 ▸글씨와 그림. 예 추사 김정희선생은 추사체를 완성하고, 많은 불후의 書畫를 남겼다.

服用(　　　　)(　　　　)[　　　　]

도 ▸약을 먹음. 복약(服藥). 예 약물을 服用하다.

校服(　　　　)(　　　　)[　　　　]

도 ▸학교에서 학생들이 입도록 정한 옷

根本(　　　　)(　　　　)[　　　　]

도 ▸① 초목의 뿌리. ② 어떤 것의 본질, 바탕, 기본이 되는 것. 예 일에 根本을 두다. ③ 한 사람의 집안과 가정 환경. 예 根本이 좋은 사람.

球根(　　　　)(　　　　)[　　　　]

도 ▸(양분의 저장으로) 둥근 덩어리처럼 생긴 뿌리나 땅속줄기. 알뿌리.

植物(　　　　)(　　　　)[　　　　]

도 ▸흙에서 자라는 풀이나 나무. 예 植物도감.

植樹(　　　　)(　　　　)[　　　　]

도 ▸나무를 심음.
예 꾸준한 植樹로 학교 뒷산을 푸르게 가꾸었다.
참 食水(식수) ▹ 먹는 물. 예 食水를 길어오다.

民族(　　　　)(　　　　)[　　　　]

도 ▸오랫동안 함께 삶으로써 언어, 풍습, 문화, 역사 등을 함께하는 사람들의 공동체. 겨레.

民間(　　　　)(　　　　)[　　　　]

도 ▸① 일반 서민의 사회. ② 관청이나 군대에 속하지 않은 일반인들. 예 民間단체.

## ❀ 다음 한자漢字의 훈訓과 음音을 쓰세요.

(1) 高(　　　　)　(2) 風(　　　　)　(3) 頭(　　　　)　(4) 體(　　　　)

도움글

○ 식물 인간(植物人間) : 심장만 뛰고 있을 뿐, 몸의 활동이 정지되어 혼수 상태에 있는 사람.
○ '服用복용'의 '服'자는 '옷, 옷을 입다, 복종하다, 약을 먹다' 등의 뜻으로 쓰이고 있습니다.

### 다음 한자漢字를 필순筆順에 따라 또박또박 쓰세요.

|  |  |  |  |
|---|---|---|---|
| 書 | 글 서 | 日부 총10획 | ⺕ 聿 書 書 書 |
| 畫 | 그림 화 | 田부 총13획 | ⺕ 聿 書 畫 畫 |
| 服 | 옷 복 | 月부 총8획 | 月 月⺈ 肌 服 服 |
| 用 | 쓸 용 | 用부 총5획 | 丿 冂 月 月 用 |
| 球 | 공 구 | 玉부 총11획 | 王 玎 玥 球 球 |
| 根 | 뿌리 근 | 木부 총10획 | 木 朩 枵 根 根 |
| 植 | 심을 식 | 木부 총12획 | 木 朩 植 植 植 |
| 樹 | 나무 수 | 木부 총16획 | 木 朩 桂 桂 樹 |
| 民 | 백성 민 | 氏부 총5획 | ㄱ ㅋ 尸 民 民 |
| 族 | 겨레 족 | 方부 총11획 | 亠 方 方 旂 族 |
| 堂 | 집 당 | 土부 총11획 | ⺌ 尚 堂 堂 堂 |
| 物 | 물건 물 | 牛부 총8획 | 丿 牛 牛 牞 物 |

### 다음 밑줄 친 한자어漢字語를 한자漢字로 쓰세요.

- 아버지는 고향 <u>산천</u>(1)을 그리워하셨다.
- 곳곳마다 <u>공장</u>(2)들이 들어섰다.
- 기름진 <u>농토</u>(3)를 보존해야 한다.
- 도시의 <u>인구</u>(4)가 늘어나고 있다.

| (1) | (2) | (3) | (4) |
|---|---|---|---|
| | | | |

도움글

○ '球'자의 부수는 '玉(구슬 옥)'입니다. 그러나 '玉'자가 다른 글자와 결합하여 부수로 쓰일 때에는 '丶'를 생략하여 '王'으로 쓰이기도 합니다.

## ❀ 아래 한자漢字의 뜻訓과 소리音를 자세히 익혀봅시다.

| 洞 水 / 7급 총9획 | 然 火 / 7급 총12획 | 特 牛 / 6급 총10획 | 王 玉 / 8급 총4획 | 男 田 / 7Ⅱ 총7획 |
|---|---|---|---|---|
| 골 동 | 그럴 연 | 특별할 특 | 임금 왕 | 사내 남 |

## ❀ 아래 설명을 읽고 빈칸에 보기 와 같이 쓰세요.

보기 良書(어질 량)(글 서)[양서]

**空洞**(　　　)(　　　)[　　　]

도 ▸ 속에 아무것도 없이 텅 비어 있는 굴. 빈 굴. 예 층마다 일정한 空洞이 뚫려 있다.
참 共同(공동) ▹ 여럿이 함께하거나 관계를 가짐.

**洞名**(　　　)(　　　)[　　　]

도 ▸ 마을이나 동네의 이름.
참 同名(동명) ▹ 같은 이름, 또는 이름이 서로 같음.

**果然**(　　　)(　　　)[　　　]

도 ▸ ① 아닌 게 아니라 정말로. 알고 보니 정말로. 예 果然 화려하다. ② 참으로. 도대체. 예 果然 시험에 합격할 수 있을까?

**本然**(　　　)(　　　)[　　　]

도 ▸ (인위적인 손질을 가하지 않은) 자연 그대로의 상태. 본디 그대로의 모습. 예 本然의 모습.

**特命**(　　　)(　　　)[　　　]

도 ▸ 특별히 내리는 명령. 예 황제의 特命.

**特使**(　　　)(　　　)[　　　]

도 ▸ 특별한 임무를 주어 외국에 파견하는 사람. 예 特使를 파견하여 화해의 장을 마련하다.

**王朝**(　　　)(　　　)[　　　]

도 ▸ 같은 왕가에서 차례로 왕위에 오르는 통치자의 계열이나 그 시대. 예 조선 王朝.
참 王祖(왕조) ▹ 임금의 선조(先祖). 반 왕손(王孫).

**王者**(　　　)(　　　)[　　　]

도 ▸ ① 임금. ② '(각 분야에서) 특히 뛰어난 사람이나 사물'을 이르는 말. 예 밀림의 王者.
참 王子(왕자) ▹ 임금의 아들. 반 왕녀(王女).

**長男**(　　　)(　　　)[　　　]

도 ▸ 맏아들. 첫아들. 예 長男이 가업을 이어갔다.

**男便**(　　　)(　　　)[　　　]

도 ▸ 혼인한 부부 관계에서의 남자를 이르는 말. 예 男便을 반갑게 맞이합니다. 반 아내.

## ❀ 다음 훈訓과 음音에 알맞은 한자漢字를 쓰세요.

(1) 효도 효(　　　)　(2) 낯 면(　　　)　(3) 먹을 식(　　　)　(4) 푸를 청(　　　)

**도움글**

○ 한자 부수部首의 변화 : 부수의 모양이 본래 모양과 다르게 바뀌어 쓰이는 것을 말합니다.

예1 然(灬 = 火)　예2 洞(氵 = 水)　예3 王(王 = 玉)　예4 放(攵 = 攴)　예5 郡(阝 = 邑)

## 다음 한자漢字를 필순筆順에 따라 또박또박 쓰세요.

|  |  |  |  |  |  |  |  |
|---|---|---|---|---|---|---|---|
| 空 | 빌 공 | 穴부 총8획 | 宀 宀 穴 空 空 | 洞 | 골 동 | 水부 총9획 | 氵 氵 汌 泂 洞 |
| 果 | 실과 과 | 木부 총8획 | 口 旦 甲 果 果 | 然 | 그럴 연 | 火부 총12획 | 夕 夕 鈥 狄 然 |
| 特 | 특별할 특 | 牛부 총10획 | 丿 牛 牛 牪 特 | 命 | 목숨 명 | 口부 총8획 | 人 亼 合 合 命 |
| 王 | 임금 왕 | 玉부 총4획 | 一 二 千 王 | 朝 | 아침 조 | 月부 총12획 | 十 古 直 朝 朝 |
| 男 | 사내 남 | 田부 총7획 | 口 曰 田 男 男 | 便 | 편할 편 | 人부 총9획 | 亻 何 佰 便 便 |
| 使 | 하여금 사 | 人부 총8획 | 亻 亻 佰 使 使 | 者 | 놈 자 | 老부 총9획 | 十 耂 耂 者 者 |

## 다음 밑줄 친 한자어漢字語를 한자漢字로 쓰세요.

■ 명절이면 조상의 <u>산소</u>(1)에 성묘를 간다. ■ 오늘은 <u>추석</u>(2) 명절입니다.

■ 온 집안 <u>식구</u>(3)가 한자리에 모였습니다. ■ 승객들은 도중에서 <u>하차</u>(4)하였다.

| (1) | (2) | (3) | (4) |
|---|---|---|---|
| | | | |

**도움글**

○ '朝'자의 뜻에 반대, 또는 상대되는 한자는 '夕', 또는 '野'입니다. 여기에서 '朝夕'은 '아침과 저녁'을 뜻하고, '朝野'는 '조정朝廷과 재야在野'를 뜻합니다.

## 아래 한자漢字의 뜻訓과 소리音를 자세히 익혀봅시다.

| 發 癶/6Ⅱ 총12획 | 省 目/6Ⅱ 총9획 | 社 示/6Ⅱ 총8획 | 窓 穴/6Ⅱ 총11획 | 章 立/6급 총11획 |
|---|---|---|---|---|
| 필 발 | 살필 성, 덜 생 | 모일 사 | 창 창 | 글 장 |

## 아래 설명을 읽고 빈칸에 보기 와 같이 쓰세요.

보기 良書(어질 량)(글 서)[양서]

**發信**(　　　　)(　　　　)[　　　　]

도 ▸ ① 통신을 위해 전파를 보냄. 예 조난 신호를 發信하다. ② 편지를 부치거나 전보를 부침. 예 합격 소식을 發信하다. 반 수신(受信).

**發電**(　　　　)(　　　　)[　　　　]

도 ▸ 전기를 일으킴. 예 水力發電所를 견학하다.
참 發展(발전) ▹ 보다 낫고 더 좋은 상태로 나아감.

**自省**(　　　　)(　　　　)[　　　　]

도 ▸ 자기가 한 일에 대한 옳고 그름을 되돌아봄. 예 과소비 풍토에 대한 自省이 일어났다.

**反省**(　　　　)(　　　　)[　　　　]

도 ▸ 자기의 언행·생각 따위의 잘잘못이나 옳고 그름을 깨닫기 위해 스스로를 돌이켜 살핌. 예 일기를 쓰면서 그날의 일과를 反省하다.

**社長**(　　　　)(　　　　)[　　　　]

도 ▸ 회사의 대표자.

**社會**(　　　　)(　　　　)[　　　　]

도 ▸ 공동생활을 하는 사람들의 집단
예 인류 社會에 많은 업적을 남겼다.

**同窓**(　　　　)(　　　　)[　　　　]

도 ▸ 같은 학교에서 공부한 관계. 동창생.
참 東窓(동창) ▹ 동쪽으로 난 창. 예 東窓이 밝았느냐.

**窓口**(　　　　)(　　　　)[　　　　]

도 ▸ ① 문서·금전 따위를 직접 주고받는 일을 담당하는 곳. 예 수납 窓口. ② 외부와의 절충이나 교섭을 담당하는 곳. 예 대화 窓口.

**樂章**(　　　　)(　　　　)[　　　　]

도 ▸ (소나타·교향곡·협주곡 따위의 여러 소곡으로 구성되는 형식에서) 각각의 작은 악곡.

**文章**(　　　　)(　　　　)[　　　　]

도 ▸ (어떤 생각이나 느낌을) 줄거리를 세워 글자로 써 적은 것. 예 그 책은 쉬운 文章으로 쓰여졌다.

## 다음 한자漢字의 훈訓과 음音을 쓰세요.

(1) 黃 (　　　　)　(2) 交 (　　　　)　(3) 今 (　　　　)　(4) 公 (　　　　)

**도움글**

○ '省'자는 쓰임에 따라 뜻과 소리가 변하는 글자입니다. '살피다'라는 뜻으로 쓰일 때에는 '성'으로 읽고, '덜다'라는 뜻으로 쓰일 때에는 '생'으로 읽습니다. 예 省略(생략) : (덜 생)(간략할 략)

### ❀ 다음 한자漢字를 필순筆順에 따라 또박또박 쓰세요.

|  |  |  |  |  |  |  |  |
|---|---|---|---|---|---|---|---|
| 發 | 필 발 | 癶부 총12획 | フ ヲ ヺ 癹 發 | 電 | 번개 전 | 雨부 총13획 | 一 帀 雨 雷 電 |
| 反 | 돌이킬 반 | 又부 총4획 | 一 厂 万 反 | 省 | 살필 성 | 目부 총9획 | 亅 小 少 省 省 |
| 社 | 모일 사 | 示부 총8획 | ラ ネ ネ 社 社 | 會 | 모일 회 | 曰부 총13획 | 人 合 侖 會 會 |
| 同 | 한가지 동 | 口부 총6획 | 丨 冂 冂 同 同 | 窓 | 창 창 | 穴부 총11획 | 宀 穴 空 窓 窓 |
| 樂 | 노래 악 | 木부 총15획 | 白 幺白 幺白幺 樂 樂 | 章 | 글 장 | 立부 총11획 | 亠 立 音 音 章 |
| 信 | 믿을 신 | 人부 총9획 | 亻 仁 信 信 信 | 自 | 스스로 자 | 自부 총6획 | 丿 亻 白 自 自 |

### ❀ 다음 밑줄 친 한자어漢字語를 한자漢字로 쓰세요.

■ 장마전선이 조금씩 <u>북상</u>(1)하고 있다. ■ 학교에서 <u>목공</u>(2) 기술을 배웠습니다.
■ 안개가 짙어서 <u>천지</u>(3)를 분간하기가 어렵다. ■ <u>노모</u>(4)를 극진히 모셨습니다.

| (1) | (2) | (3) | (4) |
|---|---|---|---|
| | | | |

**도움글**

❍ '樂'자는 뜻에 따라 소리가 변하는 글자입니다. '즐기다'라는 뜻으로 쓰일 때에는 '락'으로 읽고, '노래'라는 뜻으로 쓰일 때에는 '악'으로 읽고, '좋아하다'라는 뜻으로 쓰일 때에는 '요'라고 읽습니다.

## 아래 한자漢字의 뜻訓과 소리音를 자세히 익혀봅시다.

| 等 竹/6Ⅱ 총12획 | 綠 糸/6급 총14획 | 萬 艸/8급 총13획 | 術 行/6Ⅱ 총11획 | 表 衣/6Ⅱ 총8획 |
|---|---|---|---|---|
| 무리 등 | 푸를 록 | 일만 만 | 재주 술 | 겉 표 |

## 아래 설명을 읽고 빈칸에 보기 와 같이 쓰세요.

보기 良書(어질 량)(글 서)[양서]

等級(　　　)(　　　)[　　　]

도 ▸값·품질·신분 따위의 높고 낮음이나 좋고 나쁨의 차를 여러 층으로 나눈 급수.

平等(　　　)(　　　)[　　　]

도 ▸치우침이 없이 모두가 한결같음. 차별이 없이 동등함. 예 모든 국민은 법 앞에 平等하다.

綠色(　　　)(　　　)[　　　]

도 ▸파랑과 노랑의 중간색. 예 綠色 혁명.

綠地(　　　)(　　　)[　　　]

도 ▸풀이나 나무가 우거진 곳. [도시 가운데나 주변에 자연 환경 보존과 공해 방지를 위하여 풀이나 나무를 많이 심어 놓은 곳]

萬古(　　　)(　　　)[　　　]

도 ▸① 아주 오랜 옛적. ② 한없이 오랜 세월. 예 萬古에 빛날 업적(業績).
참 萬苦(만고) ▹ 온갖 괴로움. 예 萬苦의 시름.

萬全(　　　)(　　　)[　　　]

도 ▸조금도 허술한 데가 없음. 아주 완전함. 예 안전사고 예방에 萬全을 기하다.

學術(　　　)(　　　)[　　　]

도 ▸① 학문의 방법이나 이론. ② 학문과 기술. 예 學術 강연회를 열다.

美術(　　　)(　　　)[　　　]

도 ▸(그림이나 조각처럼) 눈으로 볼 수 있도록 일정한 공간 속에 아름다움을 표현하는 예술.

表現(　　　)(　　　)[　　　]

도 ▸의견이나 감정 따위를 드러내어 나타냄. 예 자신의 감정을 솔직하게 表現하였다.

發表(　　　)(　　　)[　　　]

도 ▸① 널리 드러내어 알림. 예 합격자 發表. ② 여러 사람 앞에서 의견이나 생각을 진술함. 예 학습 내용을 發表하다.

## 다음 훈訓과 음音에 알맞은 한자漢字를 쓰세요.

(1) 편할 편(　　) (2) 먼저 선(　　) (3) 아홉 구(　　) (4) 안 내(　　)

**도움글**

- '綠色'과 '綠地'는 'ㄹ'이 단어의 첫머리에서 발음되는 것을 꺼려 '녹'으로 읽습니다.
- 녹색 혁명(綠色革命) : 품종을 개량하여 곡물의 생산을 아주 크게 늘린 농업 기술의 변화.

## 다음 한자漢字를 필순筆順에 따라 또박또박 쓰세요.

|  |  |  |  |  |  |  |  |
|---|---|---|---|---|---|---|---|
| 等 | 무리 등 | 竹부 총12획 | ⺮ 竺 笙 等 等 | 級 | 등급 급 | 糸부 총10획 | 幺 糸 糿 級 級 |
| 綠 | 푸를 록/녹 | 糸부 총14획 | 糸 糹 紣 綠 綠 | 色 | 빛 색 | 色부 총6획 | ⺈ 勹 𠊱 刍 色 |
| 萬 | 일만 만 | 艸부 총13획 | 艹 苩 萬 萬 萬 | 全 | 온전 전 | 入부 총6획 | 入 仐 仝 全 全 |
| 美 | 아름다울 미 | 羊부 총9획 | 丷 䒑 羊 羔 美 | 術 | 재주 술 | 行부 총11획 | 彳 彳 術 術 術 |
| 表 | 겉 표 | 衣부 총8획 | 二 丰 表 表 表 | 現 | 나타날 현 | 玉부 총11획 | 𤣩 王 玥 現 現 |
| 學 | 배울 학 | 子부 총16획 | 𦥑 與 學 學 學 | 發 | 필 발 | 癶부 총12획 | 乛 ㇇ 癶 癹 發 |

## 다음 밑줄 친 한자어漢字語를 한자漢字로 쓰세요.

■ 언니의 남편을 <u>형부</u>(1)라고 부릅니다. ■ <u>민간</u>(2)에 널리 퍼져 있는 설화를 수집했다.
■ 대와 솔은 <u>사시</u>(3)에 늘 푸른 모습입니다. ■ 자신의 <u>모교</u>(4)에 장학금을 전달했다.

| (1) | (2) | (3) | (4) |
|---|---|---|---|
| | | | |

도움글

○ '全'자는 부수가 '入(들 입)'자이나, 보통 쓸 때에는 '人(사람 인)'자와 같이 쓰기도 합니다.
○ '發'자는 '피다, 생기다, 떠나다, 시작하다, 보내다, 발표하다, 쏘다' 등의 뜻으로 쓰이는 글자입니다.

## 아래 한자漢字의 뜻訓과 소리音를 자세히 익혀봅시다.

| 親 見/6급 총16획 | 計 言/6Ⅱ 총9획 | 路 足/6급 총13획 | 軍 車/8급 총9획 | 道 辶/7Ⅱ 총13획 |
|---|---|---|---|---|
| 친할 친 | 셀 계 | 길 로 | 군사 군 | 길 도 |

## 아래 설명을 읽고 빈칸에 보기 와 같이 쓰세요.

보기 良書(어질 량)(글 서)[양서]

親近(　　　)(　　　)[　　　]

도 ▸사귀어 지내는 사이가 매우 가까움.
예 親近한 사이. 비 친밀(親密).

親族(　　　)(　　　)[　　　]

도 ▸혈통으로 촌수가 가까운 관계에 있는 사람들. 예 그에게서 親族 같은 정을 느꼈다.

計算(　　　)(　　　)[　　　]

도 ▸①수를 셈함. ②값을 치름. ③상황을 판단하여 계획을 세움. 예 비행시간을 計算하다.

生計(　　　)(　　　)[　　　]

도 ▸살림을 살아 나갈 방도, 또는 현재 살림을 살아가고 있는 형편. 살림살이. 예 힘든 일을 하며 어렵게 生計를 꾸려가고 있었다.

路上(　　　)(　　　)[　　　]

도 ▸길 위. 길바닥. 예 路上 방뇨 절대 금지!

道路(　　　)(　　　)[　　　]

도 ▸사람이나 차들이 다니는 비교적 큰 길.
예 자전거 전용 道路.

行軍(　　　)(　　　)[　　　]

도 ▸(군인, 또는 많은 인원이) 줄을 지어 먼 거리를 걸어가는 일. 예 휴식 없는 行軍이 강행되다.

軍樂(　　　)(　　　)[　　　]

도 ▸군대 의식이나 군인들의 사기를 높이는 데에 쓰이는 음악. 예 힘찬 軍樂에 맞춰 행진하다.

道理(　　　)(　　　)[　　　]

도 ▸①사람이 마땅히 지켜야 할 바른 길.
예 자식의 道理를 다하다. ②마땅한 방법이나 길.
예 어쩔 道理가 없다.

道服(　　　)(　　　)[　　　]

도 ▸(수련·유도·태권도 따위를 할 때 입는) 운동복.

## 다음 한자漢字의 훈訓과 음音을 쓰세요.

(1) 反(　　　　)　(2) 功(　　　　)　(3) 圖(　　　　)　(4) 各(　　　　)

도움글

❍ '路上'과 소리는 같으나 뜻이 다른 순우리말로 '노상'이라는 말이 있습니다. 그 뜻과 쓰이는 용례는 다음과 같습니다.

☞ 노상 : 늘. (언제나 변함없이) 같은 모양으로 언제나. 예 노상 같은 모습이다.

## 다음 한자漢字를 필순筆順에 따라 또박또박 쓰세요.

|  |  |  |  |  |  |  |  |
|---|---|---|---|---|---|---|---|
| 親 | 친할 친 | 見부 총16획 | 亠 辛 亲 親 親 | 近 | 가까울 근 | 辶부 총8획 | 厂 斤 斤 沂 近 |
| 計 | 셀 계 | 言부 총9획 | 亠 亖 言 訁 計 | 算 | 셈 산 | 竹부 총14획 | ⺮ ⺮ 筲 筫 算 |
| 路 | 길 로/노 | 足부 총13획 | 口 甲 𧾷 跢 路 | 上 | 윗 상 | 一부 총3획 | 一 卜 上 / 丨 卜 上 |
| 軍 | 군사 군 | 車부 총9획 | 冖 冒 冒 宣 軍 | 樂 | 노래 악 | 木부 총15획 | 白 約 幺白幺 樂 樂 |
| 道 | 길 도 | 辶부 총13획 | 䒑 首 首 道 道 | 服 | 옷 복 | 月부 총8획 | 月 肜 服 服 服 |
| 族 | 겨레 족 | 方부 총11획 | 亠 方 方 旌 族 | 理 | 다스릴 리 | 玉부 총11획 | 于 王 玾 理 理 |

## 다음 밑줄 친 한자어漢字語를 한자漢字로 쓰세요.

■ 학문(1)은 취직이나 출세(2)를 위한 수단이 되어서는 안됩니다.

■ 그는 방정(3)한 모습을 하고 있었습니다. ■ 주말마다 알뜰 시장(4)이 열립니다.

| (1) | (2) | (3) | (4) |
|---|---|---|---|
| | | | |

**도움글**

○ '服'자는 '옷, 옷을 입다, 약을 먹다' 등의 뜻으로 쓰이는 글자입니다.

참 服用(복용) : 약을 먹음. 복약(服藥). 예 이 약은 아침저녁으로 식사 후에 服用하여야 합니다.

### 아래 한자漢字의 뜻訓과 소리音를 자세히 익혀봅시다.

| 郡 邑/6급 총10획 | 野 里/6급 총11획 | 銀 金/6급 총14획 | 間 門/7Ⅱ 총12획 | 雪 雨/6Ⅱ 총11획 |
|---|---|---|---|---|
| 고을 군 | 들 야 | 은 은 | 사이 간 | 눈 설 |

### 아래 설명을 읽고 빈칸에 보기 와 같이 쓰세요.

보기 良書(어질 량)(글 서)[양서]

郡民(　　　)(　　　)[　　　]

도 ▸ 행정 구역인 군에 사는 사람.
참 軍民(군민) ▹ 군인과 민간인
예 軍民이 함께 재난 구조에 힘쓰고 있다.

郡內(　　　)(　　　)[　　　]

도 ▸ 행정 구역인 군의 안, 또는 고을의 안.
예 우리 郡內에는 영화관이 하나뿐입니다.

野球(　　　)(　　　)[　　　]

도 ▸ 아홉 사람으로 이루어진 두 팀이 일정한 경기장에서 9회씩 공격과 방어를 번갈아 가며 득점을 겨루는 경기.

林野(　　　)(　　　)[　　　]

도 ▸ 나무가 무성한 숲과 개간되지 않은 벌판.
예 林野 오천 평을 훼손하다.

銀色(　　　)(　　　)[　　　]

도 ▸ 은과 같은 빛깔. 예 머릿결이 銀色으로 빛났다.

銀行(　　　)(　　　)[　　　]

도 ▸ ① 예금을 받고 다른 곳에 대부하며 유가증권을 발행·관리하는 일을 하는 금융 기관. 예 한국銀行. ② 갑자기 필요한 것이나 모자라는 것 등을 모아서 보관하는 조직 체계.
예 혈액銀行.
참 銀杏(은행) ▹ 은행나무의 열매.

時間(　　　)(　　　)[　　　]

도 ▸ 어떤 시각에서 다른 시각까지의 동안.

間食(　　　)(　　　)[　　　]

도 ▸ ① 군음식을 먹음, 또는 그 음식. 예 오늘 間食은 과일이다. ② 샛밥을 먹음, 또는 그 밥.

雪花(　　　)(　　　)[　　　]

도 ▸ 나뭇가지에 꽃이 핀 것처럼 붙은 눈.

白雪(　　　)(　　　)[　　　]

도 ▸ 흰 눈. 예 봉우리마다 白雪로 뒤덮였다.

### 다음 훈訓과 음音에 알맞은 한자漢字를 쓰세요.

(1) 설 립(　　) (2) 집 실(　　) (3) 남녘 남(　　) (4) 지아비 부(　　)

**도움글**

○ '野'자의 뜻에 반대, 또는 상대되는 한자는 '朝'자가 있습니다. 여기에서 '朝'자는 '조정朝廷'을 뜻하고, '野'자는 '재야在野'를 뜻합니다. 참1 朝 ↔ 野 : 조정과 재야 참2 朝 ↔ 夕 : 아침과 저녁

### 다음 한자漢字를 필순筆順에 따라 또박또박 쓰세요.

|  |  |  |  |  |  |  |  |
|---|---|---|---|---|---|---|---|
| 郡 | 고을 군 | 邑부 총10획 | ⺕ ⺕ 君 君⻏ 郡 | 民 | 백성 민 | 氏부 총5획 | ㇕ ㇕ 巳 巳 民 |
| 野 | 들 야 | 里부 총11획 | 旦 里 野 野 野 | 球 | 공 구 | 玉부 총11획 | 王 玎 玗 球 球 |
| 銀 | 은 은 | 金부 총14획 | 金 金 釒 鉅 銀 | 色 | 빛 색 | 色부 총6획 | ⺈ ⺈ 各 多 色 |
| 間 | 사이 간 | 門부 총12획 | 𠁣 門 門 門 間 | 食 | 먹을 식 | 食부 총9획 | 今 今 今 食 食 |
| 雪 | 눈 설 | 雨부 총11획 | 冖 币 雨 雪 雪 | 花 | 꽃 화 | 艸부 총8획 | 十 艹 花 花 花 |
| 林 | 수풀 림 | 木부 총8획 | 一 十 才 村 林 | 時 | 때 시 | 日부 총10획 | 日 日 旪 時 時 |

### 다음 밑줄 친 한자어漢字語를 한자漢字로 쓰세요.

■ 그는 <u>불평</u>(1)을 늘어놓았다. ■ 우리는 식생활에서 쌀을 <u>주식</u>(2)으로 합니다.

■ 오늘의 일을 <u>내일</u>(3)로 미루지 마라. ■ 범인은 모든 것을 <u>자백</u>(4)하였다.

| (1) | (2) | (3) | (4) |
|---|---|---|---|
| | | | |

**도움글**

○ '郡'자의 부수는 '阝'입니다. 그러나 '阝'는 부수 위치에 따라 뜻하는 글자가 달라지므로 주의해야 합니다. 왼쪽에 있을 때에는 '阜(언덕 부)'자로 쓰고, 오른쪽에 있을 때에는 '邑(고을 읍)'자로 씁니다.

## 아래 한자漢字의 뜻訓과 소리音를 자세히 익혀봅시다.

| 題 頁/6Ⅱ 총18획 | 飮 食/6Ⅱ 총13획 | 三 一/8급 총3획 | 代 人/6Ⅱ 총5획 | 休 人/7급 총6획 |
|---|---|---|---|---|
| 제목 **제** | 마실 **음** | 석 **삼** | 대신할 **대** | 쉴 **휴** |

## 아래 설명을 읽고 빈칸에 보기 와 같이 쓰세요.

보기 良書(어질 량)(글 서)[양서]

**題目**(　　　)(　　　)[　　　]

도 ▸ ① 글의 제목. ② 책이나 문학 작품 등에서 그것의 내용을 보이거나 대표하는 이름. 예 소설 題目이 점차 길어지고 있다.

**出題**(　　　)(　　　)[　　　]

도 ▸ (시험 · 시가 따위의) 문제나 제목을 냄.

**飮食**(　　　)(　　　)[　　　]

도 ▸ 사람이 먹고 마시는 것.

**米飮**(　　　)(　　　)[　　　]

도 ▸ 쌀이나 좁쌀을 푹 끓여 체에 밭인 음식. 예 할머니는 의식이 살아나 이젠 米飮도 드신다.

**三時**(　　　)(　　　)[　　　]

도 ▸ ① 아침, 점심, 저녁의 세 끼니, 또는 그 끼니때. 예 三時 모두 거르지 않고 밥을 먹는다. ② 언제나. 늘. 예 그는 三時 바쁘다.

**三族**(　　　)(　　　)[　　　]

도 ▸ 친가와 외가와 처가의 가족. 예 옛날엔 역적으로 몰리면 三族을 멸하는 고통을 당했다.

**代表**(　　　)(　　　)[　　　]

도 ▸ ① (어떤 조직이나 집단이 준) 권리와 책임에 따라 그들을 대신하여 말하고 활동하는 사람. ② 전체의 성질을 잘 나타내는 본보기.

**代身**(　　　)(　　　)[　　　]

도 ▸ ① 남의 구실이나 책임을 떠맡음. 예 사장 代身으로 회의를 주재하였다. ② 앞의 행동이나 상태와 다르거나 그와 반대임. 예 꿩 代身 닭!

**休紙**(　　　)(　　　)[　　　]

도 ▸ ① 못쓰게 된 종이. ② 허드레로 쓰는 종이.

**休校**(　　　)(　　　)[　　　]

도 ▸ 학교에서 수업과 업무를 한동안 쉼.

## 다음 한자漢字의 훈訓과 음音을 쓰세요.

(1) 庭 (　　　)　(2) 始 (　　　)　(3) 對 (　　　)　(4) 和 (　　　)

**도움글**

○ 혼동하기 쉬운 글자 : 모양이 비슷하여 혼동하기 쉬운 글자를 말합니다.

예1 料(헤아릴 료) ≠ 科(과목 과)　예2 代(대신할 대) ≠ 伐(칠 벌)　예3 族(겨레 족) ≠ 旅(나그네 려)

다음 한자漢字를 필순筆順에 따라 또박또박 쓰세요.

| | | | | | | | |
|---|---|---|---|---|---|---|---|
| 出 | 날 출 | 凵부 총5획 | 丨 屮 屮 出 出 | 題 | 제목 제 | 頁부 총18획 | 旦 早 是 題 題 |
| 米 | 쌀 미 | 米부 총6획 | 丷 丷 半 米 米 | 飮 | 마실 음 | 食부 총13획 | 今 今 食 飮 飮 |
| 三 | 석 삼 | 一부 총3획 | 一 二 三 | 族 | 겨레 족 | 方부 총11획 | 亠 方 方 方 族 |
| 代 | 대신할 대 | 人부 총5획 | 丿 亻 亻 代 代 | 表 | 겉 표 | 衣부 총8획 | 二 丰 耒 表 表 |
| 休 | 쉴 휴 | 人부 총6획 | 亻 亻 什 休 休 | 紙 | 종이 지 | 糸부 총10획 | 幺 幺 糸 紅 紙 |
| 食 | 먹을 식 | 食부 총9획 | 今 今 食 食 食 | 身 | 몸 신 | 身부 총7획 | 丿 亻 自 身 身 |

다음 밑줄 친 한자어漢字語를 한자漢字로 쓰세요.

- 비행기는 <u>수평</u>(1)을 유지하고 날았다.
- 오늘은 수업이 <u>오전</u>(2)에 끝났습니다.
- 무서움에 떠는 아이들을 <u>안심</u>(3)시켰다.
- 현충일은 <u>유월</u>(4) 육일입니다.

| (1) | (2) | (3) | (4) |
|---|---|---|---|
| | | | |

도움글

○ '米'자의 자획(字劃)을 풀어 나누면 '八十八(88)'의 수를 뜻하기도 합니다. 이 말은 '여든여덟 살'을 '米壽(미수)'라고 하는 말에서도 그 의미를 찾아 볼 수 있습니다. 참 米 = 八十(80) + 八(8)

### 아래 한자漢字의 뜻訓과 소리音를 자세히 익혀봅시다.

| 兄 儿/8급 총5획 | 全 入/7Ⅱ 총6획 | 共 八/6Ⅱ 총6획 | 別 刀/6급 총7획 | 動 力/7Ⅱ 총11획 |
|---|---|---|---|---|
| 형 **형** | 온전 **전** | 한가지 **공** | 나눌 **별**, 다를 **별** | 움직일 **동** |

### 아래 설명을 읽고 빈칸에 보기 와 같이 쓰세요.

보기 良書(어질 량)(글 서)[양서]

**學兄**(　　　　)(　　　　)[　　　　]

도 ▸학우나 학문상의 선후배끼리 서로 높여서 이르는 말. 예 여러 學兄의 도움에 감사드린다.

**長兄**(　　　　)(　　　　)[　　　　]

도 ▸맏이가 되는 형. 큰형. 맏형.

**全體**(　　　　)(　　　　)[　　　　]

도 ▸사물이나 현상의 온통. 전부. 모두. 온몸. 예 학급 全體가 참석하다. 비 총체(總體). 전부(全部). 반 부분(部分).

**全勝**(　　　　)(　　　　)[　　　　]

도 ▸(전쟁이나 경기 등에서) 한 번도 지지 않고 모두 이김. 반 전패(全敗).
참 戰勝(전승) ▹ 시합이나 전쟁에서 싸워서 이김.

**共通**(　　　　)(　　　　)[　　　　]

도 ▸여럿 사이에 서로 같거나 두루 통하고 관계됨. 예 두 사람에게 주어진 共通의 문제.

**公共**(　　　　)(　　　　)[　　　　]

도 ▸사회의 모든 사람의 이익에 관계되는 일, 또는 (이익을 함께하는) 사회의 모든 사람. 예 公共의 이익을 우선하다. 예 公共 장소.

**特別**(　　　　)(　　　　)[　　　　]

도 ▸(수준이나 질이) 보통과 구별되게 다름. 반 보통(普通). 예 特別 활동 시간.

**別世**(　　　　)(　　　　)[　　　　]

도 ▸세상을 떠남. '죽음'을 높여 이르는 말. 예 여든 살을 일기(一期)로 別世하다.

**動向**(　　　　)(　　　　)[　　　　]

도 ▸개인이나 집단의 생각·행동이나 사회의 정세가 움직이는 방향. 움직임새. 예 여론(輿論)의 動向을 살피다.

**感動**(　　　　)(　　　　)[　　　　]

도 ▸깊이 느끼어 마음이 움직임. 예 感動을 주다.

### 다음 훈訓과 음音에 알맞은 한자漢字를 쓰세요.

(1) 왼 좌(　　)　(2) 적을 소(　　)　(3) 저자 시(　　)　(4) 평평할 평(　　)

**도움글**

○ 공통 분모(**共通分母**) : ① (수학에서) 분모가 다른 여러 분수를 통분하여 얻은 분모. ② 여럿이 같이 가지고 있는 요소. 예 서로 대화를 하려면 최소한 그 주제에 대해서 **共通分母**가 있어야 한다.

## 다음 한자漢字를 필순筆順에 따라 또박또박 쓰세요.

| | | | | | | | |
|---|---|---|---|---|---|---|---|
| 學 | | | | 兄 | | | |
| 배울 학 | 子부 총16획 | 𦥑 𦥯 𢍺 學 學 | | 형 형 | 儿부 총5획 | 丨 ㄇ 口 尸 兄 | |
| 全 | | | | 勝 | | | |
| 온전 전 | 入부 총6획 | 人 亼 仒 仐 全 | | 이길 승 | 力부 총12획 | 月 肸 朕 勝 勝 | |
| 共 | | | | 通 | | | |
| 한가지 공 | 八부 총6획 | 一 卄 丗 共 共 | | 통할 통 | 辶부 총11획 | ㄱ 乃 甬 甬 通 | |
| 特 | | | | 別 | | | |
| 특별할 특 | 牛부 총10획 | 丿 牛 牛 牸 特 | | 다를 별 | 刀부 총7획 | 口 号 另 別 別 | |
| 感 | | | | 動 | | | |
| 느낄 감 | 心부 총13획 | 丿 后 咸 咸 感 | | 움직일 동 | 力부 총11획 | 亘 重 重 動 動 | |
| 體 | | | | 世 | | | |
| 몸 체 | 骨부 총23획 | 冎 骨 骨 體 體 | | 인간 세 | 一부 총5획 | 一 十 卄 廿 世 | |

## 다음 밑줄 친 한자어漢字語를 한자漢字로 쓰세요.

- 교문 앞은 <u>등교</u>(1)시간이라 복잡하였다.
- <u>자제</u>(2)들이 훌륭하게 자랐군요!
- 교장 선생님은 <u>중대</u>(3) 발표를 하였다.
- 자신의 저축 <u>수기</u>(4)를 발표하였다.

| (1) | (2) | (3) | (4) |
|---|---|---|---|
| | | | |

도움글

○ 유의자類義字 : 서로 소리는 다르나 뜻이 비슷한 한자漢字

예1 共(한가지 공) - 同(한가지 동)　예2 分(나눌 분) - 別(다를 별)　예3 英(꽃부리 영) - 特(특별할 특)

### 아래 한자漢字의 뜻訓과 소리音를 자세히 익혀봅시다.

| 半 十/6Ⅱ 총5획 | 古 口/6급 총5획 | 問 口/7급 총11획 | 四 口/8급 총5획 | 場 土/7Ⅱ 총12획 |
|---|---|---|---|---|
| 반 반 | 예 고 | 물을 문 | 넉 사 | 마당 장 |

### 아래 설명을 읽고 빈칸에 보기 와 같이 쓰세요.

보기 良書(어질 량)(글 서)[양서]

**半旗**( )( )[ ]

도 ▸조의를 표하기 위하여 깃봉에서 기의 폭 만큼 내려서 다는 국기. 예 半旗를 게양하다.
참 反旗(반기) ▹ 반대의 뜻을 나타내는 행동이나 표시.

**太半**( )( )[ ]

도 ▸절반을 훨씬 넘음.
예 마을 사람들 太半이 농사일을 하였다.

**古風**( )( )[ ]

도 ▸① 옛날의 풍속. ② 예스러운 풍취나 모습.
예 방안에는 古風스러운 가구가 있었다.

**古書**( )( )[ ]

도 ▸① 아주 오래전에 간행된 책. ② 고서적.
예 할아버지는 古書를 수집하여 읽으셨다.

**問病**( )( )[ ]

도 ▸(병에 걸리거나 다치거나 하여) 앓는 사람을 직접 찾아보고 위로하는 것. 예 問病가다.

**問題**( )( )[ ]

도 ▸① 해답을 요구하는 물음. 예 연습 問題. ② 연구하거나 해결해야 하는 일. 예 공해 問題.

**四角**( )( )[ ]

도 ▸네 개의 모서리. 예 四角 탁자.
참 死角(사각) ▹ 눈에 보이지 않는 범위, 또는 관심이나 영향이 미치지 못하는 범위. 예 인권의 死角 지대.

**四物**( )( )[ ]

도 ▸농악에 쓰이는 꽹과리, 징, 장구, 북의 네 가지 타악기. 예 四物놀이.
참 事物(사물) ▹ 세상의 모든 구체적인 존재. 온갖 물건.

**戰場**( )( )[ ]

도 ▸전쟁을 벌이는 곳. 전쟁터. 예 戰場으로 떠나다.

**式場**( )( )[ ]

도 ▸식을 거행하는 장소
예 축하객들이 式場을 가득 메웠다.

### 다음 한자漢字의 훈訓과 음音을 쓰세요.

(1) 弱 ( ) (2) 感 ( ) (3) 戰 ( ) (4) 由 ( )

**도움글**

○ 반대자反對字 : 서로 뜻이 반대, 또는 상대되는 한자漢字
예1 古(예 고) ↔ 今(이제 금) 예2 問(물을 문) ↔ 答(대답 답) 예3 物(물건 물) ↔ 心(마음 심)

## 다음 한자漢字를 필순筆順에 따라 또박또박 쓰세요.

|  |  |  |  |  |  |  |  |
|---|---|---|---|---|---|---|---|
| 半 | 반 반 | 十부 총5획 | 丶 丷 䒑 兰 半 | 旗 | 기 기 | 方부 총14획 | 亠 方 㫃 旂 旗 |
| 古 | 예 고 | 口부 총5획 | 一 十 十 古 古 | 風 | 바람 풍 | 風부 총9획 | 几 凡 凬 凮 風 |
| 問 | 물을 문 | 口부 총11획 | 冂 冂 門 門 問 | 病 | 병 병 | 疒부 총10획 | 广 疒 疒 病 病 |
| 四 | 넉 사 | 口부 총5획 | 丨 冂 冂 四 四 | 角 | 뿔 각 | 角부 총7획 | ⺈ 𠂊 角 角 角 |
| 戰 | 싸움 전 | 戈부 총16획 | 吅 單 單 戰 戰 | 場 | 마당 장 | 土부 총12획 | 土 坦 場 場 場 |
| 題 | 제목 제 | 頁부 총18획 | 旦 早 是 題 題 | 式 | 법 식 | 弋부 총6획 | 二 亍 亍 式 式 |

## 다음 밑줄 친 한자어漢字語를 한자漢字로 쓰세요.

■ 우리나라 제품이 해외 시장(1)에서 많은 인기(2)를 누리고 있다.

■ 길을 건널 때에는 앞과 좌우(3)를 잘 살펴야 한다. ■ 서울에서 출생(4)하다.

| (1) | (2) | (3) | (4) |
|---|---|---|---|
| | | | |

도움글

○ '古(예 고)'자의 뜻인 '예'는 '아주 먼 과거'를 이르는 말로, 주로, '예나, 예로부터' 등의 꼴로 쓰입니다. 예 예나 지금이나 달라진 것이 전혀 없군요!

## 아래 한자漢字의 뜻訓과 소리音를 자세히 익혀봅시다.

| 夜 夕/6급 총8획 | 失 大/6급 총5획 | 姓 女/7Ⅱ 총8획 | 字 子/7급 총6획 | 安 宀/7Ⅱ 총6획 |
| --- | --- | --- | --- | --- |
| 밤 야 | 잃을 실 | 성 성 | 글자 자 | 편안 안 |

## 아래 설명을 읽고 빈칸에 보기 와 같이 쓰세요.

보기 良書(어질 량)(글 서)[양서]

夜間(　　　　)(　　　　)[　　　　]

도 ▸밤사이. 밤 동안. 예 夜間 공연.

夜學(　　　　)(　　　　)[　　　　]

도 ▸① 밤에 공부함. ② 야간에 학업을 이수하는 과정, 또는 그 교육 기관.

失業(　　　　)(　　　　)[　　　　]

도 ▸① 생업을 잃음. ② 취업 의사와 능력을 가진 사람이 일할 기회를 얻지 못하거나 일자리를 잃음. 반 취업(就業).

失神(　　　　)(　　　　)[　　　　]

도 ▸① 정신을 잃음. ② 뇌빈혈 따위로, 일시적으로 의식을 잃음, 또는 그 상태.

百姓(　　　　)(　　　　)[　　　　]

도 ▸나라의 근본을 이루는 '일반 국민'을 예스럽게 이르는 말.

同姓(　　　　)(　　　　)[　　　　]

도 ▸성이 서로 같음, 또는 같은 성. 예 同姓同本.
참 同性(동성) ▹ ① 성별이 같음. ② 같은 성질.

習字(　　　　)(　　　　)[　　　　]

도 ▸글씨 쓰기를 배워 익힘. 예 習字 연습.

活字(　　　　)(　　　　)[　　　　]

도 ▸(인쇄에 쓰기 위하여) 작은 쇠붙이 네모 기둥 윗면에 양각으로 글자나 기호를 새긴 것.

平安(　　　　)(　　　　)[　　　　]

도 ▸마음에 걱정이 없음. 예 욕심에 의해 눈이 어두워지면 마음의 平安을 잃게 된다.

安樂(　　　　)(　　　　)[　　　　]

도 ▸근심 걱정이 없이 몸과 마음이 편안하고 즐거움. 예 자기 한 몸의 安樂만을 생각하고 다른 사람의 고통은 생각지도 않는다.

## 다음 훈訓과 음音에 알맞은 한자漢字를 쓰세요.

(1) 뒤 후(　　　) (2) 바 소(　　　) (3) 기 기(　　　) (4) 매양 매(　　　)

도움글

○ '數字'는 독음에 따라 그 뜻을 달리하므로 주의하여야 합니다.
☞ ▸숫자 : ① 수를 나타내는 글자. ② 금전, 예산, 통계 따위에 숫자로 표시되는 사항. 또는 수량적인 사항. ▸수자 : 두서너 글자.

## 다음 한자漢字를 필순筆順에 따라 또박또박 쓰세요.

| | | | | | | | |
|---|---|---|---|---|---|---|---|
| 夜 | | | | 間 | | | |
| 밤 야 | 夕부 총8획 | | 亠 亣 夜 夜 夜 | 사이 간 | 門부 총12획 | | 𠃌 ㄕ 門 門 間 |
| 失 | | | | 業 | | | |
| 잃을 실 | 大부 총5획 | | 丿 𠂉 ⺧ 失 失 | 업 업 | 木부 총13획 | | 丨丨 业 丵 丵 業 |
| 百 | | | | 姓 | | | |
| 일백 백 | 白부 총6획 | | 一 丆 万 百 百 | 성 성 | 女부 총8획 | | ㄑ 女 女 女 姓 |
| 習 | | | | 字 | | | |
| 익힐 습 | 羽부 총11획 | | 𠃌 习 羽 習 習 | 글자 자 | 子부 총6획 | | 丶 宀 宀 字 字 |
| 安 | | | | 樂 | | | |
| 편안 안 | 宀부 총6획 | | 丶 宀 宀 安 安 | 즐길 락 | 木부 총15획 | | 白 𢆶白 幺白幺 樂 樂 |
| 神 | | | | 活 | | | |
| 귀신 신 | 示부 총10획 | | 丶 礻 礻 祀 神 | 살 활 | 水부 총9획 | | 氵 氵 氵 汗 活 |

## 다음 한자어漢字語의 독음讀音을 쓰세요.

(1) 愛國歌 (　　　　)　(2) 運動家 (　　　　)　(3) 食生活 (　　　　)

(4) 休火山 (　　　　)　(5) 不死身 (　　　　)　(6) 果樹園 (　　　　)

도움글

- '姓(성 성)'자의 뜻인 '성'은 '같은 혈통에 속하는 사람들이 조상으로부터 물려받아 혈족血族을 나타내기 위하여 붙인 칭호'를 이르는 말로, '성姓'을 높여 '성씨姓氏'라고도 합니다.

## ❀ 아래 한자漢字의 뜻訓과 소리音를 자세히 익혀봅시다.

| 幸 干/6Ⅱ 총8획 | 弟 弓/8급 총7획 | 急 心/6Ⅱ 총9획 | 數 攴/7급 총15획 | 族 方/6급 총11획 |
|---|---|---|---|---|
| 다행 행 | 아우 제 | 급할 급 | 셈 수 | 겨레 족 |

## ❀ 아래 설명을 읽고 빈칸에 보기 와 같이 쓰세요.

보기 良書(어질 량)(글 서)[양서]

幸運(　　　)(　　　)[　　　]

도 ▸좋은 운수. 행복한 운수. 예 幸運을 빈다.

多幸(　　　)(　　　)[　　　]

도 ▸일이 좋게 됨. 뜻밖에 잘되어 좋음.
예 그만하기가 천만 多幸입니다.

兄弟(　　　)(　　　)[　　　]

도 ▸한 부모 밑에서 자라는 남자아이들. 형과 아우. 예 두 兄弟는 우애가 깊습니다.

弟子(　　　)(　　　)[　　　]

도 ▸선생이나 스승에게 가르침을 받거나 받은 사람. 예 弟子들은 스승의 가르침을 따랐다.
참 題字(제자) ▹ 책의 제목이나 비석에 쓴 글자.

急速(　　　)(　　　)[　　　]

도 ▸① 몹시 급함. ② 몹시 빠름.
예 急速한 경제 성장. 예 急速 냉각.

時急(　　　)(　　　)[　　　]

도 ▸시간적으로 매우 급함. 예 時急을 다투다.
참 時給(시급) ▹ 노동한 시간에 따라 지급되는 임금.

數學(　　　)(　　　)[　　　]

도 ▸수에 관한 학문. 수량 및 공간의 성질에 관하여 연구하는 학과목. 예 數學 공식.

度數(　　　)(　　　)[　　　]

도 ▸(온도, 각도, 농도, 광도 따위의) 크기나 높낮이의 정도를 나타내는 수. 예 안경 度數.

部族(　　　)(　　　)[　　　]

도 ▸(원시 사회에서) 공통된 언어와 문화를 가진 지역적 생활 공동체. 예 고대 部族 국가.
참 不足(부족) ▹ 모자라거나 충분하지 않음.

族長(　　　)(　　　)[　　　]

도 ▸일족의 어른. 부족의 우두머리.

## ❀ 다음 한자漢字의 훈訓과 음音을 쓰세요.

(1) 放 (　　　)　(2) 明 (　　　)　(3) 書 (　　　)　(4) 服 (　　　)

도움글

○ 서로 소리는 같으나 뜻이 다른 한자어漢字語 ☞ 特級(특급)과 特急(특급)
▸特級 : 일반 등급보다 특별히 더 높은 등급. ▸特急 : (열차 따위가) 특별히 빨리 운행함.

## 다음 한자漢字를 필순筆順에 따라 또박또박 쓰세요.

| | | | | | | | |
|---|---|---|---|---|---|---|---|
| 幸 | | | | 運 | | | |
| 다행 행 | 干부 총8획 | 十 土 圡 坴 幸 | | 옮길 운 | 辶부 총13획 | 冖 宣 軍 渾 運 | |
| 兄 | | | | 弟 | | | |
| 형 형 | 儿부 총5획 | 丨 冂 口 尸 兄 | | 아우 제 | 弓부 총7획 | 丷 当 肖 弟 弟 | |
| 急 | | | | 速 | | | |
| 급할 급 | 心부 총9획 | 𠂊 ⺈ 刍 急 急 | | 빠를 속 | 辶부 총11획 | 戸 申 束 涑 速 | |
| 度 | | | | 數 | | | |
| 법도 도 | 广부 총9획 | 亠 广 庐 庶 度 | | 셈 수 | 攴부 총15획 | 吕 書 婁 婁 數 | |
| 部 | | | | 族 | | | |
| 떼 부 | 邑부 총11획 | 立 音 音' 部 部 | | 겨레 족 | 方부 총11획 | 亠 方 方' 於 族 | |
| 多 | | | | 時 | | | |
| 많을 다 | 夕부 총6획 | ク タ 多 多 多 | | 때 시 | 日부 총10획 | 日 日 旪 時 時 | |

## 다음 밑줄 친 한자어漢字語를 한자漢字로 쓰세요.

■ 소방차가 현장으로 출동(1)합니다. ■ 귀여운 막내 동생(2)이 노래를 부릅니다.
■ 인간은 직립(3) 보행을 합니다. ■ 어느 유명(4) 회사의 공장을 견학하였습니다.

| | | | |
|---|---|---|---|
| (1) | (2) | (3) | (4) |

**도움글**

❍ '部(떼 부)'자의 뜻인 '떼'는 '① 사람이나 동물이 한데 많이 모여 있는 것. ② 많은 사람들. 떼를 이룬 무리' 등을 이르는 말입니다. 주의 ☞ '때[時]'와는 다른 뜻임.

## 아래 한자漢字의 뜻訓과 소리音를 자세히 익혀봅시다.

| 時 日 / 7Ⅱ 총10획 | 東 木 / 8급 총8획 | 業 木 / 6Ⅱ 총13획 | 消 水 / 6Ⅱ 총10획 | 海 水 / 7Ⅱ 총10획 |
|---|---|---|---|---|
| 때 시 | 동녘 동 | 업 업 | 사라질 소 | 바다 해 |

## 아래 설명을 읽고 빈칸에 보기 와 같이 쓰세요.

보기 良書(어질 량)(글 서)[양서]

時速(　　　　)(　　　　)[　　　　]

도 ▸한 시간을 단위로 하여 잰 속도. 예 낙타와 사람은 보통 時速 6킬로미터의 속도로 걷는다.

時計(　　　　)(　　　　)[　　　　]

도 ▸시각, 또는 시간을 재는 장치.
참 視界(시계) ▷(일정한 자리에서) 바라볼 수 있는 범위. 시야(視野). 예 배는 점점 視界에서 사라졌다.

東風(　　　　)(　　　　)[　　　　]

도 ▸동쪽에서 불어오는 바람. 샛바람.

東洋(　　　　)(　　　　)[　　　　]

도 ▸동쪽 아시아 일대. 반 서양(西洋).

農業(　　　　)(　　　　)[　　　　]

도 ▸작물이나 동물을 가꾸거나 기르는 산업. 예 우리나라의 農業은 식량 작물 재배가 많다.

同業(　　　　)(　　　　)[　　　　]

도 ▸① 같은 종류의 직업이나 영업. ② 두 사람 이상이 같이 사업을 함. 예 서로 同業하다.

消失(　　　　)(　　　　)[　　　　]

도 ▸사라져 없어짐, 또는 사라져 잃어버림. 예 전쟁으로 인하여 많은 문화재가 消失되었다.

消風(　　　　)(　　　　)[　　　　]

도 ▸자연 관찰이나 역사 유적 따위의 견학을 겸하여 경치나 놀이를 즐기는 일. 예 봄 消風.

海洋(　　　　)(　　　　)[　　　　]

도 ▸넓고 큰 바다. 예 海洋 자원을 개발하다.

海東(　　　　)(　　　　)[　　　　]

도 ▸'발해의 동쪽'이라는 뜻으로, 예전에 '우리나라'를 이르던 말.

## 다음 훈訓과 음音에 알맞은 한자漢字를 쓰세요.

(1) 심을 식(　　) (2) 골 동(　　) (3) 그럴 연(　　) (4) 사내 남(　　)
(5) 백성 민(　　) (6) 길 도(　　) (7) 임금 왕(　　) (8) 일만 만(　　)

### 도움글

○ 유의자類義字 : 서로 뜻이 비슷한 한자漢字

예1 海(바다 해) - 洋(큰바다 양)　예2 計(셀 계) - 算(셈 산)　예3 文(글월 문) - 章(글 장)

### 다음 한자漢字를 필순筆順에 따라 또박또박 쓰세요.

|  |  |  |  |  |  |  |  |
|---|---|---|---|---|---|---|---|
| 時 | 때 시 | 日부 총10획 | 冂 日' 旪 時 時 | 計 | 셀 계 | 言부 총9획 | 亠 言 言 訁 計 |
| 東 | 동녘 동 | 木부 총8획 | 冂 百 申 東 東 | 風 | 바람 풍 | 風부 총9획 | 几 凡 凬 風 風 |
| 農 | 농사 농 | 辰부 총13획 | 曲 声 農 農 農 | 業 | 업 업 | 木부 총13획 | 丷 业 丵 業 業 |
| 消 | 사라질 소 | 水부 총10획 | 氵 氵' 氵⺌ 消 消 | 失 | 잃을 실 | 大부 총5획 | ノ 𠂉 仁 失 失 |
| 海 | 바다 해 | 水부 총10획 | 氵 氵𠂉 海 海 海 | 洋 | 큰바다 양 | 水부 총9획 | 氵 氵丷 洋 洋 洋 |
| 速 | 빠를 속 | 辶부 총11획 | 日 申 束 涑 速 | 同 | 한가지 동 | 口부 총6획 | 丨 冂 冂 同 同 |

### 다음 한자어漢字語의 독음讀音을 쓰세요.

(1) 水正果 (　　　　　　)　(2) 白日場 (　　　　　　)　(3) 萬國旗 (　　　　　　)

(4) 青綠色 (　　　　　　)　(5) 正方形 (　　　　　　)　(6) 作業室 (　　　　　　)

**도움글**

○ '業(업 업)'자의 뜻인 '업'은 '① 직업 ② 부여된 과업 ③ (불교에서) 전세前世에 지은 악행이나 선행으로 말미암아 현세에서 받는 응보 ④ (불교에서) 몸과 입과 뜻으로 짓는 악행이나 선행'을 이르는 말입니다.

## 아래 한자漢字의 뜻訓과 소리音를 자세히 익혀봅시다.

| 球 玉/6Ⅱ 총11획 | 番 田/6급 총12획 | 直 目/7Ⅱ 총8획 | 神 示/6Ⅱ 총10획 | 算 竹/7급 총14획 |
|---|---|---|---|---|
| 공 구 | 차례 번 | 곧을 직 | 귀신 신 | 셈 산 |

## 아래 설명을 읽고 빈칸에 보기 와 같이 쓰세요.

보기 良書(어질 량)(글 서)[양서]

電球(　　)(　　)[　　]

도 ▸공 모양의 둥근 전등. 예 백열 電球.

地球(　　)(　　)[　　]

도 ▸인류가 살고 있는 천체. [자전(自轉)하면서 태양의 세 번째 궤도를 공전(公轉)함.]

番號(　　)(　　)[　　]

도 ▸차례를 나타내거나 식별하기 위해 붙이는 숫자. 예 수험 番號.

番地(　　)(　　)[　　]

도 ▸토지를 일정한 기준으로 나누고 그 각각에 붙인 번호. 예 영등포구 문래동 39番地.

直線(　　)(　　)[　　]

도 ▸① 곧은 줄, 또는 곧은 금. 반 곡선(曲線). ② 두 점 사이를 가장 짧은 거리로 이은 채 양쪽으로 곧게 이어진 선.

直角(　　)(　　)[　　]

도 ▸서로 수직인 두 직선이 이루는 90도의 각.

神通(　　)(　　)[　　]

도 ▸① 신통력을 가지고 통달함. ② 대견하고 훌륭함. 예 그 일을 해내다니, 참으로 神通하다.

神話(　　)(　　)[　　]

도 ▸① 신성한 이야기. [국가의 기원, 신이나 영웅의 사적(事績), 민족의 태고 때의 역사나 설화 따위] ② 절대적이고 획기적인 업적.

勝算(　　)(　　)[　　]

도 ▸이길 수 있는 가능성.
예 이번 시합에는 勝算이 있습니다.

電算(　　)(　　)[　　]

도 ▸컴퓨터나 계산기 등으로 정보를 처리함. 전자 계산. 예 업무를 電算 처리합니다.

## 다음 한자漢字의 훈訓과 음音을 쓰세요.

(1) 根(　　)　(2) 特(　　)　(3) 發(　　)　(4) 省(　　)

도움글

○ 동음이의어同音異義語 : 소리는 같으나 뜻이 다른 한자어漢字語 ☞ '地球지구'와 '地區지구'

▸地區 : 일정한 기준, 또는 목적에 따라 나누고 구별한 지역. 예 선거 地區 예 상업 地區

## 다음 한자漢字를 필순筆順에 따라 또박또박 쓰세요.

| | | | | | | | |
|---|---|---|---|---|---|---|---|
| 電 | | | | 球 | | | |
| 번개 전 | 雨부 총13획 | 一 千 雨 雷 電 | | 공 구 | 玉부 총11획 | 𤣩 玎 玗 球 球 | |
| 番 | | | | 號 | | | |
| 차례 번 | 田부 총12획 | 一 二 平 釆 番 | | 이름 호 | 虍부 총13획 | 号 号' 号广 號 號 | |
| 直 | | | | 線 | | | |
| 곧을 직 | 目부 총8획 | 十 方 有 直 直 | | 줄 선 | 糸부 총15획 | 幺 糸 紵 線 線 | |
| 神 | | | | 通 | | | |
| 귀신 신 | 示부 총10획 | 亠 亍 示 和 神 | | 통할 통 | 辶부 총11획 | 乛 丙 甬 甬 通 | |
| 勝 | | | | 算 | | | |
| 이길 승 | 力부 총12획 | 月 月' 朕 勝 勝 | | 셈 산 | 竹부 총14획 | 𥫗 竹 笞 笪 算 | |
| 地 | | | | 角 | | | |
| 땅[따] 지 | 土부 총6획 | 十 土 圴 圵 地 | | 뿔 각 | 角부 총7획 | 勹 户 角 角 角 | |

## 다음 밑줄 친 한자어漢字語를 한자漢字로 쓰세요.

■촌락이 넓은 <u>평지</u>(1)에 자리잡고 있었다. ■각 지역의 <u>명물</u>(2)을 조사하였습니다.
■<u>안전</u>(3) 수칙을 지켜야 합니다. ■이 꽃은 <u>색지</u>(4)를 오려서 만들었습니다.

| (1) | (2) | (3) | (4) |
|---|---|---|---|
| | | | |

**도움글**

- '球'자의 부수는 '玉(구슬 옥)'이나, 다른 글자와 결합하여 쓰일 때에는 '王'으로 변하여 쓰입니다.
- '神'자의 부수는 '礻= 示(보일 시)'이나, 서체에 따라 '神', 또는 '神'으로 쓰이기도 합니다.

## 아래 한자漢字의 뜻訓과 소리音를 자세히 익혀봅시다.

| 朝 月/6급 총12획 | 線 糸/6Ⅱ 총15획 | 藥 艸/6Ⅱ 총19획 | 記 言/7Ⅱ 총10획 | 速 辵/6급 총11획 |
|---|---|---|---|---|
| 아침 조 | 줄 선 | 약 약 | 기록할 기 | 빠를 속 |

## 아래 설명을 읽고 빈칸에 보기 와 같이 쓰세요.

보기 良書(어질 량)(글 서)[양서]

朝會(　　)(　　)[　　]

도 ▸학교나 직장 따위에서 아침에 모두 모여서 아침 인사 등을 하는 일. 예 朝會 시간.

朝野(　　)(　　)[　　]

도 ▸조정과 민간. 정부와 민간. 예 그의 상소문은 朝野를 막론하고 큰 물의를 일으켰다.

線路(　　)(　　)[　　]

도 ▸① 철길. ② 운동하는 물체가 제대로 달릴 수 있도록 마련해 놓은 길.

死線(　　)(　　)[　　]

도 ▸죽을 고비. 넘다가 잘못하면 죽임을 당하는 선. 예 死線을 뚫고 자유의 품에 안기다.

藥草(　　)(　　)[　　]

도 ▸약으로 쓰이는 풀. 약풀.
예 들판에 자생하는 藥草를 캐다.

醫藥(　　)(　　)[　　]

도 ▸① 병을 예방하거나 고치는 데 쓰는 약. ② 의술과 약. 예 醫藥에 관한 과학적인 연구.

記號(　　)(　　)[　　]

도 ▸어떤 뜻을 나타내기 위한 문자나 부호.
예 숫자, 또는 문자나 記號로 뜻을 전달한다.

記事(　　)(　　)[　　]

도 ▸① 사실을 적음. ② 신문이나 잡지에서 어떤 사실을 알리는 글.
예 한자 검정 시험에 대한 記事가 신문에 실렸다.

速力(　　)(　　)[　　]

도 ▸빠르기. 속도를 이루는 힘.
예 고속철도는 점점 速力을 내기 시작하였다.

風速(　　)(　　)[　　]

도 ▸바람의 속도. 예 최대 風速.

## 다음 훈訓과 음音에 알맞은 한자漢字를 쓰세요.

(1) 군사 군(　　)　(2) 사이 간(　　)　(3) 쉴 휴(　　)　(4) 온전 전(　　)

도움글

○ 반대자反對字 : 서로 뜻이 반대, 또는 상대되는 한자漢字

예1 朝(아침 조) ↔ 野(들 야)　예2 朝(아침 조) ↔ 夕(저녁 석)

예3 死(죽을 사) ↔ 活(살 활)　예4 死(죽을 사) ↔ 生(날 생)

다음 한자漢字를 필순筆順에 따라 또박또박 쓰세요.

|  |  |  |  |  |  |  |  |
|---|---|---|---|---|---|---|---|
| 朝 | 아침 조 | 月부 총12획 | 𠂇 古 直 朝 朝 | 野 | 들 야 | 里부 총11획 | 旦 里 野 野 野 |
| 線 | 줄 선 | 糸부 총15획 | 幺 糸 絈 綿 線 | 路 | 길 로 | 足부 총13획 | 𠯁 𧾷 𧾷 政 路 |
| 醫 | 의원 의 | 酉부 총18획 | 矢 医 殹 毉 醫 | 藥 | 약 약 | 艸부 총19획 | 艹 苩 蒶 蘊 藥 |
| 記 | 기록할 기 | 言부 총10획 | 言 言 訂 訂 記 | 號 | 이름 호 | 虍부 총13획 | 号 号 号 號 號 |
| 風 | 바람 풍 | 風부 총9획 | 几 凡 凬 凬 風 | 速 | 빠를 속 | 辶부 총11획 | ㇒ 申 束 涑 速 |
| 會 | 모일 회 | 日부 총13획 | 人 合 佥 會 會 | 死 | 죽을 사 | 歹부 총6획 | 一 歹 歹 死 死 |

다음 한자어漢字語의 독음讀音을 쓰세요.

(1) 植木日 (　　　　)　(2) 同窓會 (　　　　)　(3) 食生活 (　　　　)

(4) 自信感 (　　　　)　(5) 庭園樹 (　　　　)　(6) 上級班 (　　　　)

도움글

○ '會'자의 부수는 '曰(가로 왈)'자이므로, '會'자의 아랫부분을 납작하게 써야 합니다. 간혹 '日(날 일)'자와 같이 길게 쓰는 경우가 있는데, 잘못된 것입니다.

아래 한자漢字의 뜻訓과 소리音를 자세히 익혀봅시다.

| | | | | |
|---|---|---|---|---|
| 部 邑 / 6Ⅱ 총11획 | 重 里 / 7급 총9획 | 校 木 / 8급 총10획 | 開 門 / 6급 총12획 | 電 雨 / 7Ⅱ 총13획 |
| 떼 부 | 무거울 중 | 학교 교 | 열 개 | 번개 전 |

아래 설명을 읽고 빈칸에 보기 와 같이 쓰세요. 보기 良書(어질 량)(글 서)[양서]

部分(　　　)(　　　)[　　　]

도 ▸전체 중에 한쪽. 어떤 것의 일정한 부위나 범위. 예 썩은 部分을 잘라내다.

部數(　　　)(　　　)[　　　]

도 ▸책·신문·잡지 등의 수효. 예 발행 部數.
참 部首(부수) ▹한자 자전에서 글자를 찾는 데 길잡이가 되도록 분류하여 놓은 글자의 한 부분.

重病(　　　)(　　　)[　　　]

도 ▸목숨이 위태로울 만큼 심하게 앓는 병. 예 重病을 앓은 탓인지 얼굴이 수척해 보였다.

體重(　　　)(　　　)[　　　]

도 ▸몸무게. 예 작년에 비해 體重이 많이 늘었다.

開校(　　　)(　　　)[　　　]

도 ▸새로 학교를 세워 처음으로 교육을 시작함. 예 開校 기념일.

登校(　　　)(　　　)[　　　]

도 ▸(학생이 정해진 시간에) 학교에 감. 반 하교(下校). 예 형제는 登校와 하교를 함께합니다.

開通(　　　)(　　　)[　　　]

도 ▸새로 시설, 또는 건설한 도로·교량·항로·전신·전화 따위가 처음으로 이용할 수 있는 상태로 됨. 예 고속도로를 開通하다.

公開(　　　)(　　　)[　　　]

도 ▸일반에게 개방함. 예 고궁을 公開하다.

電信(　　　)(　　　)[　　　]

도 ▸전류나 전파를 이용한 통신.
참 全身(전신) ▹온몸. 몸 전체. 예 땀으로 全身이 젖다.

放電(　　　)(　　　)[　　　]

도 ▸전기를 띤 물체에서 전기가 외부로 빠져나가는 현상. 반 충전(充電).

다음 한자漢字의 훈訓과 음音을 쓰세요.

(1) 窓 (　　　)　(2) 社 (　　　)　(3) 章 (　　　)　(4) 等 (　　　)

도움글

○ '部(떼 부)'자의 뜻인 '떼'는 '時(때 시)'자의 뜻인 '때'와는 뜻이 다르므로 구별하여 써야 합니다.
▸떼 : 참조(☞ 150쪽)　▸때 : (어떤 일이 일어나고 있는) 시간의 어떤 순간이나 부분.

### 다음 한자漢字를 필순筆順에 따라 또박또박 쓰세요.

|  |  |  |  |  |  |  |  |
|---|---|---|---|---|---|---|---|
| 部 | 떼 부 | 邑부 총11획 | 立 咅 咅' 咅阝 部 | 數 | 셈 수 | 攴부 총15획 | 㠯 𠀃 婁 婁 數 |
| 重 | 무거울 중 | 里부 총9획 | 一 亠 盲 重 重 | 病 | 병 병 | 疒부 총10획 | 广 疒 疒 疖 病 |
| 登 | 오를 등 | 癶부 총12획 | ノ ㇇ 癶 登 登 | 校 | 학교 교 | 木부 총10획 | 十 木 木 杪 校 |
| 開 | 열 개 | 門부 총12획 | 𠁣 門 閂 開 開 | 通 | 통할 통 | 辶부 총11획 | マ 乃 甬 甬 通 |
| 放 | 놓을 방 | 攴부 총8획 | 亠 方 方 放 放 | 電 | 번개 전 | 雨부 총13획 | 一 币 雨 雷 電 |
| 體 | 몸 체 | 骨부 총23획 | 口 骨 骨 體 體 | 公 | 공평할 공 | 八부 총4획 | ノ 八 公 公 |

### 다음 밑줄 친 한자어漢字語를 한자漢字로 쓰세요.

■ 왜적의 침략을 막기 위해 <u>십만</u>(1) <u>대군</u>(2)을 길러야 한다고 주장하였다.

■ 그는 건강이 악화되어 <u>휴학</u>(3) 중에 있다. ■ 글씨는 <u>정자</u>(4)로 쓰도록 하세요.

| (1) | (2) | (3) | (4) |
|---|---|---|---|
| | | | |

**도움글**

○ '數'와 '放'자의 부수는 '攴'이나 보통 부수로 쓰일 때에는 대부분 '攵'으로 쓰입니다.

○ '開(열 개)'자의 뜻인 '열'은 '열다'는 말로, '열리다, 통하다, 꽃이 피다' 등의 뜻으로 쓰입니다.

### 아래 한자漢字의 뜻訓과 소리音를 자세히 익혀봅시다.

| 上 一/7Ⅱ 총3획 | 來 人/7급 총8획 | 六 八/8급 총4획 | 分 刀/6Ⅱ 총4획 | 勝 力/6급 총12획 |
|---|---|---|---|---|
| 윗 상 | 올 래 | 여섯 륙 | 나눌 분 | 이길 승 |

### 아래 설명을 읽고 빈칸에 보기 와 같이 쓰세요.

보기 良書(어질 량)(글 서)[양서]

身上(　　　)(　　　)[　　　]

도 ▸ (한 사람의) 개인적인 사정이나 형편
예 身上에 관한 것을 사실대로 털어놓았다.

上體(　　　)(　　　)[　　　]

도 ▸ 몸의 윗부분. 비 상반신(上半身). 윗몸.
반 하체(下體). 하반신(下半身).

來年(　　　)(　　　)[　　　]

도 ▸ 올해의 다음해. 명년(明年).
예 동생은 來年에 초등학교에 들어갑니다.

在來(　　　)(　　　)[　　　]

도 ▸ (한 사회에서) 예전부터 전하여 내려옴.
예 在來 시장.

六感(　　　)(　　　)[　　　]

도 ▸ 일상적 감각이나 판단으로는 알 수 없는 사물의 본질을 직감적으로 포착하는 능력. 제육감(第六感). 예 그는 六感으로 알아차렸다.

六書(　　　)(　　　)[　　　]

도 ▸ 한자의 구성 및 활용에 관한 여섯 종류. [상형(象形)・지사(指事)・회의(會意)・형성(形聲)・전주(轉注)・가차(假借) 문자]

分明(　　　)(　　　)[　　　]

도 ▸ ① 흐리지 않고 또렷함. 예 말소리가 分明하다.
② 틀림없이 확실함. 예 사람됨이 分明하다.

分野(　　　)(　　　)[　　　]

도 ▸ 사물을 어떤 기준에 따라 나눈 범위나 부문. 예 여러 分野에서 지식을 습득하다.

樂勝(　　　)(　　　)[　　　]

도 ▸ (경기나 선거 따위에서) 어려움 없이 쉽게 이김. 예 우리편의 樂勝이 예상된다.

勝戰(　　　)(　　　)[　　　]

도 ▸ 싸움에 이김. 비 전승(戰勝). 반 패전(敗戰).
예 해외로부터 우리 선수단의 勝戰을 전해왔다.

### 다음 훈訓과 음音에 알맞은 한자漢字를 쓰세요.

(1) 움직일 동(　　) (2) 형 형(　　) (3) 배울 학(　　) (4) 빛 색(　　)

도움글

○ 두음법칙頭音法則 : (우리말에서) 음절의 첫소리에 어떤 소리가 오는 것을 꺼리는 현상.
예1 來年(래년) → (내년)　예2 六感(륙감) → (육감)　예3 樂勝(락승) → (낙승)

## 다음 한자漢字를 필순筆順에 따라 또박또박 쓰세요.

|  |  |  |  |  |  |  |  |
|---|---|---|---|---|---|---|---|
| 身 | 몸 신 | 身부 총7획 | ′ 亻 自 自 身 | 上 | 윗 상 | 一부 총3획 | 丨 卜 上 / 丨 卜 上 |
| 在 | 있을 재 | 土부 총6획 | 一 ナ 才 存 在 | 來 | 올 래 | 人부 총8획 | 一 双 來 來 來 |
| 六 | 여섯 륙/육 | 八부 총4획 | ` 亠 六 六 | 感 | 느낄 감 | 心부 총13획 | 丿 后 咸 咸 感 |
| 分 | 나눌 분 | 刀부 총4획 | ノ 八 分 分 | 明 | 밝을 명 | 日부 총8획 | 日 日 日 明 明 |
| 樂 | 즐길 락/낙 | 木부 총15획 | 白 始 絲 樂 樂 | 勝 | 이길 승 | 力부 총12획 | 月 肸 朕 勝 勝 |
| 書 | 글 서 | 曰부 총10획 | 聿 聿 書 書 書 | 戰 | 싸움 전 | 戈부 총16획 | 罒 單 單 戰 戰 |

## 다음 한자어漢字語의 독음讀音을 쓰세요.

(1) 不公正 (　　　　)　(2) 圖畫紙 (　　　　)　(3) 自然美 (　　　　)

(4) 飮食物 (　　　　)　(5) 不道德 (　　　　)　(6) 愛讀者 (　　　　)

**도움글**

○ '六'자는 한자어에 따라 '륙, 육, 유, 뉴' 등으로 읽으므로 주의해야 합니다.

예1 五六島(오륙도)　예2 六十(육십)　예3 六月(유월)　예4 五六月(오뉴월)

## 아래 한자漢字의 뜻訓과 소리音를 자세히 익혀봅시다.

| 午 十 / 7Ⅱ 총4획 | 同 口 / 7급 총6획 | 園 口 / 6급 총13획 | 在 土 / 6급 총6획 | 外 夕 / 8급 총5획 |
|---|---|---|---|---|
| 낮 **오** | 한가지 **동** | 동산 **원** | 있을 **재** | 바깥 **외** |

## 아래 설명을 읽고 빈칸에 보기 와 같이 쓰세요.

보기 良書(어질 량)(글 서)[양서]

**上午**(　　　)(　　　)[　　　]

도 ▸밤 열두 시로부터 낮 열두 시까지의 사이. 반 하오(下午). 예 上午 6시 사이에 집중 호우가 쏟아져 큰 피해를 냈다.

**正午**(　　　)(　　　)[　　　]

도 ▸낮 열두 시. 예 正午의 태양이 뜨겁다.

**同等**(　　　)(　　　)[　　　]

도 ▸등급이나 정도가 같음, 또는 그러한 등급이나 정도. 예 同等한 자격.

**同族**(　　　)(　　　)[　　　]

도 ▸① 같은 겨레나 민족. ② 한 조상에서 내려온 성과 본이 같은 사람.

**公園**(　　　)(　　　)[　　　]

도 ▸여러 사람이 쉴 수 있는 동산.
참 工員(공원) ▹ 공장의 노동자. ※員 4Ⅱ(인원 원)

**庭園**(　　　)(　　　)[　　　]

도 ▸잘 가꾸어 놓은 넓은 뜰. 예 庭園을 거닐다.
참 定員(정원) ▹ 일정한 규정에 따라 정한 인원 수.

**所在**(　　　)(　　　)[　　　]

도 ▸있는 바. 있는 곳. 예 책임의 所在.

**不在**(　　　)(　　　)[　　　]

도 ▸그곳에 있지 아니함.
예 선생님의 不在로 교실은 시끄러웠다.

**市外**(　　　)(　　　)[　　　]

도 ▸도시에 가까이 붙어 있는 지역. 반 시내(市內).
예 市外 버스 터미널.

**外交**(　　　)(　　　)[　　　]

도 ▸① 나라끼리 서로 정치적, 경제적, 문화적 관계를 맺는 일. 예 탈북자는 많은 外交 문제를 낳고 있다. ② 외부와의 교제나 교섭.

## 다음 한자漢字의 훈訓과 음音을 쓰세요.

(1) 綠 (　　　)　(2) 術 (　　　)　(3) 表 (　　　)　(4) 親 (　　　)

**도움글**

○ 在中 : '속에 들어 있음'을 뜻하는 말로, 무엇을 우편봉투 안에 동봉하여 보낼 때, 봉투 겉에 쓰는 말입니다. 예 형은 봉투 안에 사진을 넣고 봉한 뒤에, 봉투 겉에 '사진 在中'이라고 썼다.

### 다음 한자漢字를 필순筆順에 따라 또박또박 쓰세요.

| | | | | | |
|---|---|---|---|---|---|
| 正 | | | 午 | | |
| 바를 정 | 止부 총5획 | 一 丅 下 正 正 | 낮 오 | 十부 총4획 | ノ 𠂉 午 午 |
| 同 | | | 等 | | |
| 한가지 동 | 口부 총6획 | 丨 冂 冂 同 同 | 무리 등 | 竹부 총12획 | ⺮ 竺 笙 等 等 |
| 庭 | | | 園 | | |
| 뜰 정 | 广부 총10획 | 广 庄 庄 庭 庭 | 동산 원 | 口부 총13획 | 冂 冃 冃 園 園 |
| 不 | | | 在 | | |
| 아닐 불/부 | 一부 총4획 | 一 ア 不 不 | 있을 재 | 土부 총6획 | 一 ナ 十 存 在 |
| 市 | | | 外 | | |
| 저자 시 | 巾부 총5획 | 丶 亠 亣 市 市 | 바깥 외 | 夕부 총5획 | ノ ク 夕 外 外 |
| 族 | | | 交 | | |
| 겨레 족 | 方부 총11획 | 方 方 方 旌 族 | 사귈 교 | 亠부 총6획 | 亠 六 六 交 交 |

### 다음 밑줄 친 한자어漢字語를 한자漢字로 쓰세요.

- 야산에서 <u>자생</u>(1)하는 풀을 채집하였습니다.
- 밤새 <u>편안</u>(2)하셨습니까?
- 그는 <u>매사</u>(3)를 너무 쉽게 생각한다.
- 종을 울리며 <u>전차</u>(4)가 지나갑니다.

| (1) | (2) | (3) | (4) |
|---|---|---|---|
| | | | |

도움글

- '不'자는 '不在(부재)'와 같이 'ㄷ'이나 'ㅈ'으로 시작되는 말 앞에서는 '부'로 읽습니다.
- '族(겨레 족)'자의 뜻인 '겨레'는 '한 조상의 핏줄을 이어받은 사람들'을 이르는 말입니다.

## 아래 한자漢字의 뜻訓과 소리音를 자세히 익혀봅시다.

| 天 大 / 7급 총4획 | 學 子 / 8급 총16획 | 定 宀 / 6급 총8획 | 愛 心 / 6급 총13획 | 昨 日 / 6II 총9획 |
|---|---|---|---|---|
| 하늘 천 | 배울 학 | 정할 정 | 사랑 애 | 어제 작 |

## 아래 설명을 읽고 빈칸에 보기 와 같이 쓰세요.

보기 良書(어질 량)(글 서)[양서]

天才(　　　　)(　　　　)[　　　　]

도 ▸태어날 때부터 갖춘 뛰어난 재주, 또는 그런 재주를 가진 사람. 예 天才 화가.

樂天(　　　　)(　　　　)[　　　　]

도 ▸인생을 즐겁게 여기는 생각.
예 그는 매사를 樂天적으로 생각한다.

開學(　　　　)(　　　　)[　　　　]

도 ▸학교에서 방학이 끝나고 다시 수업을 시작하는 것.
예 開學을 앞두고 방학 숙제를 점검하였다.

學科(　　　　)(　　　　)[　　　　]

도 ▸학문의 종류에 따라 연구의 편의를 위하여 구분한 학술의 분과. 예 전공 學科.

安定(　　　　)(　　　　)[　　　　]

도 ▸흔들림이 없이 안전하게 자리잡음.
예 마음을 安定시키다.

定食(　　　　)(　　　　)[　　　　]

도 ▸(음식점에서) 한 상에 일정한 가짓수를 정하여 차려 내는 음식. 예 백반 定食.
참 正式(정식) ▹ 정당한 격식이나 의식. 예 正式 계약.

愛族(　　　　)(　　　　)[　　　　]

도 ▸자기 겨레를 사랑함. 예 愛國과 愛族의 정신.

愛讀(　　　　)(　　　　)[　　　　]

도 ▸(어떠한 책 따위를) 특별히 좋아해서 즐겨 읽는 것. 예 그는 매일같이 愛讀하고 있는 책을 친구에게 권하였다.

昨年(　　　　)(　　　　)[　　　　]

도 ▸지난해. 올해의 바로 전 해. 전년(前年).
예 昨年보다는 키가 무척 성장하였다.

昨今(　　　　)(　　　　)[　　　　]

도 ▸어제와 오늘. 요즈음. 요사이.
예 昨今의 사회상을 한눈에 볼 수 있다.

## 다음 훈訓과 음音에 알맞은 한자漢字를 쓰세요.

(1) 수풀 림(　　　)　(2) 흰 백(　　　)　(3) 종이 지(　　　)　(4) 학교 교(　　　)

**도움글**

○ **반대자**反對字 : **서로 뜻이 반대, 또는 상대되는 한자**漢字

예1 苦(쓸 고) ↔ 樂(즐길 락)　예2 昨(어제 작) ↔ 今(이제 금)　예3 古(예 고) ↔ 今(이제 금)

## 다음 한자漢字를 필순筆順에 따라 또박또박 쓰세요.

|  |  |  |  |  |  |  |  |
|---|---|---|---|---|---|---|---|
| 天 | 하늘 천 | 大부 총4획 | 一 二 于 天 | 才 | 재주 재 | 手부 총3획 | 一 十 才 |
| 學 | 배울 학 | 子부 총16획 | 𦥑 𦥑 與 學 學 | 科 | 과목 과 | 禾부 총9획 | 千 禾 禾 禾 科 |
| 安 | 편안 안 | 宀부 총6획 | 丶 宀 宀 安 安 | 定 | 정할 정 | 宀부 총8획 | 丶 宀 宀 宁 定 |
| 愛 | 사랑 애 | 心부 총13획 | 爫 爫 炁 愛 愛 | 讀 | 읽을 독 | 言부 총22획 | 言 言 詰 讀 讀 |
| 昨 | 어제 작 | 日부 총9획 | 冂 日 日 昨 昨 | 今 | 이제 금 | 人부 총4획 | 丿 人 人 今 |
| 開 | 열 개 | 門부 총12획 | 冂 門 門 開 開 | 食 | 먹을 식 | 食부 총9획 | 今 今 食 食 食 |

## 다음 한자어漢字語의 독음讀音을 쓰세요.

| | | |
|---|---|---|
| (1) 庭園石 (　　　) | (2) 生物體 (　　　) | (3) 東洋畫 (　　　) |
| (4) 別天地 (　　　) | (5) 所在地 (　　　) | (6) 在來式 (　　　) |

**도움글**

○ '才(재주 재)'자의 부수는 '手(손 수)'입니다.

주의 ☞ '手(손 수)'자는 부수로 쓰일 때에는 '扌'로 변형되어 쓰는 경우가 많은데, '才'자는 '丿'을 위에서 아래로 내려쓰고, '扌'자는 아래에서 위로 올려 씁니다.

❀ 아래 한자漢字의 뜻訓과 소리音를 자세히 익혀봅시다.

| 有 月 / 7급 총6획 | 樂 木 / 6II 총15획 | 洋 水 / 6급 총9획 | 理 玉 / 6II 총11획 | 畫 田 / 6급 총12획 |
|---|---|---|---|---|
| 있을 유 | 즐길 락, 노래 악 | 큰바다 양 | 다스릴 리 | 그림 화 |

❀ 아래 설명을 읽고 빈칸에 보기 와 같이 쓰세요.

보기 良書(어질 량)(글 서)[양서]

有名(　　　　)(　　　　)[　　　　]

도 ▸ ① 이름이 있음. ② 이름이 널리 알려져 있음. 비 저명(著名). 반 무명(無名).

有用(　　　　)(　　　　)[　　　　]

도 ▸ 쓸모가 있음. 이용할 데가 있음.
예 有用한 인재가 많다. 반 무용(無用).

苦樂(　　　　)(　　　　)[　　　　]

도 ▸ 괴로움과 즐거움. 예 신랑과 신부는 사랑하며 苦樂을 같이할 것을 맹세하였습니다.

音樂(　　　　)(　　　　)[　　　　]

도 ▸ 인간의 사상이나 감정을 주로 목소리나 악기를 통하여 나타내는 예술. 예 音樂 감상.

洋藥(　　　　)(　　　　)[　　　　]

도 ▸ 서양 의술과 제약 방법으로 만든 약.
예 한약이든 洋藥이든 그에게는 소용이 없었다.
참 良藥(양약) ▹ 효험이 있는 좋은 약.

遠洋(　　　　)(　　　　)[　　　　]

도 ▸ 뭍에서 멀리 떨어진 바다. 원해(遠海).
반 근해(近海). 예 遠洋 어선.

地理(　　　　)(　　　　)[　　　　]

도 ▸ 어떤 지역의 길, 산, 강, 평야, 바다 따위의 현상, 또는 그것에 대한 상태.
예 이 고장의 地理를 전혀 몰라요.
참 地利(지리) ▹ 땅의 형세에서 얻는 이로움이나 편리함.

事理(　　　　)(　　　　)[　　　　]

도 ▸ 일의 이치. 예 그의 말은 事理에 맞지 않는다.
참 私利(사리) ▹ 사사로운 이익. 예 개인의 私利 추구보다는 공익을 위하는 정신이 강조되어야 한다.

畫家(　　　　)(　　　　)[　　　　]

도 ▸ 그림을 그리는 일을 전문으로 하는 사람.

畫集(　　　　)(　　　　)[　　　　]

도 ▸ 그림 작품들을 한데 모아 엮은 책.

❀ 다음 한자漢字의 훈訓과 음音을 쓰세요.

(1) 古(　　　　)　(2) 半(　　　　)　(3) 夜(　　　　)　(4) 失(　　　　)

도움글

○ 사리 : '면이나 실, 새끼 등을 둥글게 포개어 감아 놓은 뭉치'를 이르는 말로, 주로, '국수사리'의 꼴로 쓰입니다. 예 아저씨는 뜨끈한 국물에 국수사리 하나를 말아 먹었습니다.

## 다음 한자漢字를 필순筆順에 따라 또박또박 쓰세요.

|  |  |  |  |  |  |  |  |
|---|---|---|---|---|---|---|---|
| 有 | 있을 유 | 月부 총6획 | ノ ナ 才 有 有 | 用 | 쓸 용 | 用부 총5획 | 丿 冂 月 月 用 |
| 苦 | 쓸 고 | 艸부 총9획 | 十 艹 䒑 芊 苦 | 樂 | 즐길 락 | 木부 총15획 | 白 紿 䜌 樂 樂 |
| 遠 | 멀 원 | 辶부 총14획 | 土 圭 袁 遠 遠 | 洋 | 큰바다 양 | 水부 총9획 | 氵 氵 浐 洋 洋 |
| 事 | 일 사 | 亅부 총8획 | 一 写 写 写 事 | 理 | 다스릴 리 | 玉부 총11획 | 王 王 珇 理 理 |
| 畫 | 그림 화 | 田부 총13획 | ⺕ 聿 書 畫 畫 | 集 | 모을 집 | 隹부 총12획 | 亻 仁 隹 隼 集 |
| 藥 | 약 약 | 艸부 총19획 | 艹 苩 䒶 藥 藥 | 地 | 땅[따] 지 | 土부 총6획 | 十 土 圵 地 地 |

## 다음 밑줄 친 한자어漢字語를 한자漢字로 쓰세요.

- 과학 시간에 <u>중력</u>(1)의 힘을 배웠습니다.
- 주말마다 봉사 <u>활동</u>(2)을 합니다.
- <u>국군</u>(3) 장병들도 피해 복구에 참여했다.
- 그에게는 <u>천추</u>(4)의 한이 되었다.

| (1) | (2) | (3) | (4) |
|---|---|---|---|
| | | | |

도움글

○ 반대자反對字 : 서로 뜻이 반대, 또는 상대되는 한자漢字

예1 苦(쓸 고) ↔ 樂(즐길 락) 예2 遠(멀 원) ↔ 近(가까울 근) 예3 天(하늘 천) ↔ 地(땅 지)

## 아래 한자漢字의 뜻訓과 소리音를 자세히 익혀봅시다.

| 祖 示/7급 총10획 | 第 竹/6Ⅱ 총11획 | 紙 糸/7급 총10획 | 英 艸/6급 총9획 | 讀 言/6Ⅱ 총22획 |
|---|---|---|---|---|
| 할아비 **조** | 차례 **제** | 종이 **지** | 꽃부리 **영** | 읽을 **독** |

## 아래 설명을 읽고 빈칸에 보기 와 같이 쓰세요.

보기 良書(어질 량)(글 서)[양서]

祖國(　　　)(　　　)[　　　]

도 ▸ 조상 때부터 살아오며, 자기가 태어난 나라. 예 祖國 독립을 위해 목숨을 바치다.

先祖(　　　)(　　　)[　　　]

도 ▸ ① 조상. 예 先祖들의 업적. ② 한 집안의 조상. 예 우리 先祖 가운데 여러 분이 정승을 지냈다.
참 先朝(선조) ▹ 먼저 임금의 시대, 또는 그 조정(朝廷).

第一(　　　)(　　　)[　　　]

도 ▸ ① 첫째. 예 기록으로는 혜영이가 第一이다. ② 가장. 예 명호가 第一 빨리 달렸다.

第五(　　　)(　　　)[　　　]

도 ▸ 다섯째. 다섯 번째. 예 第五공화국.

白紙(　　　)(　　　)[　　　]

도 ▸ ① 흰 종이. ② 빈 종이. 아무것도 쓰지 않은 흰 빛깔의 종이. ③ 아무런 지식도 없거나 전혀 모르는 상태. 예 白紙 상태.

紙上(　　　)(　　　)[　　　]

도 ▸ ① 종이의 위. ② 기사가 실린 신문의 지면. 예 신문 紙上에 발표하다.
참 地上(지상) ▹ ① 땅의 위. ② 이 세상. 현실 세계.

英語(　　　)(　　　)[　　　]

도 ▸ 영국에서 발생한 인도, 유럽어족의 언어. [영국, 미국, 캐나다 등의 공용어] 예 英語 학습.

英才(　　　)(　　　)[　　　]

도 ▸ 뛰어난 재능이나 지능을 가진 어린이나 젊은 사람. 예 英才들의 조기 입학을 허가하였다.

讀書(　　　)(　　　)[　　　]

도 ▸ 책을 읽음. 책읽기. 예 가을은 讀書의 계절.

通讀(　　　)(　　　)[　　　]

도 ▸ (글이나 책 따위를) 처음부터 끝까지 읽음. 예 교과서를 通讀하고 나면 전체를 이해하는 데에 많은 도움이 된다.

## 다음 훈訓과 음音에 알맞은 한자漢字를 쓰세요.

(1) 물을 문(　　) (2) 마당 장(　　) (3) 성 성(　　) (4) 편안 안(　　)

도움글

○ 第三者 : '어떤 일에 직접 관련되지 않은 사람'을 뜻하는 말로, '당사자가 아닌 사람, 또는 객관적인 위치에 있는 사람'을 이르는 말입니다. 예 그는 이 문제와 아무런 상관도 없는 第三者이다.

## 다음 한자漢字를 필순筆順에 따라 또박또박 쓰세요.

|  |  |  |  |  |  |
|---|---|---|---|---|---|
| 祖 할아비 조 | 示부 총10획 | 丶 ネ ネ 衵 祖 | 國 나라 국 | 口부 총11획 | 冂 同 國 國 國 |
| 第 차례 제 | 竹부 총11획 | ⺊ ⺮ 竺 笃 第 | 五 다섯 오 | 二부 총4획 | 一 丁 五 五 |
| 白 흰 백 | 白부 총5획 | ′ 亻 白 白 白 | 紙 종이 지 | 糸부 총10획 | 𠃋 幺 糸 紅 紙 |
| 英 꽃부리 영 | 艸부 총9획 | 䒑 艹 苎 英 英 | 語 말씀 어 | 言부 총14획 | 言 訂 訂 語 語 |
| 讀 읽을 독 | 言부 총22획 | 言 計 讀 讀 讀 | 書 글 서 | 曰부 총10획 | ⺕ ⺕ 聿 書 書 |
| 先 먼저 선 | 儿부 총6획 | ⺊ 𠂉 生 先 先 | 才 재주 재 | 手부 총3획 | 一 十 才 |

## 다음 한자성어漢字成語의 독음讀音을 쓰세요.

(1) 電光石火 (　　　　)　(2) 訓民正音 (　　　　)　(3) 九死一生 (　　　　)

(4) 同氣一身 (　　　　)　(5) 東問西答 (　　　　)　(6) 春夏秋冬 (　　　　)

도움글

○ '英(꽃부리 영)'자의 뜻인 '꽃부리'는 '꽃잎 전체'를 이르는 말입니다.
['꽃부리'는 꽃받침과 함께 꽃술을 보호하는데, 꽃잎이 하나씩 갈라져 있는 것을 '갈래꽃부리'라 하고, 합쳐져 있는 것을 '통꽃부리'라고 합니다.]

## 아래 한자漢字의 뜻訓과 소리音를 자세히 익혀봅시다.

| 千 十/7급 총3획 | 運 辶/6Ⅱ 총13획 | 下 一/7Ⅱ 총3획 | 例 人/6급 총8획 | 前 刀/7Ⅱ 총9획 |
|---|---|---|---|---|
| 일천 **천** | 옮길 **운** | 아래 **하** | 법식 **례** | 앞 **전** |

## 아래 설명을 읽고 빈칸에 보기 와 같이 쓰세요.

보기 良書(어질 량)(글 서)[양서]

數千(　　　)(　　　)[　　　]

도 ▸천의 여러 배. 몇 천. 아주 많은 수.
예 數千 명의 군사로 수만의 군대를 막아내다.

千古(　　　)(　　　)[　　　]

도 ▸아주 오랜 옛적. 아주 오랜 세월.
예 전쟁의 상처는 千古에 씻지 못할 한이 되었다.

運命(　　　)(　　　)[　　　]

도 ▸인간을 지배하는 필연적이고 초월적인 힘, 또는 그 힘으로 말미암아 생기는 여러 가지 일이나 상태. 예 運命에 맡길 수밖에!

運動(　　　)(　　　)[　　　]

도 ▸건강, 또는 어떤 목적을 이루기 위해 벌이는 활동. 예 아침 運動. 예 선거 運動.

下敎(　　　)(　　　)[　　　]

도 ▸윗사람이 아랫사람에게 가르침을 줌.
참 下校(하교) ▹(학교에서) 수업을 마치고 집으로 돌아옴.

下級(　　　)(　　　)[　　　]

도 ▸등급이나 계급 따위가 낮은 아래의 급.
예 下級 학년. 반 상급(上級).

例事(　　　)(　　　)[　　　]

도 ▸늘 있는 일. 흔히 있는 일. 예 바다에서 건져진 그릇은 例事 물건이 아니었다.

例外(　　　)(　　　)[　　　]

도 ▸보통의 예에서 벗어난 일. 일반의 원칙에 해당하지 않는 일. 예 이 규정에는 例外가 없다.

直前(　　　)(　　　)[　　　]

도 ▸(어떤 사건이나 시간을 기준으로) 그 바로 전.
예 기차가 출발하기 直前에 탈 수 있었다.

前半(　　　)(　　　)[　　　]

도 ▸(전체를 둘로 나누었을 때의) 앞부분이 되는 절반. 예 20세기 前半. 예 前半戰. 반 후반(後半).
참 全般(전반) ▹어떤 일이나 분야의 전부. 통틀어 모두.

## 다음 한자漢字의 훈訓과 음音을 쓰세요.

(1) 急(　　　)　(2) 幸(　　　)　(3) 族(　　　)　(4) 業(　　　)

### 도움글

○ '例年예년'은 '平年평년'이라고도 하는데, ① 여느 해. 예 올해도 例年처럼 귀성 인파가 붐볐다. ② (일기 예보에서) 지난 30년간의 기후의 평균적 상태를 이르는 말입니다. 예 오늘 기온은 例年에 비해 5~6℃ 높다.

## ❀ 다음 한자漢字를 필순筆順에 따라 또박또박 쓰세요.

|  |  |  |  |  |  |  |  |
|---|---|---|---|---|---|---|---|
| 數 | 셈 수 | 攴부 총15획 | 𠮛 𦘒 婁 婁 數 | 千 | 일천 천 | 十부 총3획 | 丿 二 千 |
| 運 | 옮길 운 | 辶부 총13획 | 冖 冝 軍 渾 運 | 命 | 목숨 명 | 口부 총8획 | 人 亼 合 合 命 |
| 下 | 아래 하 | 一부 총3획 | 一 丅 下 | 級 | 등급 급 | 糸부 총10획 | 幺 糹 約 級 級 |
| 例 | 법식 례/예 | 人부 총8획 | 亻 仁 伢 伢 例 | 事 | 일 사 | 亅부 총8획 | 一 亓 亖 亖 事 |
| 直 | 곧을 직 | 目부 총8획 | 十 古 育 直 直 | 前 | 앞 전 | 刀부 총9획 | 䒑 前 前 前 前 |
| 教 | 가르칠 교 | 攴부 총11획 | 乂 孝 孝 教 教 | 動 | 움직일 동 | 力부 총11획 | 亩 重 重 動 動 |

## ❀ 다음 밑줄 친 한자어漢字語를 한자漢字로 쓰세요.

■ 방학 동안에 남해(1) 지역을 둘러보았다. ■ 앓고 나더니 기력(2)이 없어 보인다.
■ 마을 대부분이 초가(3)를 보존하고 있었다. ■ 훌륭한 가문(4)에서 태어났다.

| (1) | (2) | (3) | (4) |
|---|---|---|---|
| | | | |

**도움글**

○ '前'자의 부수는 '刀(칼 도)'입니다. '刀'자는 부수로 쓰일 때에는 '刂'로 변하여 쓰이기도 합니다.
○ '例(법식 례)'자의 뜻인 '법식法式'은 '법도法度와 양식樣式, 또는 방식方式'을 이르는 말입니다.

### 아래 한자漢字의 뜻訓과 소리音를 자세히 익혀봅시다.

| 勇 力/6Ⅱ 총9획 | 意 心/6Ⅱ 총13획 | 名 口/7Ⅱ 총6획 | 地 土/7급 총6획 | 太 大/6급 총4획 |
|---|---|---|---|---|
| 날랠 용 | 뜻 의 | 이름 명 | 땅[따] 지 | 클 태 |

### 아래 설명을 읽고 빈칸에 보기 와 같이 쓰세요.

보기 良書(어질 량)(글 서)[양서]

勇氣(　　　)(　　　)[　　　]

도 ▸씩씩하고 굳센 기운.
예 그는 어려운 처지에서도 勇氣를 잃지 않았다.

勇名(　　　)(　　　)[　　　]

도 ▸용사로서의 명성. 예 勇名을 떨치다.
참 勇明(용명) ▹용감하고 총명함.

意外(　　　)(　　　)[　　　]

도 ▸뜻밖, 생각 밖. 예 意外의 결과를 낳았다.

意圖(　　　)(　　　)[　　　]

도 ▸무엇을 이루려는 마음속의 생각이나 계획.
예 자신의 意圖와는 전혀 다르게 전달되다.

名言(　　　)(　　　)[　　　]

도 ▸내용이 훌륭하고 표현이 뛰어나 널리 사용되는 말이나 글귀.

名作(　　　)(　　　)[　　　]

도 ▸이름난 훌륭한 작품. 예 名作 동화.

地圖(　　　)(　　　)[　　　]

도 ▸지구 표면의 일부나 전부를 일정한 축척에 따라 평면 위에 나타낸 그림.

地形(　　　)(　　　)[　　　]

도 ▸땅의 생긴 모양이나 형세. 예 地形을 살피다.

太平(　　　)(　　　)[　　　]

도 ▸① 세상이 안정되고 풍년이 들어 아무 걱정이 없고 평안함. 예 太平한 세월. ② 성격이 느긋하여 근심 걱정 없이 태연함. 예 끼니거리가 없어도 太平이다.

太陽(　　　)(　　　)[　　　]

도 ▸태양계의 중심을 이루는 항성.

### 다음 훈訓과 음音에 알맞은 한자漢字를 쓰세요.

(1) 셈 수(　　) (2) 아우 제(　　) (3) 때 시(　　) (4) 바다 해(　　)

**도움글**

○ '地'자의 대표 훈과 음은 '땅 지', 또는 '따 지'입니다. 여기에서 '따'는 일부 명사 앞에 붙어서 '땅'을 뜻하는 접두사로 쓰입니다. 예 따벌='땅벌'의 북한어, 따꽃='채송화'의 북한어.

## ❀ 다음 한자漢字를 필순筆順에 따라 또박또박 쓰세요.

|  |  |  |  |  |  |  |  |
|---|---|---|---|---|---|---|---|
| 勇 | 날랠 용 | 力부 총9획 | ㄱ 乃 甬 甬 勇 | 氣 | 기운 기 | 气부 총10획 | 气 气 気 氣 氣 |
| 意 | 뜻 의 | 心부 총13획 | 立 音 音 意 意 | 圖 | 그림 도 | 口부 총14획 | 冂 冋 冎 啚 圖 |
| 名 | 이름 명 | 口부 총6획 | 丿 ク 夕 夕 名 | 作 | 지을 작 | 人부 총7획 | 丿 亻 仁 竹 作 |
| 地 | 땅[따] 지 | 土부 총6획 | 十 土 圠 地 地 | 形 | 모양 형 | 彡부 총7획 | 二 于 开 开' 形 |
| 太 | 클 태 | 大부 총4획 | 一 ナ 大 太 | 陽 | 볕 양 | 阜부 총12획 | 阝 阝 阝旦 陽 陽 |
| 外 | 바깥 외 | 夕부 총5획 | 丿 ク 夕 夘 外 | 平 | 평평할 평 | 干부 총5획 | 一 ㄧ 冖 亚 平 |

## ❀ 다음 한자성어漢字成語의 독음讀音을 쓰세요.

(1) 自由自在 (　　　　) (2) 草家三間 (　　　　) (3) 身土不二 (　　　　)

(4) 正四角形 (　　　　) (5) 白雪公主 (　　　　) (6) 白衣民族 (　　　　)

도움글

○ '勇(날랠 용)'자의 뜻인 '날랠'은 '날래다'라는 말로, '사람이나 동물의 움직임이 나는 듯이 빠름'을 이르는 말입니다. 예 몸이 날랜 군사만을 가려 뽑았다. 예 발걸음이 무척이나 날래다.

## 아래 한자漢字의 뜻訓과 소리音를 자세히 익혀봅시다.

| 李 木 / 6급 총7획 | 永 水 / 6급 총5획 | 語 言 / 7급 총14획 | 遠 辵 / 6급 총14획 | 世 一 / 7Ⅱ 총5획 |
|---|---|---|---|---|
| 오얏 리 | 길 영 | 말씀 어 | 멀 원 | 인간 세 |

## 아래 설명을 읽고 빈칸에 보기 와 같이 쓰세요.

보기 良書(어질 량)(글 서)[양서]

李花(　　　　)(　　　　)[　　　　]

도 ▸자두나무 꽃. 자두꽃.

李朝(　　　　)(　　　　)[　　　　]

도 ▸이씨 조선. [일제가 '조선왕조'의 격을 낮추기 위하여 한 말에서, 지금은 단군이 세운 '조선'과 구별하기 위하여 사용하기도 함]

永遠(　　　　)(　　　　)[　　　　]

도 ▸언제까지고 계속하여 끝이 없음.
예 永遠한 평화. 예 永遠한 진리.

永住(　　　　)(　　　　)[　　　　]

도 ▸오랫동안 삶, 또는 죽을 때까지 삶.
참 英主(영주) ▹ 뛰어나게 훌륭한 임금.

語文(　　　　)(　　　　)[　　　　]

도 ▸① '말과 글'을 아울러 이르는 말. ② 어문학.
예 語文 연구. 예 語文 정책.

語感(　　　　)(　　　　)[　　　　]

도 ▸말 또는 말소리에서 느껴지는 독특한 느낌.
예 語感이 좋다.

遠大(　　　　)(　　　　)[　　　　]

도 ▸계획이나 희망 따위의 규모가 크고 깊음.
예 젊은이여! 遠大한 포부를 가져라.
참 遠代(원대) ▹ 아득히 먼 세상, 또는 먼 조상의 대(代).

遠近(　　　　)(　　　　)[　　　　]

도 ▸멀고 가까움, 또는 먼 곳과 가까운 곳.

世習(　　　　)(　　　　)[　　　　]

도 ▸세속의 풍속 · 습관.

世代(　　　　)(　　　　)[　　　　]

도 ▸① 어떤 연대를 갈라서 나눈 층. 예 전쟁을 경험한 아버지의 世代. ② 약 30년을 구분으로 하는 연령층.

## 다음 한자漢字의 훈訓과 음音을 쓰세요.

(1) 消 (　　　　)　(2) 球 (　　　　)　(3) 神 (　　　　)　(4) 番 (　　　　)

**도움글**

○ 반대자反對字 : 서로 뜻이 반대, 또는 상대되는 한자漢字

예1 遠(멀 원) ↔ 近(가까울 근) 예2 大(큰 대) ↔ 小(작을 소) 예3 教(가르칠 교) ↔ 學(배울 학)

**다음 한자漢字를 필순筆順에 따라 또박또박 쓰세요.**

| 李 | | | | 花 | | | |
|---|---|---|---|---|---|---|---|
| 오얏 리/이 | 木부 총7획 | 十 木 本 李 李 | | 꽃 화 | 艸부 총8획 | 艹 艹 艹 花 花 | |
| 永 | | | | 住 | | | |
| 길 영 | 水부 총5획 | 丶 亅 刁 永 永 | | 살 주 | 人부 총7획 | 亻 亻 仁 住 住 | |
| 語 | | | | 感 | | | |
| 말씀 어 | 言부 총14획 | 言 言 訂 語 語 | | 느낄 감 | 心부 총13획 | 丿 后 咸 咸 感 | |
| 遠 | | | | 近 | | | |
| 멀 원 | 辶부 총14획 | 土 吉 袁 遠 遠 | | 가까울 근 | 辶부 총8획 | 厂 斤 斤 近 近 | |
| 世 | | | | 代 | | | |
| 인간 세 | 一부 총5획 | 一 十 廾 廿 世 | | 대신할 대 | 人부 총5획 | 丿 亻 仁 代 代 | |
| 朝 | | | | 習 | | | |
| 아침 조 | 月부 총12획 | 古 直 卓 朝 朝 | | 익힐 습 | 羽부 총11획 | 丁 习 羽 習 習 | |

**다음 밑줄 친 한자어漢字語를 한자漢字로 쓰세요.**

- 하루의 일을 정리하여 <u>일기</u>(1)를 씁니다.
- 3<u>교시</u>(2) 수업은 체육 시간이다.
- 신문 <u>기사</u>(3)를 주제별로 정리하였다.
- 교실 곳곳에 <u>휴지</u>(4)가 널려 있었다.

| (1) | (2) | (3) | (4) |
|---|---|---|---|
| | | | |

**도움글**

○ 모양이 비슷하여 혼동하기 쉬운 한자漢字

예1 永(길 영) ≠ 氷(얼음 빙) 예2 語(말씀 어) ≠ 話(말씀 화) 예3 代(대신할 대) ≠ 伐(칠 벌)

아래 한자漢字의 뜻訓과 소리音를 자세히 익혀봅시다.

| 林 木/7급 총8획 | 溫 水/6급 총13획 | 班 玉/6Ⅱ 총10획 | 草 艸/7급 총10획 | 漢 水/7Ⅱ 총14획 |
|---|---|---|---|---|
| 수풀 림 | 따뜻할 온 | 나눌 반 | 풀 초 | 한수 한, 한나라 한 |

아래 설명을 읽고 빈칸에 보기 와 같이 쓰세요. 보기 良書(어질 량)(글 서)[양서]

農林( )( )[ ]

도 ▸'농업과 임업'을 아울러 이르는 말. 농림업.
예 농림수산부(農林水産部).

樹林( )( )[ ]

도 ▸나무가 우거진 숲.
예 터널 같은 樹林을 버스는 경쾌하게 달렸다.

溫氣( )( )[ ]

도 ▸따뜻한 기운. 예 어머니의 손에서 溫氣가 느껴졌다. 반 냉기(冷氣), 한기(寒氣).

體溫( )( )[ ]

도 ▸생물체가 가지고 있는 온도. 몸의 온도.
예 體溫을 재어보니 평소보다 높았다.

班長( )( )[ ]

도 ▸(학급, 행정 구역, 부서 등의 조직체에서) 반을 대표하는 사람. 예 학급 班長.

合班( )( )[ ]

도 ▸두 학급 이상이 합침, 또는 그렇게 만든 반.
예 오늘은 合班 수업을 합니다.

草野( )( )[ ]

도 ▸궁벽한 시골. 예 草野에 묻혀 살다.

草綠( )( )[ ]

도 ▸푸른 빛깔과 누른 빛깔의 중간색. 초록색.

漢藥( )( )[ ]

도 ▸중국에서 발달하여 동양 각지에 퍼진 의술에 쓰이는 약. 한방약(漢方藥).
참 韓藥(한약) ▹ 한방(韓方) 의료에 쓰이는 약.

漢江( )( )[ ]

도 ▸① 우리나라 중부를 흐르는 강. ②'어떤 곳에 물이 많이 괸 것'을 과장하여 이르는 말.
예 수도관이 터져 도로가 漢江이 되었다.

다음 훈訓과 음音에 알맞은 한자漢字를 쓰세요.

(1) 동녘 동( ) (2) 셈 산( ) (3) 곧을 직( ) (4) 기록할 기( )

도움글

○ 유의자類義字 : 서로 소리는 다르나 뜻이 비슷한 한자漢字
예1 樹(나무 수) - 木(나무 목) 예2 樹(나무 수) - 林(수풀 림) 예3 身(몸 신) - 體(몸 체)

## 다음 한자漢字를 필순筆順에 따라 또박또박 쓰세요.

|  |  |  |  |  |  |  |  |
|---|---|---|---|---|---|---|---|
| 樹 | 나무 수 | 木부 총16획 | 木 朩 桔 桂 樹 | 林 | 수풀 림 | 木부 총8획 | 一 十 才 村 林 |
| 體 | 몸 체 | 骨부 총23획 | 冎 骨 骨ᄆ 骵 體 | 溫 | 따뜻할 온 | 水부 총13획 | 氵 汩 泗 淐 溫 |
| 合 | 합할 합 | 口부 총6획 | 丿 人 亼 仒 合 | 班 | 나눌 반 | 玉부 총10획 | 王 王 玎 玔 班 |
| 草 | 풀 초 | 艸부 총10획 | 艹 节 节 苴 草 | 綠 | 푸를 록 | 糸부 총14획 | 糸 糹 紀 紆 綠 |
| 漢 | 한수 한 | 水부 총14획 | 氵 汁 沽 漟 漢 | 藥 | 약 약 | 艸부 총19획 | 艹 苩 䓇 蘊 藥 |
| 氣 | 기운 기 | 气부 총10획 | 气 气 気 氧 氣 | 野 | 들 야 | 里부 총11획 | 旦 里 野 野 野 |

## 다음 한자어漢字語의 독음讀音을 쓰세요.

(1) 門風紙 (　　　　) (2) 交集合 (　　　　) (3) 青信號 (　　　　)

(4) 衣食住 (　　　　) (5) 青果物 (　　　　) (6) 讀後感 (　　　　)

**도움글**

- '溫'자는 보통 쓸 때에는 '氵(水) + 昷'으로 쓰기도 합니다.
- '漢(한수 한)'자의 뜻인 '한수'는 '큰 강'을 뜻하기도 하고, 또는 '중국 양쯔 강의 지류'를 이르기도 합니다.

## 아래 한자漢字의 뜻訓과 소리音를 자세히 익혀봅시다.

| 村 木/7급 총7획 | 使 人/6급 총8획 | 晝 日/6급 총11획 | 命 口/7급 총8획 | 春 日/7급 총9획 |
|---|---|---|---|---|
| 마을 촌 | 하여금 사 | 낮 주 | 목숨 명 | 봄 춘 |

## 아래 설명을 읽고 빈칸에 보기 와 같이 쓰세요.

보기 良書(어질 량)(글 서)[양서]

**江村** (　　　)(　　　)[　　　]

도 ▸강가에 있는 마을. 예 江村에는 서울과 지방을 잇는 나루가 있었다.

**村老** (　　　)(　　　)[　　　]

도 ▸시골에 사는 노인. 예 마을 村老들이 정자나무 아래에서 장기를 두고 있다.
참 村路(촌로) ▹ 촌길. 시골길.

**使用** (　　　)(　　　)[　　　]

도 ▸사람, 또는 물건 등을 다루어 부리거나 필요한 일에 씀. 예 使用 방법.

**使命** (　　　)(　　　)[　　　]

도 ▸맡겨진 임무. 예 역사적 使命.

**晝夜** (　　　)(　　　)[　　　]

도 ▸① 낮과 밤. 예 晝夜 간의 기온 차가 심하다. ② 쉬지 않고 계속됨. 예 晝夜로 공부하다.

**晝間** (　　　)(　　　)[　　　]

도 ▸낮 동안. 낮. 반 야간(夜間). 예 晝間 근무.

**命題** (　　　)(　　　)[　　　]

도 ▸① 어떤 문제에 대한 논리적인 판단이나 주장을 언어나 기호로 표시한 것. ② 글의 제목을 정함, 또는 그 제목.

**命中** (　　　)(　　　)[　　　]

도 ▸(화살이나 총알 따위가) 겨냥한 곳을 쏘아 바로 맞음. 예 10발을 쏘아 9발이 命中되었다.

**靑春** (　　　)(　　　)[　　　]

도 ▸젊은 시절. ['새싹이 파랗게 돋아나는 봄철'이라는 뜻으로, '인생의 젊은 시절'을 이른다.]

**新春** (　　　)(　　　)[　　　]

도 ▸① (겨울이 지난 뒤에 맞는) 새봄. ② 새해. 예 그녀는 新春 문예에 당선되어 기뻐하였다.

## 다음 한자漢字의 훈訓과 음音을 쓰세요.

(1) 愛 (　　　　)　(2) 線 (　　　　)　(3) 速 (　　　　)　(4) 藥 (　　　　)

**도움글**

○ '使(하여금 사)'자의 뜻인 '하여금'은 '~로 하여금'의 꼴로 쓰이어, '(누구를) 시키어', '~하게 하여' 등의 뜻을 나타내는 말입니다. 예 그녀로 하여금 눈물을 흘리게 하였다.

## ❀ 다음 한자漢字를 필순筆順에 따라 또박또박 쓰세요.

| | | | | | | | |
|---|---|---|---|---|---|---|---|
| 江 | 강 강 | 水부 총6획 | 丶 氵 氵 汀 江 | 村 | 마을 촌 | 木부 총7획 | 十 木 朩 村 村 |
| 使 | 하여금 사 | 人부 총8획 | 亻 亻 佢 侇 使 | 用 | 쓸 용 | 用부 총5획 | 丿 冂 月 月 用 |
| 晝 | 낮 주 | 日부 총11획 | 彐 聿 聿 晝 晝 | 夜 | 밤 야 | 夕부 총8획 | 亠 广 疒 疒 夜 |
| 命 | 목숨 명 | 口부 총8획 | 人 亼 合 合 命 | 題 | 제목 제 | 頁부 총18획 | 旦 早 是 題 題 |
| 青 | 푸를 청 | 靑부 총8획 | 二 丰 丰 青 青 | 春 | 봄 춘 | 日부 총9획 | 三 夫 夫 春 春 |
| 老 | 늙을 로 | 老부 총6획 | 十 土 耂 老 老 | 新 | 새 신 | 斤부 총13획 | 立 辛 亲 新 新 |

## ❀ 다음 밑줄 친 한자어漢字語를 한자漢字로 쓰세요.

■ 읍내(1)에서 씨름대회가 열렸다. ■ 며느리는 시어머니에게 효도(2)를 다하였다.
■ 임금의 곁에서 수족(3) 노릇을 하였다. ■ 자녀는 남녀(4) 구별 말고 잘 기르자!

| (1) | (2) | (3) | (4) |
|---|---|---|---|
| | | | |

도움글

○ 반대자反對字 : 서로 뜻이 반대, 또는 상대되는 한자漢字

예1 晝(낮 주) ↔ 夜(밤 야)　예2 江(강 강) ↔ 山(메 산)　예3 新(새 신) ↔ 古(예 고)

## 아래 한자漢字의 뜻訓과 소리音를 자세히 익혀봅시다.

| 話 言/7Ⅱ 총13획 | 通 辵/6급 총11획 | 七 一/8급 총2획 | 信 人/6Ⅱ 총9획 | 右 口/7Ⅱ 총5획 |
|---|---|---|---|---|
| 말씀 **화** | 통할 **통** | 일곱 **칠** | 믿을 **신** | 오른 **우** |

## 아래 설명을 읽고 빈칸에 보기 와 같이 쓰세요.

보기 良書(어질 량)(글 서)[양서]

**話術**(　　　)(　　　)[　　　]

도 ▸말재주. 예 능수능란한 話術에 말려들다.

**話題**(　　　)(　　　)[　　　]

도 ▸이야깃거리. 이야기 제목. 예 話題의 인물.
참 畫題(화제) ▹그림의 이름 또는 제목.

**通信**(　　　)(　　　)[　　　]

도 ▸①소식을 전함. ②서로 소식이나 정보를 교환·연락하는 일. 예 通信 상태가 불량하다.

**通風**(　　　)(　　　)[　　　]

도 ▸바람이 통하게 함. 예 문에 창호지를 발랐더니 해맑은 빛과 通風을 실내에서 즐길 수 있다.

**七夕**(　　　)(　　　)[　　　]

도 ▸(민속 명절로) 음력 칠월 칠일. [음력으로 칠월 초이렛날의 밤에 은하의 서쪽에 있는 직녀와 동쪽에 있는 견우가 오작교에서 일 년에 한 번 만난다는 전설]

**七色**(　　　)(　　　)[　　　]

도 ▸일곱 가지의 빛깔. [빨강, 주황, 노랑, 초록, 파랑, 남빛, 보라] 예 七色 八色을 하다.

**信號**(　　　)(　　　)[　　　]

도 ▸소리·색깔·빛·모양 따위의 일정한 부호에 의하여 내용을 전하는 일, 또는 그 부호. 예 교통 信號.

**信用**(　　　)(　　　)[　　　]

도 ▸언행이나 약속이 틀림이 없을 것으로 믿음. 예 信用을 잃다.

**右便**(　　　)(　　　)[　　　]

도 ▸오른쪽. 반 좌편(左便). 예 右便으로 돌아가다.

**右軍**(　　　)(　　　)[　　　]

도 ▸(옛날에) 나라의 오른쪽인 서쪽에 진을 치고 방위를 맡아보던 군대. 우익군(右翼軍).
참 友軍(우군) ▹자기와 한편인 군대.

## 다음 훈訓과 음音에 알맞은 한자漢字를 쓰세요.

(1) 무거울 중(　　) (2) 학교 교(　　) (3) 번개 전(　　) (4) 올 래(　　)

**도움글**

○ 七色 八色을 하다.
☞ '얼굴빛이 변할 만큼 놀라며 믿지 아니하다', 또는 '매우 질색을 하다'는 말.

○ '右便'의 '便'자는 뜻에 따라 '편', 또는 '변'으로 읽습니다. ☞ 참 便: (편할 편), (똥오줌 변)

## ❀ 다음 한자漢字를 필순筆順에 따라 또박또박 쓰세요.

|  |  |  |  |  |  |  |  |
|---|---|---|---|---|---|---|---|
| 話 | 말씀 화 | 言부 총13획 | 亠 言 訁 訐 話 | 術 | 재주 술 | 行부 총11획 | 彳 什 休 徘 術 |
| 通 | 통할 통 | 辶부 총11획 | マ 乃 甬 甬 通 | 風 | 바람 풍 | 風부 총9획 | 几 凡 凨 凮 風 |
| 七 | 일곱 칠 | 一부 총2획 | 一 七 | 色 | 빛 색 | 色부 총6획 | ⺈ 勹 夕 刍 色 |
| 信 | 믿을 신 | 人부 총9획 | 亻 仁 信 信 信 | 號 | 이름 호 | 虍부 총13획 | 号 号 号 號 號 |
| 右 | 오른 우 | 口부 총5획 | ノ ナ 才 右 右 | 軍 | 군사 군 | 車부 총9획 | 冖 冝 冒 宣 軍 |
| 題 | 제목 제 | 頁부 총18획 | 旦 旦 是 題 題 | 便 | 편할 편 | 人부 총9획 | 亻 佰 佰 便 便 |

## ❀ 다음 한자성어漢字成語의 독음讀音을 쓰세요.

| | | |
|---|---|---|
| (1) 十中八九 (　　　) | (2) 名作童話 (　　　) | (3) 安全運行 (　　　) |
| (4) 大明天地 (　　　) | (5) 生活用水 (　　　) | (6) 老少同樂 (　　　) |

도움글

○ '右(오른 우)'자의 뜻인 '오른'은 '오른쪽'을 이를 때 쓰는 말로, '왼쪽'을 이를 때 쓰는 말인 '왼'과 그 뜻이 서로 반대되는 말입니다. 예 오른발, 왼손.

### 아래 한자漢字의 뜻訓과 소리音를 자세히 익혀봅시다.

| 朴 木/6급 총6획 | 會 曰/6Ⅱ 총13획 | 油 水/6급 총8획 | 現 玉/6Ⅱ 총11획 | 花 艸/7급 총8획 |
|---|---|---|---|---|
| 성 박 | 모일 회 | 기름 유 | 나타날 현 | 꽃 화 |

### 아래 설명을 읽고 빈칸에 보기 와 같이 쓰세요.

보기 良書(어질 량)(글 서)[양서]

**古朴**(　　　　)(　　　　)[　　　　]

도 ▸예스런 맛이 있고 질박함. 예 古朴한 그릇.

**素朴**(　　　　)(　　　　)[　　　　]

도 ▸꾸밈과 거짓이 없이 있는 그대로임. 박소(朴素). 예 素朴한 인정이 넘치다. ※ 素4Ⅱ(본디 소)

**會話**(　　　　)(　　　　)[　　　　]

도 ▸① 서로 만나서 이야기함. ② 외국어로 이야기함. 예 중국어 會話를 배우다.
참 繪畫(회화) ▹그림. ※ 繪1급(그림 회)

**面會**(　　　　)(　　　　)[　　　　]

도 ▸출입이 제한된 곳이나 공적인 일로 자유롭지 않은 사람을 찾아가서 만나 봄.

**石油**(　　　　)(　　　　)[　　　　]

도 ▸(땅속에 묻혀 있으며 공업 및 연료의 원료가 되는) 불에 잘 타는 성질이 있는 기름.

**注油**(　　　　)(　　　　)[　　　　]

도 ▸(기계나 자동차 같은 것에) 기름을 넣거나 바름. 예 여행에 앞서 注油를 충분히 하였다.

**現代**(　　　　)(　　　　)[　　　　]

도 ▸오늘날의 시대. 현시대. 예 現代 과학.

**現在**(　　　　)(　　　　)[　　　　]

도 ▸① 이제. 지금. ② 과거와 미래를 잇는 시간의 한 경계. 반 미래(未來), 과거(過去).

**花園**(　　　　)(　　　　)[　　　　]

도 ▸① 꽃을 심은 동산. 꽃밭. 예 마당의 반을 花園으로 꾸몄다. ② 꽃가게.

**開花**(　　　　)(　　　　)[　　　　]

도 ▸① 꽃이 핌. 예 봄이면 대부분의 식물이 開花를 시작한다. ② 무엇이 한창 번성하고 흥함.
참 開化(개화) ▹사람들의 지식이 깨어 문화가 진보함.

### 다음 한자漢字의 훈訓과 음音을 쓰세요.

(1) 勝(　　　　)　(2) 部(　　　　)　(3) 開(　　　　)　(4) 園(　　　　)

**도움글**

○ '會'자의 부수는 '曰(가로 왈)'입니다. 여기에서 '가로'는 '가로되, 말하기를, 이르기를' 등의 뜻을 나타내는 말로, '남의 말이나 글을 인용할 때에 쓰는 말'입니다.
참 '가라사대'는 '가로되'의 높임말.

## 다음 한자漢字를 필순筆順에 따라 또박또박 쓰세요.

| | | | | | |
|---|---|---|---|---|---|
| 古 | | | 朴 | | |
| 예 고 | 口부 총5획 | 一 十 廾 古 古 | 성 박 | 木부 총6획 | 一 十 才 木 朴 |
| 面 | | | 會 | | |
| 낯 면 | 面부 총9획 | 丆 丙 而 而 面 | 모일 회 | 曰부 총13획 | 人 合 侖 會 會 |
| 注 | | | 油 | | |
| 부을 주 | 水부 총8획 | 氵 氵 氵 汁 注 | 기름 유 | 水부 총8획 | 氵 汩 汩 油 油 |
| 現 | | | 在 | | |
| 나타날 현 | 玉부 총11획 | 王 王 玑 玥 現 | 있을 재 | 土부 총6획 | 一 ナ 才 在 在 |
| 花 | | | 園 | | |
| 꽃 화 | 艸부 총8획 | 艹 艹 花 花 花 | 동산 원 | 囗부 총13획 | 冂 冃 周 園 園 |
| 石 | | | 開 | | |
| 돌 석 | 石부 총5획 | 一 丆 不 石 石 | 열 개 | 門부 총12획 | 𠃌 門 門 開 開 |

## 다음 밑줄 친 한자어漢字語를 한자漢字로 쓰세요.

- 동물원의 호랑이는 생육(1) 3개월이 되었다.
- 전화(2)는 용건만 간단히!
- 외래(3) 문화를 올바르게 받아들여야 한다.
- 부족한 농촌(4)의 일손을 돕다.

| (1) | (2) | (3) | (4) |
|---|---|---|---|
| | | | |

**도움글**

- '面(낯 면)'자의 '낯'은 '얼굴', 또는 '남을 대할 만한 체면'을 이르는 말로, '한낮'을 뜻하는 '낮'과 혼동하지 않도록 주의해야 합니다. 예 낯가리다 ☞ '(어린아이가) 낯선 사람을 대하기 싫어함'을 이르는 말.
- '注', '花'자 등과 같이 한자漢字의 필순筆順은 두 가지로 쓰는 경우가 많으므로 주의! 참 부록 36쪽

### 아래 한자漢字의 뜻訓과 소리音를 자세히 익혀봅시다.

| 訓 言 / 6급 총10획 | 作 人 / 6Ⅱ 총7획 | 合 口 / 6급 총6획 | 本 木 / 6급 총5획 | 注 水 / 6Ⅱ 총8획 |
|---|---|---|---|---|
| 가르칠 **훈** | 지을 **작** | 합할 **합** | 근본 **본** | 부을 **주** |

### 아래 설명을 읽고 빈칸에 보기 와 같이 쓰세요.

보기 良書(어질 량)(글 서)[양서]

**訓話**(　　　　)(　　　　)[　　　　]

도 ▸교훈 삼아서 하는 말. 예 교장 선생님께서 조회 시간에 전교생에게 訓話를 하셨습니다.

**訓手**(　　　　)(　　　　)[　　　　]

도 ▸①(바둑이나 장기 따위에서) 곁에서 구경하는 사람이 수를 가르쳐 줌. ②남의 일에 끼어들어 이래라저래라 간섭하는 말.

**作別**(　　　　)(　　　　)[　　　　]

도 ▸이별의 인사를 나누고 서로 헤어짐. 예 눈물을 흘리며 作別을 고하였다.

**作文**(　　　　)(　　　　)[　　　　]

도 ▸자기의 감상이나 생각을 글로 쓰는 일, 또는 그 글. 글짓기.

**合計**(　　　　)(　　　　)[　　　　]

도 ▸수나 양을 한데 합하여 셈함, 또는 그 수나 양. 합산(合算). 비 총계(總計).

**集合**(　　　　)(　　　　)[　　　　]

도 ▸①한군데로 모으거나 모임. 예 集合 장소. ②(수학에서) 특정 조건에 맞는 원소들의 모임. 예 자연수의 集合.

**本心**(　　　　)(　　　　)[　　　　]

도 ▸본마음. 예 그는 本心을 드러냈다.

**本分**(　　　　)(　　　　)[　　　　]

도 ▸①자기에게 알맞은 분수. ②그 사람이 마땅히 하여야 할 직분. 예 학생의 本分을 다하자!

**注目**(　　　　)(　　　　)[　　　　]

도 ▸①눈길을 한곳에 모아서 봄. ②관심을 가지고 자세히 살핌. 예 사람들의 注目을 끌다.

**注意**(　　　　)(　　　　)[　　　　]

도 ▸①마음에 새겨 조심함. 예 강의를 注意하여 듣다. ②경고나 충고의 뜻으로 일깨워 줌. 예 따끔한 注意를 듣다.

### 다음 훈訓과 음音에 알맞은 한자漢字를 쓰세요.

(1) 하늘 천(　　　)　(2) 배울 학(　　　)　(3) 바깥 외(　　　)　(4) 낮 오(　　　)

**도움글**

- '注(부을 주)'자의 뜻인 '부을'은 '물대다'라는 말로, '물을 끌어대다, 물을 퍼서 붓다, 정신을 쏟다' 등의 뜻으로 쓰입니다. 참 注力(주력), 注視(주시), 注文(주문), 注入(주입) 등으로 씀.
- '集合'은 서로 비슷한 뜻을 가진 한자로 결합된 '유의자類義字'입니다.

## 다음 한자漢字를 필순筆順에 따라 또박또박 쓰세요.

|  |  |  |  |  |  |  |  |
|---|---|---|---|---|---|---|---|
| 訓 | 가르칠 훈 | 言부 총10획 | 亠 言 訁 訓 訓 | 話 | 말씀 화 | 言부 총13획 | 亠 言 訁 訐 話 |
| 作 | 지을 작 | 人부 총7획 | 丿 亻 亻 竹 作 | 別 | 다를 별 | 刀부 총7획 | 口 号 另 別 別 |
| 集 | 모을 집 | 隹부 총12획 | 亻 仁 隹 隼 集 | 合 | 합할 합 | 口부 총6획 | 丿 人 亼 仐 合 |
| 本 | 근본 본 | 木부 총5획 | 一 十 才 木 本 | 分 | 나눌 분 | 刀부 총4획 | 丿 八 分 分 |
| 注 | 부을 주 | 水부 총8획 | 氵 氵 氵 汴 注 | 意 | 뜻 의 | 心부 총13획 | 立 音 音 意 意 |
| 手 | 손 수 | 手부 총4획 | 一 二 三 手 | 文 | 글월 문 | 文부 총4획 | 丶 亠 亠 文 |

## 다음 한자성어漢字成語의 독음讀音을 쓰세요.

(1) 生年月日 (　　　　)　(2) 山戰水戰 (　　　　)　(3) 不老長生 (　　　　)

(4) 一長一短 (　　　　)　(5) 高速道路 (　　　　)　(6) 作心三日 (　　　　)

**도움글**

○ 유의자類義字 : 서로 소리는 다르나 뜻이 비슷한 한자漢字

예1 敎(가르칠 교) - 訓(가르칠 훈)　예2 集(모을 집) - 合(합할 합)　예3 集(모을 집) - 會(모일 회)

# 한자능력
# 검정시험

## 훈음쓰기 · 한자쓰기

# 학습 도움

**훈음쓰기 · 한자쓰기**

한자능력검정 6급에 배정된 한자[300자]를 간단한 방법으로 정리할 수 있도록 엮은 것입니다.

**학습방법**

- ✔ 훈음쓰기[ 1 ]과 한자쓰기[ 2 ]를 풀이한 다음, 한자쓰기[ 1 ]과 훈음쓰기[ 2 ]를 풀이합니다.
- ✔ 문제 풀이를 할 때에는 해답을 보지 않고 해야만이 자신이 아는 것과 모르는 것을 정확하게 확인할 수 있습니다.
- ✔ 틀린 것에 대해서는 한 글자씩 연습하는 것보다 낱말을 연결하여 익히는 것이 훨씬 오래 기억될 것입니다.

**정답확인**

- ✔ 훈음쓰기[ 1 ]과 한자쓰기[ 1 ]…, 한자쓰기[ 2 ]와 훈음쓰기[ 2 ]… 를 서로 대조하면 정답을 확인할 수 있습니다.

아래의 빈칸에 다음 한자의 훈訓과 음音을 쓰세요.

훈음쓰기 1

| | | | | |
|---|---|---|---|---|
| 8급 一 一 총1획 | 8급 中 丨 총4획 | 7급 主 丶 총5획 | 8급 水 水 총4획 | 7II 事 亅 총8획 |
| | | | | |
| 8급 二 二 총2획 | 6급 京 亠 총8획 | 8급 人 人 총2획 | 7급 住 人 총7획 | 6II 光 儿 총6획 |
| | | | | |
| 7급 入 入 총2획 | 8급 八 八 총2획 | 7급 冬 冫 총5획 | 7급 出 凵 총5획 | 8급 木 木 총4획 |
| | | | | |
| 7II 力 力 총2획 | 8급 北 匕 총5획 | 6급 區 匚 총11획 | 8급 十 十 부 총2획 | 6II 才 手 총3획 |
| | | | | |
| 7급 口 口 총3획 | 6급 向 口 총6획 | 8급 國 囗 총11획 | 8급 土 土 총3획 | 7급 夏 夊 총10획 |
| | | | | |
| 7급 夕 夕 총3획 | 8급 大 大 총3획 | 8급 女 女 총3획 | 7II 子 子 총3획 | 7II 家 宀 총10획 |
| | | | | |
| 8급 寸 寸 총3획 | 8급 小 小 총3획 | 8급 山 山 총3획 | 7급 川 川 총3획 | 6급 席 巾 총10획 |
| | | | | |
| 8급 年 干 총6획 | 6급 度 广 총9획 | 7II 工 工 총3획 | 6급 式 弋 총6획 | 6급 強 弓 총11획 |
| | | | | |
| 6II 形 彡 총7획 | 6급 待 彳 총9획 | 7급 心 心 총4획 | 6II 成 戈 총7획 | 7급 老 老 총6획 |
| | | | | |
| 7II 手 手 총4획 | 8급 教 攴 총11획 | 7급 文 文 총4획 | 6II 新 斤 총13획 | 7II 方 方 총4획 |
| | | | | |

도움글

○ '北'자는 쓰임에 따라 뜻[訓]과 소리[音]가 달라지는 글자이므로 주의하여야 합니다.

예 南北(남북) ▶ (남녘 남)(북녘 북)  예 敗北(패배) ▶ (패할 패)(달아날 배)

아래의 빈칸에 다음 훈訓과 음音에 맞는 한자를 쓰세요.

한자쓰기 2

| | | | | |
|---|---|---|---|---|
| | | | | |
| 어미 모 | 날 일 | 흰 백 | 달 월 | 실과 과 |
| | | | | |
| 살 활 | 나무 수 | 노래 가 | 바를 정 | 죽을 사 |
| | | | | |
| 돌 석 | 기운 기 | 강 강 | 맑을 청 | 불 화 |
| | | | | |
| 아비 부 | 물건 물 | 농사 농 | 날 생 | 쓸 용 |
| | | | | |
| 지경 계 | 병 병 | 오를 등 | 일백 백 | 눈 목 |
| | | | | |
| 짧을 단 | 예도 례 | 가을 추 | 빌 공 | 아이 동 |
| | | | | |
| 대답 답 | 쌀 미 | 등급 급 | 아름다울 미 | 익힐 습 |
| | | | | |
| 놈 자 | 들을 문 | 기를 육 | 스스로 자 | 빛 색 |
| | | | | |
| 쓸 고 | 이름 호 | 다닐 행 | 옷 의 | 서녘 서 |
| | | | | |
| 과목 과 | 뿔 각 | 말씀 언 | 발 족 | 몸 신 |

도움글

- '지경 계'에서 '지경'은 '나라나 지역 따위의 구간을 가르는 경계'를 이르는 말입니다.
- '살 활'에서 '살'은 '살다, 태어나다, 생활' 등을 의미하는 말입니다.

아래의 빈칸에 다음 훈訓과 음音에 맞는 한자를 쓰세요.　　　한자쓰기 1

| | | | | |
|---|---|---|---|---|
| | | | | |
| 한 일 | 가운데 중 | 주인 주 | 물 수 | 일 사 |
| | | | | |
| 두 이 | 서울 경 | 사람 인 | 살 주 | 빛 광 |
| | | | | |
| 들 입 | 여덟 팔 | 겨울 동 | 날 출 | 나무 목 |
| | | | | |
| 힘 력 | 북녘 북 | 구분할 구 | 열 십 | 재주 재 |
| | | | | |
| 입 구 | 향할 향 | 나라 국 | 흙 토 | 여름 하 |
| | | | | |
| 저녁 석 | 큰 대 | 계집 녀 | 아들 자 | 집 가 |
| | | | | |
| 마디 촌 | 작을 소 | 메 산 | 내 천 | 자리 석 |
| | | | | |
| 해 년 | 법도 도 | 장인 공 | 법 식 | 강할 강 |
| | | | | |
| 모양 형 | 기다릴 대 | 마음 심 | 이룰 성 | 늙을 로 |
| | | | | |
| 손 수 | 가르칠 교 | 글월 문 | 새 신 | 모 방 |

도움글

- '장인 공'에서 '장인'은 '손으로 물건을 만드는 일을 업으로 하는 사람'을 이르는 말입니다.
- '글월 문'에서 '글월'은 '① 글이나 문장. ② 편지'를 이르는 말입니다.

아래의 빈칸에 다음 한자의 훈訓과 음音을 쓰세요.

훈음쓰기 2

| | | | | |
|---|---|---|---|---|
| 8급 母 母 총5획 | 8급 日 日 총4획 | 8급 白 白 총5획 | 8급 月 月 총4획 | 6II 果 木 총8획 |
| | | | | |
| 7II 活 水 총9획 | 6급 樹 木 총16획 | 7급 歌 欠 총14획 | 7II 正 止 총5획 | 6급 死 歹 총6획 |
| | | | | |
| 6급 石 石 총5획 | 7II 氣 气 총10획 | 7II 江 水 총6획 | 6II 淸 水 총11획 | 8급 火 火 총4획 |
| | | | | |
| 8급 父 父 총4획 | 7II 物 牛 총8획 | 7II 農 辰 총13획 | 8급 生 生 총5획 | 6II 用 用 총5획 |
| | | | | |
| 6II 界 田 총9획 | 6급 病 疒 총10획 | 7급 登 癶 총12획 | 7급 百 白 총6획 | 6급 目 目 총5획 |
| | | | | |
| 6II 短 矢 총12획 | 6급 禮 示 총18획 | 7급 秋 禾 총9획 | 7II 空 穴 총8획 | 6II 童 立 총12획 |
| | | | | |
| 7II 答 竹 총12획 | 6급 米 米 총6획 | 6급 級 糸 총10획 | 6급 美 羊 총9획 | 6급 習 羽 총11획 |
| | | | | |
| 6급 者 老 총9획 | 6II 聞 耳 총14획 | 7급 育 肉 총8획 | 7II 自 自 총6획 | 7급 色 色 총6획 |
| | | | | |
| 6급 苦 艸 총9획 | 6급 號 虍 총13획 | 6급 行 行 총6획 | 6급 衣 衣 총6획 | 8급 西 襾 총6획 |
| | | | | |
| 6II 科 禾 총9획 | 6II 角 角 총7획 | 6급 言 言 총7획 | 7II 足 足 총7획 | 6II 身 身 총7획 |
| | | | | |

도움글

- '生(生)', '色(色)', '角(角)'자 등과 같이 모양이 '부수'와 같은 글자를 '제부수' 글자라고 합니다.
- '禮', '級'자 등은 서체에 따라 '禮', '級'과 같이 부수가 변하여 쓰이기도 합니다.

## 아래의 빈칸에 다음 한자의 훈訓과 음音을 쓰세요.

훈음쓰기 3

| | | | | |
|---|---|---|---|---|
| 7Ⅱ 車 車 총7획 | 6급 近 辶 총8획 | 7급 邑 邑 총7획 | 6급 醫 酉 총18획 | 7급 里 里 총7획 |
| | | | | |
| 8급 金 金 총8획 | 8급 長 長 총8획 | 8급 門 門 총8획 | 6급 陽 阜 총12획 | 6Ⅱ 集 隹 총12획 |
| | | | | |
| 7Ⅱ 孝 子 총7획 | 8급 青 青 총8획 | 7급 面 面 총9획 | 8급 韓 韋 총17획 | 6Ⅱ 音 音 총9획 |
| | | | | |
| 6급 頭 頁 총16획 | 6Ⅱ 風 風 총9획 | 7Ⅱ 食 食 총9획 | 6Ⅱ 體 骨 총23획 | 6Ⅱ 高 高 총10획 |
| | | | | |
| 6급 黃 黃 총12획 | 7Ⅱ 不 一 총4획 | 8급 九 乙 총2획 | 8급 五 二 총4획 | 6급 交 亠 총6획 |
| | | | | |
| 6Ⅱ 今 人 총4획 | 7급 便 人 총9획 | 8급 先 儿 총6획 | 7Ⅱ 內 入 총4획 | 6Ⅱ 公 八 총4획 |
| | | | | |
| 6Ⅱ 利 刀 총7획 | 6Ⅱ 功 力 총5획 | 7Ⅱ 立 立 총5획 | 8급 南 十 총9획 | 6Ⅱ 反 又 총4획 |
| | | | | |
| 6Ⅱ 各 口 총6획 | 6Ⅱ 和 口 총8획 | 6Ⅱ 圖 口 총14획 | 6Ⅱ 堂 土 총11획 | 6급 多 夕 총6획 |
| | | | | |
| 7급 夫 大 총4획 | 6Ⅱ 始 女 총8획 | 6급 孫 子 총10획 | 8급 室 宀 총9획 | 6Ⅱ 對 寸 총14획 |
| | | | | |
| 7급 少 小 총4획 | 7Ⅱ 市 巾 총5획 | 7Ⅱ 平 干 총5획 | 6Ⅱ 庭 广 총10획 | 7Ⅱ 左 工 총5획 |
| | | | | |

**도움글**

○ '左'자와 같이 '一'자보다 'ノ'자가 길 때에는 '一'자를 먼저 쓰고, '右'자와 같이 '一'자보다 'ノ'자가 짧을 때에는 '一'자를 나중에 씁니다.

아래의 빈칸에 다음 훈訓과 음音에 맞는 한자를 쓰세요.

한자쓰기 4

| | | | | |
|---|---|---|---|---|
| | | | | |
| 약할 **약** | 뒤 **후** | 느낄 **감** | 싸움 **전** | 바 **소** |
| | | | | |
| 말미암을 **유** | 놓을 **방** | 기 **기** | 매양 **매** | 밝을 **명** |
| | | | | |
| 글 **서** | 옷 **복** | 뿌리 **근** | 심을 **식** | 백성 **민** |
| | | | | |
| 골 **동** | 그럴 **연** | 특별할 **특** | 임금 **왕** | 사내 **남** |
| | | | | |
| 필 **발** | 살필 **성**, 덜 **생** | 모일 **사** | 창 **창** | 글 **장** |
| | | | | |
| 무리 **등** | 푸를 **록** | 일만 **만** | 재주 **술** | 겉 **표** |
| | | | | |
| 친할 **친** | 셀 **계** | 길 **로** | 군사 **군** | 길 **도** |
| | | | | |
| 고을 **군** | 들 **야** | 은 **은** | 사이 **간** | 눈 **설** |
| | | | | |
| 제목 **제** | 마실 **음** | 석 **삼** | 대신할 **대** | 쉴 **휴** |
| | | | | |
| 형 **형** | 온전 **전** | 한가지 **공** | 나눌 **별**, 다를 **별** | 움직일 **동** |

도움글

○ '기 기'에서 '기'는 '글자나 그림, 색깔 따위를 넣어 어떤 뜻을 나타내거나 특정한 단체를 나타내는 데 쓰는 물건'을 이르는 말입니다.

한자쓰기 3

아래의 빈칸에 다음 훈訓과 음音에 맞는 한자를 쓰세요.

| | | | | |
|---|---|---|---|---|
| | | | | |
| 수레 **거/차** | 가까울 **근** | 고을 **읍** | 의원 **의** | 마을 **리** |
| | | | | |
| 쇠 **금**, 성 **김** | 긴 **장** | 문 **문** | 볕 **양** | 모을 **집** |
| | | | | |
| 효도 **효** | 푸를 **청** | 낯 **면** | 나라 **한**, 한국 **한** | 소리 **음** |
| | | | | |
| 머리 **두** | 바람 **풍** | 먹을 **식**, 밥 **식** | 몸 **체** | 높을 **고** |
| | | | | |
| 누를 **황** | 아닐 **불** | 아홉 **구** | 다섯 **오** | 사귈 **교** |
| | | | | |
| 이제 **금** | 편할 **편**, 똥오줌 **변** | 먼저 **선** | 안 **내** | 공평할 **공** |
| | | | | |
| 이할 **리** | 공 **공** | 설 **립** | 남녘 **남** | 돌이킬 **반** |
| | | | | |
| 각각 **각** | 화할 **화** | 그림 **도** | 집 **당** | 많을 **다** |
| | | | | |
| 지아비 **부** | 비로소 **시** | 손자 **손** | 집 **실** | 대할 **대** |
| | | | | |
| 적을 **소** | 저자 **시** | 평평할 **평** | 뜰 **정** | 왼 **좌** |

도움글

- '공 공'에서 '공'은 '공로功勞', 또는 '공력功力'을 이르는 말입니다.
- '이할 리'에서 '이할'은 '이로움'을 이르는 말로, '이익이나 이득'을 뜻하는 말입니다.

아래의 빈칸에 다음 한자의 훈訓과 음音을 쓰세요.

훈음쓰기 4

| | | | | |
|---|---|---|---|---|
| 6II 弱 弓 총10획 | 7II 後 彳 총9획 | 6급 感 心 총13획 | 6II 戰 戈 총16획 | 7급 所 戶 총8획 |
| | | | | |
| 6급 由 田 총5획 | 6II 放 攴 총8획 | 7급 旗 方 총14획 | 7II 每 毋 총7획 | 6II 明 日 총8획 |
| | | | | |
| 6II 書 曰 총10획 | 6급 服 月 총8획 | 6급 根 木 총10획 | 7급 植 木 총12획 | 8급 民 氏 총5획 |
| | | | | |
| 7급 洞 水 총9획 | 7급 然 火 총12획 | 6급 特 牛 총10획 | 8급 王 玉 총4획 | 7II 男 田 총7획 |
| | | | | |
| 6II 發 癶 총12획 | 6II 省 目 총9획 | 6II 社 示 총8획 | 6II 窓 穴 총11획 | 6급 章 立 총11획 |
| | | | | |
| 6II 等 竹 총12획 | 6급 綠 糸 총14획 | 8급 萬 艸 총13획 | 6II 術 行 총11획 | 6II 表 衣 총8획 |
| | | | | |
| 6급 親 見 총16획 | 6II 計 言 총9획 | 6급 路 足 총13획 | 8급 軍 車 총9획 | 7II 道 辵 총13획 |
| | | | | |
| 6급 郡 邑 총10획 | 6급 野 里 총11획 | 6급 銀 金 총14획 | 7II 間 門 총12획 | 6II 雪 雨 총11획 |
| | | | | |
| 6II 題 頁 총18획 | 6II 飮 食 총13획 | 8급 三 一 총3획 | 6II 代 人 총5획 | 7급 休 人 총6획 |
| | | | | |
| 8급 兄 儿 총5획 | 7II 全 入 총6획 | 6II 共 八 총6획 | 6급 別 刀 총7획 | 7II 動 力 총11획 |
| | | | | |

도움글

- '然'자와 같이 '火'자가 부수로 쓰일 때에는 '灬'로 변하여 쓰이기도 합니다.
- '郡'자의 부수인 '阝'자는 왼쪽에 있을 때에는 '阜'자이며, 오른쪽에 있을 때에는 '邑'자입니다.

## 아래의 빈칸에 다음 한자의 훈訓과 음音을 쓰세요.

훈음쓰기 5

| | | | | |
|---|---|---|---|---|
| 6Ⅱ 半 十 총5획 | 6급 古 口 총5획 | 7급 問 口 총11획 | 8급 四 囗 총13획 | 7Ⅱ 場 土 총12획 |
| | | | | |
| 6급 夜 夕 총8획 | 6급 失 大 총5획 | 7Ⅱ 姓 女 총8획 | 7급 字 子 총6획 | 7Ⅱ 安 宀 총6획 |
| | | | | |
| 6Ⅱ 幸 干 총8획 | 8급 弟 弓 총7획 | 6Ⅱ 急 心 총9획 | 7급 數 攴 총15획 | 6급 族 方 총11획 |
| | | | | |
| 7Ⅱ 時 日 총10획 | 8급 東 木 총8획 | 6Ⅱ 業 木 총13획 | 6Ⅱ 消 水 총10획 | 7Ⅱ 海 水 총10획 |
| | | | | |
| 6Ⅱ 球 玉 총11획 | 6급 番 田 총12획 | 7Ⅱ 直 目 총8획 | 6Ⅱ 神 示 총10획 | 7급 算 竹 총14획 |
| | | | | |
| 6급 朝 月 총12획 | 6Ⅱ 線 糸 총15획 | 6Ⅱ 藥 艸 총19획 | 7Ⅱ 記 言 총10획 | 6급 速 辵 총11획 |
| | | | | |
| 6Ⅱ 部 邑 총11획 | 7급 重 里 총9획 | 8급 校 木 총10획 | 6급 開 門 총12획 | 7Ⅱ 電 雨 총13획 |
| | | | | |
| 7Ⅱ 上 一 총3획 | 7급 來 人 총8획 | 8급 六 八 총4획 | 6Ⅱ 分 刀 총4획 | 6급 勝 力 총12획 |
| | | | | |
| 7Ⅱ 午 十 총4획 | 7급 同 口 총6획 | 6급 園 囗 총13획 | 6급 在 土 총6획 | 8급 外 夕 총5획 |
| | | | | |
| 7급 天 大 총4획 | 8급 學 子 총16획 | 6급 定 宀 총8획 | 6급 愛 心 총13획 | 6Ⅱ 昨 日 총9획 |
| | | | | |

도움글

- '數'자의 부수인 '攴'자는 부수로 쓰일 때에는 '攵'으로 변하여 쓰이기도 합니다.
- '球'자의 부수인 '玉'자는 부수로 쓰일 때에는 '王'으로 변하여 쓰이기도 합니다.

## 아래의 빈칸에 다음 훈訓과 음音에 맞는 한자를 쓰세요.

| | | | | |
|---|---|---|---|---|
| 있을 **유** | 즐길**락**, 노래**악**, 좋아할**요** | 큰바다 **양** | 다스릴 **리** | 그림 **화** |
| | | | | |
| 할아비 **조** | 차례 **제** | 종이 **지** | 꽃부리 **영** | 읽을 **독** |
| | | | | |
| 일천 **천** | 옮길 **운** | 아래 **하** | 법식 **례** | 앞 **전** |
| | | | | |
| 날랠 **용** | 뜻 **의** | 이름 **명** | 땅[따] **지** | 클 **태** |
| | | | | |
| 오얏 **리** | 길 **영** | 말씀 **어** | 멀 **원** | 인간 **세** |
| | | | | |
| 수풀 **림** | 따뜻할 **온** | 나눌 **반** | 풀 **초** | 한수 **한**, 한나라 **한** |
| | | | | |
| 마을 **촌** | 하여금 **사** | 낮 **주** | 목숨 **명** | 봄 **춘** |
| | | | | |
| 말씀 **화** | 통할 **통** | 일곱 **칠** | 믿을 **신** | 오른 **우** |
| | | | | |
| 성 **박** | 모일 **회** | 기름 **유** | 나타날 **현** | 꽃 **화** |
| | | | | |
| 가르칠 **훈** | 지을 **작** | 합할 **합** | 근본 **본** | 부을 **주** |

도움글

- '부을 주'에서 '부을'은 '붓다', 또는 '물대다'는 말로, '액체나 가루 따위를 다른 곳에 담다', '불입금, 이자 따위를 일정한 기간마다 내다', '시선을 한곳에 모아 바라보다' 등을 뜻합니다.

아래의 빈칸에 다음 훈訓과 음音에 맞는 한자를 쓰세요.

**한자쓰기 5**

| | | | | |
|---|---|---|---|---|
| 반 **반** | 예 **고** | 물을 **문** | 넉 **사** | 마당 **장** |
| | | | | |
| 밤 **야** | 잃을 **실** | 성 **성** | 글자 **자** | 편안 **안** |
| | | | | |
| 다행 **행** | 아우 **제** | 급할 **급** | 셈 **수** | 겨레 **족** |
| | | | | |
| 때 **시** | 동녘 **동** | 업 **업** | 사라질 **소** | 바다 **해** |
| | | | | |
| 공 **구** | 차례 **번** | 곧을 **직** | 귀신 **신** | 셈 **산** |
| | | | | |
| 아침 **조** | 줄 **선** | 약 **약** | 기록할 **기** | 빠를 **속** |
| | | | | |
| 떼 **부** | 무거울 **중** | 학교 **교** | 열 **개** | 번개 **전** |
| | | | | |
| 윗 **상** | 올 **래** | 여섯 **륙** | 나눌 **분** | 이길 **승** |
| | | | | |
| 낮 **오** | 한가지 **동** | 동산 **원** | 있을 **재** | 바깥 **외** |
| | | | | |
| 하늘 **천** | 배울 **학** | 정할 **정** | 사랑 **애** | 어제 **작** |

**도움글**

- '업 업'에서 '업'은 ① 직업. ② 부여된 과업. ③ (불교에서) '몸과 입과 마음으로 죄를 짓는 선善과 악惡의 소행'을 이르는 말입니다.

이래의 빈칸에 다음 한자의 훈訓과 음音을 쓰세요.

훈음쓰기 6

| | | | | |
|---|---|---|---|---|
| 7급 有 月 총6획 | 6II 樂 木 총15획 | 6급 洋 水 총9획 | 6II 理 玉 총11획 | 6급 畫 田 총12획 |
| | | | | |
| 7급 祖 示 총10획 | 6II 第 竹 총11획 | 7급 紙 糸 총10획 | 6급 英 艸 총9획 | 6II 讀 言 총22획 |
| | | | | |
| 7급 千 十 총3획 | 6II 運 辶 총13획 | 7II 下 一 총3획 | 6급 例 人 총8획 | 7II 前 刀 총9획 |
| | | | | |
| 6II 勇 力 총9획 | 6II 意 心 총13획 | 7II 名 口 총6획 | 7급 地 土 총6획 | 6급 太 大 총4획 |
| | | | | |
| 6급 李 木 총7획 | 6급 永 水 총5획 | 7급 語 言 총14획 | 6급 遠 辶 총14획 | 7II 世 一 총5획 |
| | | | | |
| 7급 林 木 총8획 | 6급 溫 水 총13획 | 6II 班 玉 총10획 | 7급 草 艸 총10획 | 7II 漢 水 총14획 |
| | | | | |
| 7급 村 木 총7획 | 6급 使 人 총8획 | 6급 晝 日 총11획 | 7급 命 口 총8획 | 7급 春 日 총9획 |
| | | | | |
| 7II 話 言 총13획 | 6급 通 辶 총11획 | 8급 七 一 총2획 | 6II 信 人 총9획 | 7II 右 口 총5획 |
| | | | | |
| 6급 朴 木 총6획 | 6II 會 曰 총13획 | 6급 油 水 총8획 | 6II 現 玉 총11획 | 7급 花 艸 총8획 |
| | | | | |
| 6급 訓 言 총10획 | 6II 作 人 총7획 | 6급 合 口 총6획 | 6급 本 木 총5획 | 6II 注 水 총8획 |
| | | | | |

도움글

○ '使'자의 뜻인 '하여금'은 '누구를 시키어'라는 뜻으로, 주로 '~으로 하여금 ~하게 하다'라는 말로 쓰입니다. 예 평강공주는 온달로 하여금 성공하게 한 주인공이다.

# 한자능력 검정시험

## 꾸러미

### (반대자 / 유의자 / 한자 · 고사성어)

# 학습 도움

## 반대자

✔ 반대자反對字 : 두 개의 글자가 서로 반대反對, 또는 상대相對되는 뜻을 가진 한자어를 말합니다.

## 유의자

✔ 유의자類義字 : 두 개의 글자가 서로 비슷한 뜻을 가진 한자어를 말합니다.

## 한자성어 · 고사성어

✔ 한자성어漢字成語 : 우리말의 속담俗談이나 격언格言을 한자로 옮겨 쓴 것을 말합니다.

✔ 고사성어故事成語 : 옛날부터 전해 내려오는 내력來歷 있는 일, 또는 그것을 나타낸 어구語句로써 옛사람의 지혜와 가르침이 담겨 있습니다.

☞ **반대자**(反對字) · **상대자**(相對字)란, 두 개의 글자가 서로 반대, 또는 상대(相對)되는 뜻을 가진 한자어를 말합니다.

<보기>

| 和 | 戰 |
|---|---|
| 화할 화 | 싸움 전 |

아래의 반대자, 또는 상대자에 알맞은 훈과 음을 <보기>와 같이 쓰세요. 해답 ☞ 203쪽

| | | | |
|---|---|---|---|
| 江 山 | 強 弱 | 分 合 | 苦 樂 |
| 男 女 | 南 北 | 內 外 | 老 少 |
| 多 少 | 大 小 | 東 西 | 問 答 |
| 物 心 | 死 生 | 死 活 | 山 川 |
| 山 海 | 上 下 | 先 後 | 手 足 |

도움글

- **分合** : '나뉘었다 모였다 함', 또는 '나누었다 모았다 함'. 분할과 통합.
- **問答** : 물음과 대답, 또는 서로 묻고 대답함. 예 마치 스무 고개 놀이를 하듯이 問答을 이어갔다.
- **物心** : 물질적인 면과 정신적인 면. 예 물심양면(物心兩面) : (돕는 일의) 물질적인 것과 정신적인 것.
- **手足** : ① 손발 ② 형제나 자식 ③ 손발처럼 마음대로 부릴 수 있는 사람.

☞ **반대자**(反對字) · **상대자**(相對字)란, 두 개의 글자가 서로 반대, 또는 상대(相對)되는 뜻을 가진 한자어를 말합니다.

〈보기〉

| 和 | 戰 |
|---|---|
| 화할 화 | 싸움 전 |

**아래의 반대자, 또는 상대자에 알맞은 훈과 음을 〈보기〉와 같이 쓰세요.** 해답 ☞ 204쪽

| | | | |
|---|---|---|---|
| 新 古 | 心 身 | 言 行 | 左 右 |
| 遠 近 | 日 月 | 長 短 | 前 後 |
| 祖 孫 | 朝 夕 | 朝 野 | 晝 夜 |
| 天 地 | 春 秋 | 出 入 | 夏 冬 |
| 兄 弟 | 古 今 | 昨 今 | 敎 學 |

**도움글**

- 新古 : 신구(新舊). 새것과 낡은 것. 새것과 헌것. 새것과 기존의 것.
- 前後 : ①(공간적으로) 앞과 뒤. ②(시간적으로) 먼저와 나중. ③'안팎, 무렵, 쯤'의 뜻을 나타냄.
- 祖孫 : 할아버지와 손자. 예 祖孫이 한집에서 살다.
- 敎學 : ① 교육과 학문. ② 가르치는 일과 배우는 일. 예 敎學은 모두 나의 학업을 길러 가는 일이다.

☞ **반대자**(反對字) · **상대자**(相對字)란, 두 개의 글자가 서로 반대, 또는 상대(相對)되는 뜻을 가진 한자어를 말합니다.

<보기>

| 多 | 少 |
|---|---|
| 많을 다 | 적을 소 |

**아래의 훈과 음에 알맞은 반대자, 또는 상대자를 〈보기〉와 같이 쓰세요.** 해답 ☞ 201쪽

| | | | | | | | |
|---|---|---|---|---|---|---|---|
| 강 강 | 메 산 | 강할 강 | 약할 약 | 나눌 분 | 합할 합 | 쓸 고 | 즐길 락 |
| 사내 남 | 계집 녀 | 남녘 남 | 북녘 북 | 안 내 | 바깥 외 | 늙을로/노 | 젊을 소 |
| 많을 다 | 적을 소 | 큰 대 | 작을 소 | 동녘 동 | 서녘 서 | 물을 문 | 대답 답 |
| 물건 물 | 마음 심 | 죽을 사 | 날 생 | 죽을 사 | 살 활 | 메 산 | 내 천 |
| 메 산 | 바다 해 | 윗 상 | 아래 하 | 먼저 선 | 뒤 후 | 손 수 | 발 족 |

**도움글**

- **江山** : ① 강과 산. 자연의 경치. 예 아름다운 우리 江山을 보존하자. ② 나라의 영토.
- **內外** : ① 안과 바깥. 안팎. ② 국내와 국외. ③ 아내와 남편. ④ 어떤 기준에 약간 넘거나 덜한 것.
- **死生** : 죽는 것과 사는 것. 죽음과 삶. 예 이번 일은 우리 회사의 死生이 걸린 매우 중대한 일입니다.
- **先後** : ① 먼저와 나중. 예 일의 先後를 가려 처리하여야 합니다. ② 앞서거니 뒤서거니 함. 앞뒤.

☞ **반대자**(反對字) · **상대자**(相對字)란, 두 개의 글자가 서로 반대, 또는 상대(相對)되는 뜻을 가진 한자어를 말합니다.

<보기>

| 多 | 少 |
|---|---|
| 많을 다 | 적을 소 |

## ❀ 아래의 훈과 음에 알맞은 반대자, 또는 상대자를 〈보기〉와 같이 쓰세요.

해답 ☞ 202쪽

| | | | |
|---|---|---|---|
| 새 신 / 예 고 | 마음 심 / 몸 신 | 말씀 언 / 다닐 행 | 왼 좌 / 오른 우 |
| 멀 원 / 가까울 근 | 날 일 / 달 월 | 긴 장 / 짧을 단 | 앞 전 / 뒤 후 |
| 할아비 조 / 손자 손 | 아침 조 / 저녁 석 | 아침 조 / 들 야 | 낮 주 / 밤 야 |
| 하늘 천 / 땅[따] 지 | 봄 춘 / 가을 추 | 날 출 / 들 입 | 여름 하 / 겨울 동 |
| 형 형 / 아우 제 | 예 고 / 이제 금 | 어제 작 / 이제 금 | 가르칠 교 / 배울 학 |

### 도움글

- **心身** : 마음과 몸. 정신과 육체. [예] 산에 올라 땀을 흘리고 맑은 공기를 마시니, 心身이 상쾌하다.
- **日月** : ① 해와 달. ② '날과 달'이라는 뜻에서 '세월'을 이르는 말.
- **朝野** : 조정과 민간. 정부와 민간. [예] 그는 朝野를 막론하고 중요한 인재로 인정받고 있었다.
- **春秋** : ① 봄과 가을. ② 어른의 나이를 높여 이르는 말. [예] 부모님의 올해 春秋가 몇이신가?

☞ **유의자**(類義字)란, 두 개의 글자가 서로 비슷한 뜻을 가진 한자어를 말합니다.

〈보기〉

| 身 | 體 |
|---|---|
| 몸 신 | 몸 체 |

아래의 유의자에 알맞은 훈과 음을 〈보기〉와 같이 쓰세요.

해답 ☞ 207쪽

| | | | | | | | |
|---|---|---|---|---|---|---|---|
| 計 | 算 | 教 | 訓 | 根 | 本 | 道 | 路 |
| | | | | | | | |
| 圖 | 畫 | 文 | 章 | 樹 | 林 | 樹 | 木 |
| | | | | | | | |
| 身 | 體 | 共 | 同 | 永 | 遠 | 英 | 特 |
| | | | | | | | |
| 衣 | 服 | 青 | 綠 | 正 | 直 | 土 | 地 |
| | | | | | | | |
| 郡 | 邑 | 會 | 合 | 海 | 洋 | 言 | 語 |
| | | | | | | | |

도움글

- 圖畫 : ① 도안과 그림. ② 그림을 그림. 예 오늘은 圖畫 시간에 나비를 그렸습니다. ※ 畫 = 畵
- 英特 : 뛰어나게 총명하다. 예 예은이는 예쁘고 머리가 英特해서 귀여움을 독차지했습니다.
- 正直 : 마음에 거짓이 없고 바르고 곧음. 예 선생님께서는 正直한 행동과 청렴한 생활을 강조하셨다.
- 郡邑 : (우리나라에서, 지방 행정 구역인) 군과 읍. [군郡은 도道보다는 아래, 읍邑과 면面보다는 위임.]

☞ **유의자**(類義字)란, 두 개의 글자가 서로 비슷한 뜻을 가진 한자어를 말합니다.

<보기>

| 身 | 體 |
|---|---|
| 몸 신 | 몸 체 |

## 아래의 유의자에 알맞은 훈과 음을 〈보기〉와 같이 쓰세요.

해답 ☞ 208쪽

| | | | |
|---|---|---|---|
| 社會 | 算數 | 分別 | 村里 |
| 集合 | 集會 | 家屋 (屋 5급) | 家宅 (宅 5II) |
| 歌曲 (曲 5급) | 果實 (實 5II) | 技術 (技 5급) | 年歲 (歲 5II) |
| 談話 (談 5급) | 法式 (法 5II) | 選擧 (選 5급) | 始初 (初 5급) |
| 心情 (情 5II) | 意思 (思 5급) | 戰爭 (爭 5급) | 河海 (河 5급) |

### 도움글

- 分別 : ① 사물을 종류에 따라 나누어 구별함. ② (무슨 일을) 사리에 맞게 판단함.
- 村里 : ① 마을. ② 촌락村落
- 家宅 : 가족이 살림을 하는 집. 예 경찰은 압수 수색 영장을 발부받아 범인의 家宅을 수색했다.
- 年歲 : '나이'의 높임말. 예 할머니는 年歲가 많으신 데도 바느질을 잘하신다.

☞ **유의자**(類義字)란, 두 개의 글자가 서로 비슷한 뜻을 가진 한 자어를 말합니다.

〈보기〉

| 身 | 體 |
|---|---|
| 몸 신 | 몸 체 |

## 아래의 훈과 음에 알맞은 유의자를 〈보기〉와 같이 쓰세요.

해답 ☞ 205쪽

| | | | | | | | |
|---|---|---|---|---|---|---|---|
| 셀 계 | 셈 산 | 가르칠교 | 가르칠훈 | 뿌리 근 | 근본 본 | 길 도 | 길 로 |
| 그림 도 | 그림 화 | 글월 문 | 글 장 | 나무 수 | 수풀 림 | 나무 수 | 나무 목 |
| 몸 신 | 몸 체 | 한가지공 | 한가지동 | 길 영 | 멀 원 | 꽃부리영 | 특별할특 |
| 옷 의 | 옷 복 | 푸를 청 | 푸를 록 | 바를 정 | 곧을 직 | 흙 토 | 땅[따] 지 |
| 고을 군 | 고을 읍 | 모일 회 | 합할 합 | 바다 해 | 큰바다양 | 말씀 언 | 말씀 어 |

### 도움글

- **會合** : (토론이나 상담을 위하여 여럿이) 모임. 예 매월 한 차례 會合을 갖는다.
- **歌曲** : ① 우리나라 전통 성악곡의 하나. ② 독창을 위한 예술적인 곡.
- **果實** : 먹을 수 있는 과일. 열매. 예 과수원에는 온갖 果實이 열려 있습니다.
- **談話** : (어떠한 문제에 대해) 그 문제에 관계된 사람들이 한자리에 모여 토론함.

☞ **유의자**(類義字)란, 두 개의 글자가 서로 비슷한 뜻을 가진 한자어를 말합니다.

<보기>

| 身 | 體 |
|---|---|
| 몸 신 | 몸 체 |

※ **아래의 훈과 음에 알맞은 유의자를 <보기>와 같이 쓰세요.**

해답 ☞ 206쪽

| | | | |
|---|---|---|---|
| 모일 사 / 모일 회 | 셈 산 / 셈 수 | 나눌 분 / 다를 별 | 마을 촌 / 마을 리 |
| 모을 집 / 합할 합 | 모을 집 / 모일 회 | 집 가 / 집 옥 | 집 가 / 집 택 |
| 노래 가 / 굽을 곡 | 실과 과 / 열매 실 | 재주 기 / 재주 술 | 해 년/연 / 해 세 |
| 말씀 담 / 말씀 화 | 법 법 / 법 식 | 가릴 선 / 들 거 | 비로소 시 / 처음 초 |
| 마음 심 / 뜻 정 | 뜻 의 / 생각 사 | 싸움 전 / 다툴 쟁 | 물 하 / 바다 해 |

**도움글**

- 選擧 : (많은 사람 가운데서) 투표 등에 의하여 적임자를 뽑는 일. 예 공정한 選擧를 치르다.
- 始初 : 맨 처음. 예 두 나라 사이에 전쟁의 始初는 종교 문제에 있었다.
- 意思 : (무엇을 하려고 마음먹은) 생각. 예 회원으로 가입하겠다는 意思를 전하였다.
- 河海 : 큰 강과 바다. ※ 河海와 같다 : (은혜, 사랑 따위가) 끝없이 넓고 큼. 예 河海 같은 은혜.

☞ **한자성어**漢字成語란, 우리말의 속담俗談이나 격언格言을 한자로 옮겨 쓴 것을 말합니다.

☞ **고사성어**故事成語란, 옛날부터 전해 내려오는 내력來歷 있는 일, 또는 그것을 나타낸 어구語句로써 옛사람의 지혜와 가르침이 담겨 있습니다.

---

- 家庭敎育(가정교육) ▷ 일상생활 가운데 집안 어른들이 자녀들에게 주는 가르침.
- 家庭學習(가정학습) ▷ 집에서 하는 학습.
- 各人各色(각인각색) ▷ 사람마다 각각 다름.
- 見物生心(견물생심) ▷ 물건을 보게 되면 그것을 가지고 싶은 욕심이 생김.
- 高速道路(고속도로) ▷ 빠르게 달릴 수 있도록 만든 자동차 전용의 도로.
- 共同生活(공동생활) ▷ 일정한 시간과 공간에서 여럿이 서로 도우며 사는 생활.
- 公明正大(공명정대) ▷ 마음이 공명하며, 조금도 사사로움이 없이 바름.
- 交通信號(교통신호) ▷ 교차로나 건널목 따위에서 사람이나 차량이 질서 있게 가도록 나타내는 표시.
- 九死一生(구사일생) ▷ '아홉 번 죽을 뻔하다 한 번 살아난다.'는 뜻으로, '죽을 고비를 여러 차례 넘기고 겨우 살아남.'을 이르는 말.
- 國立公園(국립공원) ▷ 자연과 문화적 가치를 보호하기 위하여 나라에서 관리하는 공원.
- 國民年金(국민연금) ▷ 국민 생활의 안정과 복지 증진을 위하여 일정액의 연금을 지급하는 사회 보장 제도.
- 國語敎育(국어교육) ▷ 국민에게 국어의 사용, 이해, 표현 따위를 습득시키는 교육.
- 男女老少(남녀노소) ▷ '남자와 여자, 늙은이와 젊은이'란 뜻으로, '모든 사람'을 이르는 말.
- 男女有別(남녀유별) ▷ '남자와 여자 사이에 분별이 있어야 함.'을 이르는 말.
- 老少同樂(노소동락) ▷ 늙은이와 젊은이가 함께 즐김.
- 大明天地(대명천지) ▷ 아주 환하게 밝은 세상.
- 同氣一身(동기일신) ▷ '동기(형제자매)는 한 몸과 같음.'을 이르는 말.
- 東問西答(동문서답) ▷ 물음과는 전혀 상관없는 엉뚱한 대답. 문동답서(問東答西).
- 東西古今(동서고금) ▷ '동양과 서양, 옛날과 지금'이라는 뜻으로, '인간 사회의 모든 시대 모든 곳'을 이르는 말. 古今東西.
- 東西南北(동서남북) ▷ '동쪽과 서쪽과 남쪽과 북쪽'이라는 뜻으로, '모든 방향'을 이르는 말. 사방(四方).
- 同姓同本(동성동본) ▷ 성(姓)과 본관(本貫)이 모두 같음.
- 門前成市(문전성시) ▷ '집 문 앞이 시장을 이룬다.'는 뜻으로, '찾아오는 사람이 많음.'을 이르는 말.
- 百年大計(백년대계) ▷ 먼 앞날까지 미리 내다보고 세우는 크고 중요한 계획.

- 白面書生(백면서생) ▷ 한갓 글만 읽어서 세상일에 전혀 경험이 없는 사람.
- 百發百中(백발백중) ▷ '백 번 쏘아 백 번 맞힌다.'는 뜻으로, '총이나 활 따위를 쏠 때마다 겨눈 곳에 다 맞음.', 또는 '무슨 일이나 틀림없이 잘 들어맞음.'을 이르는 말.
- 白雪公主(백설공주) ▷ 독일의 전래 민화인 『그림동화집』 이야기의 여자 주인공.
- 白衣民族(백의민족) ▷ '흰옷을 입은 민족'이라는 뜻으로, '우리 민족'을 이르는 말.
- 百戰百勝(백전백승) ▷ 싸울 때마다 다 이김. 백전불패(百戰不敗).
- 父子有親(부자유친) ▷ '아버지와 아들의 도리는 친애함에 있음.'을 이르는 말.
- 不老長生(불로장생) ▷ 늙지 아니하고 오래 삶. 장생불로(長生不老).
- 不遠千里(불원천리) ▷ 천리 길도 멀다고 여기지 않음.
- 四方八方(사방팔방) ▷ 여기저기 모든 방향이나 방면. 사각팔방(四角八方).
- 山高水長(산고수장) ▷ '산은 높고 강은 길게 흐른다.'는 뜻으로, '인자(仁者)나 군자의 덕행이 높고 한없이 오래 전하여 내려오는 것'을 이르는 말.
- 山戰水戰(산전수전) ▷ '산에서도 싸우고 물에서도 싸웠다.'는 뜻으로, 세상의 온갖 고생과 어려움을 다 겪었음을 이르는 말.
- 山川草木(산천초목) ▷ '산과 내와 풀과 나무'라는 뜻으로, '자연'을 이르는 말.
- 上古時代(상고시대) ▷ 역사 시대로서 가장 오랜 시대. 상고의 시대.
- 生年月日(생년월일) ▷ 태어난 해와 달과 날.
- 生死苦樂(생사고락) ▷ '삶과 죽음, 괴로움과 즐거움'을 아울러 이르는 말.
- 世上萬事(세상만사) ▷ 세상에서 일어나는 온갖 일.
- 新聞記者(신문기자) ▷ 신문에 실을 자료를 수집, 취재, 집필, 편집하는 사람.
- 身土不二(신토불이) ▷ '몸과 땅은 둘이 아니고 하나'라는 뜻으로, '자기가 사는 땅에서 자란 농산물이 체질에 잘 맞음.'을 이르는 말.
- 十中八九(십중팔구) ▷ '열 가운데 여덟이나 아홉 정도는 그러하다.'는 말로, '거의 대부분이거나 거의 틀림없음'을 이르는 말.
- 安心立命(안심입명) ▷ 자신의 불성(佛性)을 깨닫고 삶과 죽음을 초월함으로써 마음의 편안함을 얻는 것을 이르는 말.
- 年中行事(연중행사) ▷ 해마다 일정한 시기를 정하여 놓고 하는 행사.
- 樂山樂水(요산요수) ▷ '산을 좋아하고 물을 좋아한다.'는 뜻으로, '자연을 즐기고 좋아함.'을 이르는 말. ※ 樂 : 좋아할 요
- 人事不省(인사불성) ▷ ①정신을 잃어 의식이 없음. ②사람으로서의 예절을 차릴 줄 모름.
- 一口二言(일구이언) ▷ '한 입으로 두말을 한다.'는 뜻으로, '한 가지 일에 대하여 말을 이랬다저랬다 함.'을 이르는 말.
- 一問一答(일문일답) ▷ 하나의 물음에 대하여 하나씩 대답함, 또는 그 일을 되풀이함.

一長一短(일장일단) ▷ '한쪽의 장점과 다른 한쪽의 단점'이라는 말로, '장점도 있고, 단점도 있음.'을 이르는 말.

一朝一夕(일조일석) ▷ '하루아침과 하루저녁'이란 뜻으로, '짧은 시일'을 이르는 말.

自問自答(자문자답) ▷ 스스로 묻고 스스로 대답함.

子孫萬代(자손만대) ▷ 오래도록 내려오는 여러 대. 세세손손(世世孫孫). 대대손손(代代孫孫).

自手成家(자수성가) ▷ 물려받은 재산이 없이 자기 혼자의 힘으로 집안을 일으키고 재산을 모음.

自由世界(자유세계) ▷ ① 자유로운 사회. ② (제2차 세계 대전 이후) 자본주의 국가가 자기 진영에 속하는 여러 나라를 공산 진영에 상대하여 이르는 말.

自由自在(자유자재) ▷ 자기 뜻대로 모든 것이 자유롭고 거침이 없음.

作心三日(작심삼일) ▷ '마음먹은 것이 사흘을 가지 못한다.'는 뜻으로, '결심이 굳지 못함.'을 이르는 말.

電光石火(전광석화) ▷ '번갯불이나 부싯돌의 불이 번쩍임'이라는 뜻으로, '매우 짧은 시간이나 재빠른 움직임'을 이르는 말.

晝夜長川(주야장천) ▷ 밤낮으로 쉬지 아니하고 잇달아서. 언제나. 늘.

中部地方(중부지방) ▷ 우리나라의 황해도, 경기도, 강원도, 충청도와 같이 어떤 지역의 중앙에 자리한 지방.

天下第一(천하제일) ▷ 세상에 견줄 만한 것이 없이 최고임.

清風明月(청풍명월) ▷ 맑은 바람과 밝은 달. 풍월.

草家三間(초가삼간) ▷ '세 칸의 초가'라는 뜻으로, '아주 작은 집'을 이르는 말.

草食動物(초식동물) ▷ 풀을 주로 먹고사는 동물.

春夏秋冬(춘하추동) ▷ 봄 · 여름 · 가을 · 겨울의 네 계절.

七月七夕(칠월칠석) ▷ '음력으로 칠월 초이렛날의 밤'이라는 뜻으로, 이 날에 은하의 서쪽에 있는 직녀와 동쪽에 있는 견우가 오작교에서 일 년에 한 번 만난다는 전설을 이르는 말.

土木工事(토목공사) ▷ 땅과 하천 따위를 고쳐 만드는 공사.

八道江山(팔도강산) ▷ '팔도의 강산'이라는 뜻으로, '우리나라 전국의 산수(山水)'를 이르는 말.

八方美人(팔방미인) ▷ 어느 모로 보나 아름다운 사람, 또는 여러 방면에 능통한 사람.

現代美術(현대미술) ▷ 20세기에 전개된 새로운 경향의 미술. 모던 아트.

花朝月夕(화조월석) ▷ '꽃 피는 아침과 달 밝은 밤'이라는 뜻으로, '경치가 좋은 시절', 또는 '음력 2월 보름(花朝)과 8월 보름(月夕)'을 이르는 말.

訓民正音(훈민정음) ▷ '백성을 가르치는 바른 소리'라는 뜻으로, 조선 세종 25(1443)년에 세종대왕이 집현전 학자들의 도움으로 처음 만든 우리나라 글자를 이르는 말.

다음 한자성어를 읽고, 그 쓰임에 대하여 알아봅시다.

| | | |
|---|---|---|
| 古代美術(고대미술) | 工夫時間(공부시간) | 交通安全(교통안전) |
| 大韓民國(대한민국) | 名作童話(명작동화) | 登場人物(등장인물) |
| 萬民平等(만민평등) | 市民公園(시민공원) | 市民文學(시민문학) |
| 生命工學(생명공학) | 少年家長(소년가장) | 新藥開發(신약개발) |
| 信用社會(신용사회) | 童話作家(동화작가) | 世界平和(세계평화) |
| 自由民主(자유민주) | 父母兄弟(부모형제) | 第一人者(제일인자) |

문1 다음 한자의 뜻에 반대, 또는 상대되는 한자를 (　) 안에 쓰세요. 정답 ☞아래

1. 老↔(　) 2. 先↔(　) 3. 兄↔(　) 4. 左↔(　)
5. 天↔(　) 6. 物↔(　) 7. 大↔(　) 8. 手↔(　)

문2 다음 한자의 뜻과 서로 비슷한 뜻을 가진 한자를 (　) 안에 쓰세요. 정답 ☞아래

1. 敎=(　) 2. 文=(　) 3. 樹=(　) 4. 根=(　)
5. 正=(　) 6. 圖=(　) 7. 會=(　) 8. 海=(　)

도움글

문1 해답 : 1. 少 2. 後 3. 弟 4. 右 5. 地 6. 心 7. 小 8. 足
문2 해답 : 1. 訓 2. 章 3. 木, 林 4. 本 5. 直 6. 畫 7. 合 8. 洋

# 한자능력검정시험

# 평가문제

# 학습 도움

## 평가문제

본문학습(63쪽 ~ 184쪽)에서 익힌 것을 [ 1 ~ 5 , 6 ~ 10 ,… ]씩 묶어서, 그동안 익힌 것을 스스로 평가해 볼 수 있도록 출제 유형에 따라 엮은 것입니다.

## 학습방법

✔ 먼저 본문학습을 충분히 익힌 후에 평가문제를 풀어보도록 하세요.

✔ 문제 풀이를 할 때에는 해답을 보지 않고 해야만이 자신이 아는 것과 모르는 것을 정확하게 확인할 수 있습니다.

✔ 틀린 것에 대해서는 실망하지 말고, 공책에 반복하여 쓰면서 익히도록 하세요.

## 정답확인

✔ 문제 해답은 부록(30쪽 ~ 33쪽)에 있습니다.

## 1 ~ 5

**01 다음 한자어의 독음을 쓰세요.** 1~10번

1 主題 [ ] 2 出現 [ ]
3 事由 [ ] 4 北風 [ ]
5 區別 [ ] 6 多才 [ ]
7 光線 [ ] 8 立夏 [ ]
9 冬服 [ ] 10 意向 [ ]

**02 다음 한자의 뜻과 소리를 쓰세요.** 11~20번

11 服 [ ] 12 樹 [ ]
13 頭 [ ] 14 神 [ ]
15 溫 [ ] 16 京 [ ]
17 定 [ ] 18 色 [ ]
19 第 [ ] 20 強 [ ]

**03 다음 밑줄 친 한자어의 독음을 쓰세요.** 21~25번

21 꾸준한 운동으로 강인한 體力을 길러갔다. …………………………………… [ ]

22 대부분의 승객들은 二等 선실에 머물렀다. …………………………………… [ ]

23 구름은 걷히고 冬天에 희미한 해가 걸려 있다. ………………………… [ ]

24 기울어 가는 國運을 회복하려고 온 백성이 일어섰다. ……………… [ ]

25 水球는 일곱 사람이 한 편이 되어, 물속에서 겨루는 경기이다. … [ ]

**04 다음 밑줄 친 한자어를 한자로 쓰세요.** 26~30번

26 대한 남아의 기개를 십분 발휘하였다. …………………………………… [ ]

27 여러 방면으로 정보를 입수하였다. …………………………………… [ ]

28 구경꾼이 사방 팔방에서 모여들었다. …………………………………… [ ]

29 어머니는 동구 밖에서 군에서 돌아오는 아들을 기다렸다. ……… [ ]

30 기차는 중간 기착지에서 잠시 휴식을 취하고 있었다. ……………… [ ]

**05 다음 한자의 뜻에 반대, 또는 상대되는 한자를 골라 그 번호를 쓰세요.** 31번

31 出 [ ] : ① 中 ② 入 ③ 立 ④ 山

**06 다음 한자와 소리는 다르나, 뜻이 비슷한 한자를 골라 그 번호를 쓰세요.** 32번

32 土 [ ] : ① 立 ② 住 ③ 人 ④ 地

**07 다음 한자와 소리는 같으나, 뜻이 다른 한자를 골라 그 번호를 쓰세요.** 33번

33 對 [ ] : ① 代 ② 村 ③ 寸 ④ 土

**08 다음 [ ] 속에 알맞은 한자를 |보기|에서 골라 한자성어를 완성하세요.** 34~35번

|보기|

東 學 人 字 春

34 [ ]夏秋冬 35 高等[ ]生

**09 ㉠획의 쓰는 순서를 쓰세요.** 36번

36  ……………………… [ 번째 ]

## 6 ~ 10

### 01 다음 한자어의 독음을 쓰세요. 1~10번

1 利子 [ ] 2 禮式 [ ]
3 孫女 [ ] 4 苦待 [ ]
5 出席 [ ] 6 夕陽 [ ]
7 方寸 [ ] 8 新綠 [ ]
9 年號 [ ] 10 教科 [ ]

### 02 다음 한자의 뜻과 소리를 쓰세요. 11~20번

11 術 [ ] 12 高 [ ]
13 文 [ ] 14 太 [ ]
15 作 [ ] 16 度 [ ]
17 成 [ ] 18 國 [ ]
19 野 [ ] 20 理 [ ]

### 03 다음 밑줄 친 한자어의 독음을 쓰세요. 21~25번

21 바깥 온도에 따라 실내 <u>溫度</u>를 조절합니다. ………… [ ]

22 연어가 알을 낳기 위해 <u>母川</u>으로 돌아옵니다. ………… [ ]

23 야생의 세계에서는 <u>強者</u>가 약자를 지배합니다. ………… [ ]

24 끼니조차 잇기 어려운 <u>形便</u>에서도 학문을 게을리하지 않았습니다. ‥ [ ]

### 04 다음 밑줄 친 한자어를 한자로 쓰세요. 26~30번

25 부부는 아무 <u>소생</u>이 없어 양자를 들였다. ………… [ ]

26 아름다운 <u>산수</u>를 즐겨 화폭에 담았다. ………… [ ]

27 전국의 소년 소녀 <u>가장</u>들을 위로합니다. ………… [ ]

28 젊어서 열심히 노력하여야 <u>노후</u>를 편안히 보낼 수 있습니다. ……… [ ]

29 학교 온실에서 기르고 있는 <u>식물</u>의 성장 과정을 관찰하였습니다. · [ ]

30 나의 잘못으로 부모님의 <u>심기</u>를 불편하게 하였습니다. ………… [ ]

### 05 다음 한자의 뜻에 반대, 또는 상대되는 한자를 골라 그 번호를 쓰세요. 31번

31 強 [ ] : ① 藥 ② 少 ③ 弱 ④ 大

### 06 다음 한자와 소리는 다르나, 뜻이 비슷한 한자를 골라 그 번호를 쓰세요. 32번

32 教 [ ] : ① 交 ② 習 ③ 校 ④ 訓

### 07 다음 한자와 소리는 같으나, 뜻이 다른 한자를 골라 그 번호를 쓰세요. 33번

33 今 [ ] : ① 木 ② 火 ③ 金 ④ 新

### 08 다음 [ ] 속에 알맞은 한자를 |보기|에서 골라 한자성어를 완성하세요. 34~35번

|보기|
命 時 小 名 市

34 [ ]山大川 35 體育[ ]間

### 09 ㉠획의 쓰는 순서를 쓰세요. 36번

36 女 (㉠) ………… [ 번째 ]

## 11 ~ 15

### 01 다음 한자어의 독음을 쓰세요. 1~10번

1 藥果 [ ] 2 石戰 [ ]
3 母親 [ ] 4 文物 [ ]
5 神樹 [ ] 6 農路 [ ]
7 公正 [ ] 8 各界 [ ]
9 清算 [ ] 10 科目 [ ]

### 02 다음 한자의 뜻과 소리를 쓰세요. 11~20번

11 體 [ ] 12 果 [ ]
13 南 [ ] 14 苦 [ ]
15 晝 [ ] 16 海 [ ]
17 成 [ ] 18 世 [ ]
19 父 [ ] 20 特 [ ]

### 03 다음 밑줄 친 한자어의 독음을 쓰세요. 21~25번

21 근대에 와서 서양 <u>文物</u>이 들어왔다. ........................................ [ ]

22 밤새도록 어머니의 <u>病席</u>을 지켰다. ........................................ [ ]

23 서당 개 삼 년이면 <u>風月</u>을 읊는다더니! ........................................ [ ]

24 비상 <u>消火</u> 훈련을 하였다. ........................................ [ ]

25 전국민이 국산품을 <u>愛用</u>하고 있다. ........................................ [ ]

### 04 다음 밑줄 친 한자어를 한자로 쓰세요. 26~30번

26 <u>명일</u> 오후 2시에 식이 거행됩니다. ........................................ [ ]

27 그 직업은 <u>인기</u>와 경제적 여유도 있다. ........................................ [ ]

28 어휴! <u>생전</u> 목욕도 안 하나? ........................................ [ ]

29 특효약을 찾기 위해 <u>백방</u>으로 수소문하였습니다. ........................................ [ ]

30 이번 연극에는 많은 인물들이 <u>등장</u>한다. ........................................ [ ]

### 05 다음 한자의 뜻에 반대, 또는 상대되는 한자를 골라 그 번호를 쓰세요. 31번

31 前 [ ] : ① 後 ② 全 ③ 先 ④ 月

### 06 다음 한자와 소리는 다르나, 뜻이 비슷한 한자를 골라 그 번호를 쓰세요. 32번

32 樹 [ ] : ① 木 ② 立 ③ 村 ④ 寸

### 07 다음 한자와 소리는 같으나, 뜻이 다른 한자를 골라 그 번호를 쓰세요. 33번

33 利 [ ] : ① 二 ② 刀 ③ 理 ④ 力

### 08 다음 [ ] 속에 알맞은 한자를 |보기|에서 골라 한자성어를 완성하세요. 34~35번

|보기|

童 幸 同 行 動

34 千萬多[ ] 35 特活活[ ]

### 09 ㉠획의 쓰는 순서를 쓰세요. 36번

36 正 (㉠) ........................... [ 번째 ]

## 16 ~ 20

### 01 다음 한자어의 독음을 쓰세요. 1~10번

1 風聞 [ ] 2 童話 [ ]
3 體級 [ ] 4 國號 [ ]
5 答禮 [ ] 6 角度 [ ]
7 立秋 [ ] 8 長足 [ ]
9 育成 [ ] 10 理科 [ ]

### 02 다음 한자의 뜻과 소리를 쓰세요. 11~20번

11 信 [ ] 12 發 [ ]
13 方 [ ] 14 美 [ ]
15 對 [ ] 16 新 [ ]
17 米 [ ] 18 記 [ ]
19 近 [ ] 20 白 [ ]

### 03 다음 밑줄 친 한자어의 독음을 쓰세요. 21~25번

21 많은 習作을 통해 창작이 나온다. ........ [ ]
22 모두들 재미있었던 부분을 自由롭게 이야기하기로 하였다. ........ [ ]
23 어려서 부모를 잃고 苦學으로 공부를 하였다. ........ [ ]
24 훌륭한 분들의 言行을 거울로 삼아 자신을 바로잡아 나가야 한다. .. [ ]
25 物色이 고운 색동옷을 입고 춤을 춥니다. ........ [ ]

### 04 다음 밑줄 친 한자어를 한자로 쓰세요. 26~30번

26 지금은 그 내용을 밝힐 입장이 아닙니다. ........ [ ]
27 입구에서 줄을 지어 입장을 기다리고 있습니다. ........ [ ]
28 0.5와 같이 1보다 작은 수를 소수라고 합니다. ........ [ ]
29 그 의견에 동의한 사람은 소수에 불과했습니다. ........ [ ]
30 도시 속에 녹지 공간이 늘고 있다. ........ [ ]

### 05 다음 한자의 뜻에 반대, 또는 상대되는 한자를 골라 그 번호를 쓰세요. 31번

31 東 [ ] : ① 四 ② 南 ③ 北 ④ 西

### 06 다음 한자와 소리는 다르나, 뜻이 비슷한 한자를 골라 그 번호를 쓰세요. 32번

32 衣 [ ] : ① 上 ② 服 ③ 下 ④ 內

### 07 다음 한자와 소리는 같으나, 뜻이 다른 한자를 골라 그 번호를 쓰세요. 33번

33 明 [ ] : ① 月 ② 命 ③ 日 ④ 分

### 08 다음 [ ] 속에 알맞은 한자를 보기에서 골라 한자성어를 완성하세요. 34~35번

| 보기 |

李 植 二 通 樂

34 生死苦[ ] 35 身土不[ ]

### 09 ㉠획의 쓰는 순서를 쓰세요. 36번

36 火 (㉠) ........ [ 번째 ]

## 21 ~ 25

**01** 다음 한자어의 독음을 쓰세요. 1~10번

1 交通 [ ] 2 青綠 [ ]
3 不幸 [ ] 4 太陽 [ ]
5 高手 [ ] 6 年金 [ ]
7 頭角 [ ] 8 車窓 [ ]
9 韓服 [ ] 10 近來 [ ]

**02** 다음 한자의 뜻과 소리를 쓰세요. 11~20번

11 戰 [ ] 12 信 [ ]
13 計 [ ] 14 黄 [ ]
15 道 [ ] 16 感 [ ]
17 和 [ ] 18 地 [ ]
19 代 [ ] 20 用 [ ]

**03** 다음 밑줄 친 한자어의 독음을 쓰세요. 21~25번

21 세계 風物 기행을 떠나기로 하였습니다. ………………………………… [ ]
22 박연은 궁중 音樂인 아악을 정리하였습니다. ………………………… [ ]
23 자신의 醫術을 가난한 사람들을 위해 아낌없이 펼쳤다. ………… [ ]
24 세계 여러 나라들과 國交를 맺었습니다. ………………………………… [ ]
25 환경 보호를 알리기 위한 集會가 연일 열리고 있습니다. ………… [ ]

**04** 다음 밑줄 친 한자어를 한자로 쓰세요. 26~30번

26 편지봉투에는 보내는 사람의 주소가 쓰여 있지 않았다. ……………… [ ]
27 사당에는 선조들의 위패가 모셔져 있습니다. ………………………… [ ]
28 동구 밖 느티나무 아래에는 버스를 기다리는 사람들로 북적입니다. ····· [ ]
29 지난 겨울 방학 때, 함께 썰매를 타고 놀았던 사촌 동생이 보고 싶다. ………………………………… [ ]
30 월드컵 축구는 해외 동포들에게도 애국심을 불러일으켰다. ………… [ ]

**05** 다음 한자의 뜻에 반대, 또는 상대되는 한자를 골라 그 번호를 쓰세요. 31번

31 長 [ ] : ① 身 ② 中 ③ 短 ④ 少

**06** 다음 한자와 소리는 다르나, 뜻이 비슷한 한자를 골라 그 번호를 쓰세요. 32번

32 正 [ ] : ① 手 ② 直 ③ 下 ④ 道

**07** 다음 한자와 소리는 같으나, 뜻이 다른 한자를 골라 그 번호를 쓰세요. 33번

33 公 [ ] : ① 八 ② 小 ③ 空 ④ 入

**08** 다음 [ ] 속에 알맞은 한자를 |보기|에서 골라 한자성어를 완성하세요. 34~35번

|보기|

者 長 字 自 定

34 少年家[ ] 35 [ ]手成家

**09** ㉠획의 쓰는 순서를 쓰세요. 36번

36 

………………………… [ 번째 ]

## 26 ~ 30

**01 다음 한자어의 독음을 쓰세요.** 1~10번

1 各界 [ ] 2 便所 [ ]
3 多讀 [ ] 4 開市 [ ]
5 弟夫 [ ] 6 內角 [ ]
7 溫室 [ ] 8 戰功 [ ]
9 平野 [ ] 10 反問 [ ]

**02 다음 한자의 뜻과 소리를 쓰세요.** 11~20번

11 式 [ ] 12 等 [ ]
13 頭 [ ] 14 堂 [ ]
15 立 [ ] 16 和 [ ]
17 向 [ ] 18 左 [ ]
19 孫 [ ] 20 章 [ ]

**03 다음 밑줄 친 한자어의 독음을 쓰세요.** 21~25번

21 책을 '圖書'란 이름으로 부르기도 합니다. ………… [ ]

22 단군 왕검은 우리 나라의 始祖이시다. ………… [ ]

23 1학년 때, 校庭에 심은 나무는 6학년이 된 지금, 나보다 훨씬 크다. ‥ [ ]

24 세금을 公平하게 부과하는 제도가 필요하다. ………… [ ]

25 선수들의 勝利는 국민들에게 큰 힘이 되었다. ………… [ ]

**04 다음 밑줄 친 한자어를 한자로 쓰세요.** 26~30번

26 제작 비법을 발전시키는 데에 전심 전력을 다하였다. ………… [ ]

27 여름철엔 지나친 전기 소비로, 전력 공급이 끊기기도 하였다. ………… [ ]

28 꽃밭에는 많은 화초들이 있습니다. ………… [ ]

29 운동장에는 만국기가 바람에 펄럭입니다. ………… [ ]

30 사람은 자연 보호, 자연은 사람 보호. ………… [ ]

**05 다음 한자의 뜻에 반대, 또는 상대되는 한자를 골라 그 번호를 쓰세요.** 31번

31 多 [ ] : ①小 ②大 ③少 ④夕

**06 다음 한자와 소리는 다르나, 뜻이 비슷한 한자를 골라 그 번호를 쓰세요.** 32번

32 郡 [ ] : ①青 ②石 ③軍 ④邑

**07 다음 한자와 소리는 같으나, 뜻이 다른 한자를 골라 그 번호를 쓰세요.** 33번

33 歌 [ ] : ①數 ②家 ③夫 ④手

**08 다음 [ ] 속에 알맞은 한자를 보기에서 골라 한자성어를 완성하세요.** 34~35번

보기
正 年 定 庭 心

34 作[ ]三日 35 訓民[ ]音

**09 ㉠획의 쓰는 순서를 쓰세요.** 36번

36 北 (㉠) ………… [ 번째]

## 31 ~ 35

### 01 다음 한자어의 독음을 쓰세요. 1~10번

1 特使 [ ] 2 戰術 [ ]
3 果然 [ ] 4 開放 [ ]
5 反省 [ ] 6 每番 [ ]
7 樂章 [ ] 8 球根 [ ]
9 後孫 [ ] 10 書畫 [ ]

### 02 다음 한자의 뜻과 소리를 쓰세요. 11~20번

11 朝 [ ] 12 社 [ ]
13 電 [ ] 14 洞 [ ]
15 交 [ ] 16 服 [ ]
17 族 [ ] 18 旗 [ ]
19 發 [ ] 20 死 [ ]

### 03 다음 밑줄 친 한자어의 독음을 쓰세요. 21~25번

21 건물 완공을 기념하여 植樹를 하였다. ........................ [ ]

22 그가 찾아온 까닭을 直感으로 알았다. ........................ [ ]

23 건물의 구조가 서로 다른 理由를 알아보았다. ........................ [ ]

24 부인은 男便과 서로 떨어져 지내고 있었다. ........................ [ ]

25 해마다 학교에서 同窓會가 열린다. ........................ [ ]

### 04 다음 밑줄 친 한자어를 한자로 쓰세요. 26~30번

26 입구를 가로막아 출입을 방해하였다. ........................ [ ]

27 우리는 네 식구입니다. ........................ [ ]

28 태풍이 빠른 속도로 북상하고 있다. ........................ [ ]

29 틈틈이 좁은 농토를 가꾸고 있었다. ........................ [ ]

30 삼촌이 일하는 공장을 방문하였습니다. ........................ [ ]

### 05 다음 한자의 뜻에 반대, 또는 상대되는 한자를 골라 그 번호를 쓰세요. 31번

31 強 [ ] : ① 大 ② 藥 ③ 弱 ④ 小

### 06 다음 한자와 소리는 다르나, 뜻이 비슷한 한자를 골라 그 번호를 쓰세요. 32번

32 會 [ ] : ① 合 ② 右 ③ 童 ④ 全

### 07 다음 한자와 소리는 같으나, 뜻이 다른 한자를 골라 그 번호를 쓰세요. 33번

33 信 [ ] : ① 用 ② 神 ③ 語 ④ 言

### 08 다음 [ ] 속에 알맞은 한자를 |보기|에서 골라 한자성어를 완성하세요. 34~35번

|보기|

四 韓 手 事 漢

34 大[ ]民國 35 世上萬[ ]

### 09 ㉠획의 쓰는 순서를 쓰세요. 36번

36 車 (㉠) ........................ [ 번째 ]

## 36 ~ 40

### 01 다음 한자어의 독음을 쓰세요. 1~10번

1 林野 [ ] 2 公共 [ ]
3 銀色 [ ] 4 綠地 [ ]
5 休紙 [ ] 6 美術 [ ]
7 米飮 [ ] 8 親族 [ ]
9 特別 [ ] 10 軍樂 [ ]

### 02 다음 한자의 뜻과 소리를 쓰세요. 11~20번

11 球 [ ] 12 感 [ ]
13 郡 [ ] 14 級 [ ]
15 題 [ ] 16 表 [ ]
17 代 [ ] 18 算 [ ]
19 勝 [ ] 20 服 [ ]

### 03 다음 밑줄 친 한자어의 독음을 쓰세요. 21~25번

21 거리는 路上에서 장사하는 사람들로 더욱 붐볐다. ………………………… [ ]

22 모든 직업에는 귀천이 없고 平等하다. ………………………………………… [ ]

23 정부는 민심의 動向을 살폈다. ………………………………………… [ ]

24 상록수들이 雪花를 흩날려 뿌렸다. ………………………………………… [ ]

25 학내 시위가 심해지자, 당국은 休校 조치를 하였다. ………………… [ ]

### 04 다음 밑줄 친 한자어를 한자로 쓰세요. 26~30번

26 우리 집은 시장에서 장사를 합니다. ………………………………………… [ ]

27 자, 내일 만나자. 수고해. ………………………………………… [ ]

28 그 집은 안심하고 살기에는 여러모로 불편한 점이 많았다. ……… [ ]

29 이번 사건 때문에 회장은 중대 발표를 하였다. ………………………… [ ]

30 학교를 졸업한 지 십 년 만에 모교를 찾았다. ………………………… [ ]

### 05 다음 한자의 뜻에 반대, 또는 상대되는 한자를 골라 그 번호를 쓰세요. 31번

31 死 [ ] : ① 命 ② 名 ③ 火 ④ 活

### 06 다음 한자와 소리는 다르나, 뜻이 비슷한 한자를 골라 그 번호를 쓰세요. 32번

32 道 [ ] : ① 老 ② 路 ③ 度 ④ 工

### 07 다음 한자와 소리는 같으나, 뜻이 다른 한자를 골라 그 번호를 쓰세요. 33번

33 目 [ ] : ① 木 ② 水 ③ 子 ④ 一

### 08 다음 [ ] 속에 알맞은 한자를 |보기|에서 골라 한자성어를 완성하세요. 34~35번

|보기|

功 家 水 工 歌

34 生命[ ]學 35 少年[ ]長

### 09 ㉠획의 쓰는 순서를 쓰세요. 36번

36 ㉠ 左 ………………………… [ 번째]

## 41 ~ 45

### 01 다음 한자어의 독음을 쓰세요. 1~10번

1 太半 [ ] 2 部族 [ ]
3 古風 [ ] 4 消失 [ ]
5 失業 [ ] 6 農業 [ ]
7 安樂 [ ] 8 勝算 [ ]
9 急速 [ ] 10 番號 [ ]

### 02 다음 한자의 뜻과 소리를 쓰세요. 11~20번

11 題 [ ] 12 農 [ ]
13 夜 [ ] 14 話 [ ]
15 式 [ ] 16 神 [ ]
17 姓 [ ] 18 習 [ ]
19 電 [ ] 20 同 [ ]

### 03 다음 밑줄 친 한자어의 독음을 쓰세요. 21~25번

21 도로는 <u>直線</u>으로 뻗어 있었다. ........................................ [ ]

22 째깍 째깍, <u>時計</u>는 1시를 알렸다. ........................................ [ ]

23 영심이는 <u>度數</u>가 높은 안경을 쓸 정도로 시력이 좋지 않았다. .... [ ]

24 영웅은 역시 <u>戰場</u>에서라야 빛난다. ........................................ [ ]

25 병원에 있는 친구에게 <u>問病</u>을 다녀왔다. ........................................ [ ]

### 04 다음 밑줄 친 한자어를 한자로 쓰세요. 26~30번

26 그 고을의 풍속・<u>명물</u> 등을 조사하였다. ........................................ [ ]

27 우리의 한복은 외국인에게 많은 <u>인기</u>를 끌었다. ........................ [ ]

28 소방대원들은 언제나 <u>출동</u>할 수 있는 준비를 하고 있었다. ........ [ ]

29 그 <u>수학</u> 문제는 한참을 고민하고서야 풀 수 있었다. ........................ [ ]

30 옛날에는 목판 <u>활자</u>와 금속 활자가 있었다. ........................................ [ ]

### 05 다음 한자의 뜻에 반대, 또는 상대되는 한자를 골라 그 번호를 쓰세요. 31번

31 心 [ ] : ① 身 ② 中 ③ 外 ④ 意

### 06 다음 한자와 소리는 다르나, 뜻이 비슷한 한자를 골라 그 번호를 쓰세요. 32번

32 海 [ ] : ① 土 ② 上 ③ 每 ④ 洋

### 07 다음 한자와 소리는 같으나, 뜻이 다른 한자를 골라 그 번호를 쓰세요. 33번

33 幸 [ ] : ① 信 ② 車 ③ 行 ④ 名

### 08 다음 [ ] 속에 알맞은 한자를 |보기|에서 골라 한자성어를 완성하세요. 34~35번

|보기|
計 界 定 庭 正

34 世[ ]平和 35 家[ ]敎育

### 09 ㉠획의 쓰는 순서를 쓰세요. 36번

36 

........................ [ 번째 ]

## 46 ~ 50

### 01 다음 한자어의 독음을 쓰세요. 1~10번

1 六感 [ ] 2 定食 [ ]
3 樂勝 [ ] 4 線路 [ ]
5 庭園 [ ] 6 風速 [ ]
7 不在 [ ] 8 開通 [ ]
9 愛讀 [ ] 10 放電 [ ]

### 02 다음 한자의 뜻과 소리를 쓰세요. 11~20번

11 公 [ ] 12 朝 [ ]
13 戰 [ ] 14 號 [ ]
15 醫 [ ] 16 交 [ ]
17 死 [ ] 18 科 [ ]
19 野 [ ] 20 才 [ ]

### 03 다음 밑줄 친 한자어의 독음을 쓰세요. 21~25번

21 할아버지는 藥草를 다듬고 있었습니다. ........................................ [ ]

22 왕자의 重病을 고쳐주었습니다. ........................................ [ ]

23 숲은 몸과 마음을 安定시키며, 새로운 활력을 얻게 합니다. ........ [ ]

24 시골 할머니는 아직도 在來式 부엌을 사용하고 계셨다. ............. [ ]

25 어느 한 分野만 잘하기보다는 고루 실력을 갖추어야 합니다. .... [ ]

### 04 다음 밑줄 친 한자어를 한자로 쓰세요. 26~30번

26 대합실의 시계가 정오를 알렸다. ........................................ [ ]

27 서울로 향한 시외버스가 터미널에 도착했다. ............................ [ ]

28 선현이는 걸어서 등교합니다. ........................................ [ ]

29 우리는 동족을 서로 죽이는 처참한 한국전쟁을 잊을 수 없다. .... [ ]

30 신문 기사는 어느 쪽에도 치우치지 않고 공정해야 한다. ............. [ ]

### 05 다음 한자의 뜻에 반대, 또는 상대되는 한자를 골라 그 번호를 쓰세요. 31번

31 昨 [ ] : ①東 ②年 ③夕 ④今

### 06 다음 한자와 소리는 다르나, 뜻이 비슷한 한자를 골라 그 번호를 쓰세요. 32번

32 身 [ ] : ①土 ②體 ③頭 ④足

### 07 다음 한자와 소리는 같으나, 뜻이 다른 한자를 골라 그 번호를 쓰세요. 33번

33 明 [ ] : ①命 ②日 ③月 ④天

### 08 다음 [ ] 속에 알맞은 한자를 |보기|에서 골라 한자성어를 완성하세요. 34~35번

|보기|
手 運 自 聞 物

34 三一[ ]動 35 登場人[ ]

### 09 ㉠획의 쓰는 순서를 쓰세요. 36번

36 部 (㉠) ........................ [ 번째]

## 51 ~ 55

### 01 다음 한자어의 독음을 쓰세요. 1~10번

1 意圖 [ ]　2 畫集 [ ]
3 太陽 [ ]　4 運命 [ ]
5 世習 [ ]　6 例事 [ ]
7 語感 [ ]　8 勇氣 [ ]
9 洋藥 [ ]　10 英才 [ ]

### 02 다음 한자의 뜻과 소리를 쓰세요. 11~20번

11 用 [ ]　12 動 [ ]
13 第 [ ]　14 教 [ ]
15 通 [ ]　16 住 [ ]
17 李 [ ]　18 理 [ ]
19 問 [ ]　20 花 [ ]

### 03 다음 밑줄 친 한자어의 독음을 쓰세요. 21~25번

21 오늘 숙제는 名作 동화를 읽고 감상문을 쓰는 것입니다. ……………………( )

22 그곳의 地形을 잘 알고 있는 자들의 짓이 분명합니다. ……………………………( )

23 가옥의 양식은 數千 년이라는 긴 세월 동안 많은 변화를 가져왔다. ···· ( )

24 우리나라 선수들은 前半부터 상대 팀을 압도했다. ………………………………( )

25 그는 下級 관리를 하면서도 청렴함을 잃지 않았다. …………………………( )

### 04 다음 밑줄 친 한자어를 한자로 쓰세요. 26~30번

26 잃어버린 조국을 되찾고자 거듭 다짐했다. …………………………………… [ ]

27 공부를 하지 않은 만석이는 백지 답안지를 내고 말았다. ………… [ ]

28 출발하기 직전에 나눠준 여행 안내서를 살펴보았다. ………………… [ ]

29 그들은 가문의 명예를 걸고 싸움에 나섰다. ……………………………………… [ ]

30 고려시대의 상감청자는 세계적으로 유명한 보물입니다. …………… [ ]

### 05 다음 한자의 뜻에 반대, 또는 상대되는 한자를 골라 그 번호를 쓰세요. 31번

31 苦 [ ] : ①心 ②樂 ③古 ④生

### 06 다음 한자와 소리는 다르나, 뜻이 비슷한 한자를 골라 그 번호를 쓰세요. 32번

32 永 [ ] : ①水 ②道 ③川 ④遠

### 07 다음 한자와 소리는 같으나, 뜻이 다른 한자를 골라 그 번호를 쓰세요. 33번

33 近 [ ] : ①西 ②日 ③根 ④話

### 08 다음 [ ] 속에 알맞은 한자를 |보기|에서 골라 한자성어를 완성하세요. 34~35번

|보기|

成　各　禮　角　省

34 世界[ ]國　35 人事不[ ]

### 09 ㉠획의 쓰는 순서를 쓰세요. 36번

36 

……………………… [ 번째 ]

## 56 ~ 60

### 01 다음 한자어의 독음을 쓰세요. 1~10번

1 班長 [ ] 2 村老 [ ]
3 古朴 [ ] 4 新春 [ ]
5 現在 [ ] 6 使命 [ ]
7 訓手 [ ] 8 草野 [ ]
9 話題 [ ] 10 通風 [ ]

### 02 다음 한자의 뜻과 소리를 쓰세요. 11~20번

11 術 [ ] 12 青 [ ]
13 石 [ ] 14 目 [ ]
15 開 [ ] 16 會 [ ]
17 藥 [ ] 18 計 [ ]
19 間 [ ] 20 綠 [ ]

### 03 다음 밑줄 친 한자어의 독음을 쓰세요. 21~25번

21 사람의 정상 <u>體溫</u>은 대략 36°C~37°C이다. ........................................ [ ]

22 약속을 자주 어기는 것을 보니 그를 <u>信用</u>할 수 없다. .................... [ ]

23 아버지는 퇴근길에 <u>花園</u>에 들러 꽃을 사서 어머니께 선물하였다. ... [ ]

24 위험한 곳에서는 <u>注意</u>를 해 주시기 바랍니다. ............................ [ ]

25 어머니를 눈물로 <u>作別</u>하고 학업을 위해 금강산으로 떠났습니다. ........ [ ]

### 04 다음 밑줄 친 한자어를 한자로 쓰세요. 26~30번

26 한적한 <u>강촌</u>으로 소풍을 갔습니다. ........................................ [ ]

27 부모님에 대한 <u>효도</u>는 특별한 사람만이 하는 것이 아닙니다. .... [ ]

28 한밤중에 <u>전화</u>벨이 울려서 온 식구들이 깜짝 놀랐습니다. ......... [ ]

29 놀이기구는 재미도 중요하지만 무엇보다 <u>안전</u>이 중요합니다. ..... [ ]

30 칠월 <u>칠석</u>이면 까막까치들은 다리를 놓아 주었습니다. .................. [ ]

### 05 다음 한자의 뜻에 반대, 또는 상대되는 한자를 골라 그 번호를 쓰세요. 31번

31 晝 [ ] : ① 多 ② 夜 ③ 月 ④ 日

### 06 다음 한자와 소리는 다르나, 뜻이 비슷한 한자를 골라 그 번호를 쓰세요. 32번

32 集 [ ] : ① 內 ② 口 ③ 合 ④ 出

### 07 다음 한자와 소리는 같으나, 뜻이 다른 한자를 골라 그 번호를 쓰세요. 33번

33 軍 [ ] : ① 海 ② 成 ③ 教 ④ 郡

### 08 다음 [ ] 속에 알맞은 한자를 보기에서 골라 한자성어를 완성하세요. 34~35번

보기

話 公 死 工 活

34 國立[ ]園 35 社會生[ ]

### 09 ㉠획의 쓰는 순서를 쓰세요. 36번

36 

........................ [ 번째]

# 한자능력 검정시험

## 기출 · 예상문제

# 학습 도움

## 기출 · 예상문제

기출 · 예상문제란 그동안 출제되었던 문제와 앞으로 출제 가능한 문제들을 한데 모아 엮은 것으로, 출제 경향과 문제의 난이도를 측정해 보는 데에 도움이 되도록 엮은 것입니다.

## 정답확인

정답은 문제 해답(부록 34쪽 ~ 36쪽)에 수록하였습니다.

# 01회 한자능력검정시험 6급Ⅱ 기출·예상문제

## 01 다음 漢字語의 讀音을 쓰세요. 1~30번

1 江南 [ ] 2 圖畫 [ ]
3 算數 [ ] 4 言語 [ ]
5 日氣 [ ] 6 集合 [ ]
7 童話 [ ] 8 反省 [ ]
9 對答 [ ] 10 交通 [ ]
11 時速 [ ] 12 成功 [ ]
13 孫子 [ ] 14 信用 [ ]
15 急行 [ ] 16 空間 [ ]
17 電力 [ ] 18 公園 [ ]
19 母親 [ ] 20 窓門 [ ]
21 植樹 [ ] 22 戰死 [ ]
23 新聞 [ ] 24 運動 [ ]
25 綠色 [ ] 26 特別 [ ]
27 體育 [ ] 28 代表 [ ]
29 四方 [ ] 30 太陽 [ ]

## 02 다음 漢字의 訓과 音을 쓰세요. 31~50번

31 開 [ ] 32 感 [ ]
33 科 [ ] 34 果 [ ]
35 旗 [ ] 36 美 [ ]
37 淸 [ ] 38 黃 [ ]
39 記 [ ] 40 堂 [ ]
41 多 [ ] 42 式 [ ]
43 章 [ ] 44 洞 [ ]
45 禮 [ ] 46 理 [ ]
47 部 [ ] 48 半 [ ]
49 班 [ ] 50 病 [ ]

## 03 다음에 訓과 音에 알맞은 漢字를 보기 에서 골라 그 번호를 쓰세요. 51~60번

보기

| | | | | |
|---|---|---|---|---|
| ① 才 | ② 右 | ③ 米 | ④ 石 | ⑤ 度 |
| ⑥ 京 | ⑦ 向 | ⑧ 活 | ⑨ 界 | ⑩ 登 |
| ⑪ 席 | ⑫ 材 | ⑬ 待 | ⑭ 等 | ⑮ 物 |

51 지경 계 [ ] 52 법도 도 [ ]
53 쌀 미 [ ] 54 돌 석 [ ]
55 살 활 [ ] 56 오를 등 [ ]
57 향할 향 [ ] 58 물건 물 [ ]
59 재주 재 [ ] 60 서울 경 [ ]

## 04 다음 밑줄 친 단어를 漢字로 쓰세요. 61~70번

61 광개토<u>대왕</u>이 고구려의 국토를 넓혔다.
.............................................. [ ]

62 우리 학교의 교훈은 정직과 성실이다. ..................................... [ ]

63 세 청년이 이야기를 하고 있습니다. ..................................... [ ]

64 우리 국군은 무척 용감하다. ..................................... [ ]

65 올해 할아버지의 춘추가 80세이시다. ..................................... [ ]

66 제주도는 본래 화산이었다고 한다. ..................................... [ ]

67 우리나라는 칠팔월에 비가 많이 내린다. ..................................... [ ]

68 아침이면 산에 가서 생수를 떠 마신다. ..................................... [ ]

69 우리 형제는 늘 함께 학교에 갑니다. ..................................... [ ]

70 나는 만금을 주어도 거짓말을 할 수 없습니다. ............................ [ ]

## 05 다음 漢字와 뜻이 서로 반대되는 漢字를 |보기|에서 골라 그 번호를 쓰세요. 71~73번

|보기|

①身 ②長 ③動 ④遠 ⑤里 ⑥言

71 [ ] ↔ 短 72 [ ] ↔ 行

73 [ ] ↔ 近

## 06 다음 漢字語에 알맞은 뜻을 쓰세요. 74~75번

74 古今 : [ ]

75 高度 : [ ]

## 07 다음 □에 들어갈 漢字를 |보기|에서 찾아 그 번호를 쓰세요. 76~78번

|보기|

①有 ②分 ③立 ④九 ⑤入 ⑥由

76 새들이 自□롭게 하늘을 날아다닌다. ..................................... [ ]

77 어려운 □場에 처한 친구를 돕기로 하였다. ..................................... [ ]

78 사람이라면 옳고 그름을 □別할 줄 알아야 한다. ............................ [ ]

## 08 ㉠획의 쓰는 순서를 쓰세요. 79~80번

79 

........................ [ 번째 ]

80 

........................ [ 번째 ]

- 채점방식 ▪ 1문제 : 1점
- 합격점수 ▪ 56점 이상

# 02회 한자능력검정시험 6급Ⅱ 기출·예상문제

## 01 다음 漢字語의 讀音을 쓰세요. 1~30번

| | |
|---|---|
| 1 左右 [ ] | 2 太陽 [ ] |
| 3 地圖 [ ] | 4 名醫 [ ] |
| 5 對面 [ ] | 6 感動 [ ] |
| 7 利子 [ ] | 8 失手 [ ] |
| 9 海洋 [ ] | 10 家庭 [ ] |
| 11 民族 [ ] | 12 全力 [ ] |
| 13 勇氣 [ ] | 14 合同 [ ] |
| 15 訓話 [ ] | 16 會社 [ ] |
| 17 九班 [ ] | 18 平和 [ ] |
| 19 萬病 [ ] | 20 題目 [ ] |
| 21 文書 [ ] | 22 昨年 [ ] |
| 23 集中 [ ] | 24 夏服 [ ] |
| 25 春分 [ ] | 26 直角 [ ] |
| 27 石油 [ ] | 28 時代 [ ] |
| 29 始作 [ ] | 30 禮式 [ ] |

## 02 다음 漢字의 訓과 音을 쓰세요. 31~50번

| | |
|---|---|
| 31 運 [ ] | 32 便 [ ] |
| 33 神 [ ] | 34 號 [ ] |
| 35 理 [ ] | 36 部 [ ] |
| 37 雪 [ ] | 38 在 [ ] |
| 39 花 [ ] | 40 通 [ ] |
| 41 高 [ ] | 42 算 [ ] |
| 43 孫 [ ] | 44 綠 [ ] |
| 45 銀 [ ] | 46 電 [ ] |
| 47 速 [ ] | 48 消 [ ] |
| 49 永 [ ] | 50 線 [ ] |

## 03 다음에 訓과 音에 알맞은 漢字를 |보기|에서 골라 그 번호를 쓰세요. 51~60번

|보기|

| | | | | |
|---|---|---|---|---|
| ① 名 | ② 注 | ③ 急 | ④ 便 | ⑤ 材 |
| ⑥ 草 | ⑦ 球 | ⑧ 計 | ⑨ 使 | ⑩ 窓 |
| ⑪ 各 | ⑫ 村 | ⑬ 初 | ⑭ 反 | ⑮ 開 |

| | |
|---|---|
| 51 풀 초 [ ] | 52 각각 각 [ ] |
| 53 공 구 [ ] | 54 하여금 사 [ ] |
| 55 급할 급 [ ] | 56 부을 주 [ ] |
| 57 창 창 [ ] | 58 마을 촌 [ ] |
| 59 열 개 [ ] | 60 돌이킬 반 [ ] |

## 04 다음 밑줄 친 단어를 漢字로 쓰세요. 61~69번

61 우리나라의 이름은 <u>대한</u>민국입니다.
…………………………… [ ]

62 <u>남북</u>한 축구 시합이 곧 열릴 것이다.
…………………………… [ ]

63 첨성대는 신라 선덕 여왕 때 세워졌다.
...................................... [ ]

64 이순신 장군은 훌륭한 수군 대장이시다.
...................................... [ ]

65 형제끼리 사이좋게 지내야 한다.
...................................... [ ]

66 아름다운 국토를 잘 보존해야 한다.
...................................... [ ]

67 군대에 간 사촌형이 휴가를 나왔다.
...................................... [ ]

68 청소를 깨끗이 하여 실내 공기를 맑게 하여야 한다. ........................ [ ]

69 문에는 '외인 출입금지'라는 팻말이 걸려있었다. ............................ [ ]

## 05 다음 漢字와 뜻이 서로 반대되는 漢字를 |보기|에서 골라 그 번호를 쓰세요. 70~72번

|보기|

①線 ②老 ③夜 ④水 ⑤北 ⑥强

70 [ ] ↔ 弱 71 晝 ↔ [ ]

72 [ ] ↔ 少

## 06 다음 뜻을 지닌 漢字語를 |보기|에서 골라 번호를 쓰세요. 73~74번

|보기|

①天下第一 ②白衣天使 ③百戰百勝

73 하늘 아래에서 첫째라는 말로, 세상에서 견줄만한 것이 없는 것을 뜻함.
...................................... [ ]

74 백 번 싸워서 백 번 이긴다는 말로, 싸울 때마다 이긴다는 뜻. ........ [ ]

## 07 다음 漢字語에 알맞은 뜻을 쓰세요. 75~76번

75 正午 : [ ]

76 下校 : [ ]

## 08 다음 □에 들어갈 漢字를 |보기|에서 찾아 그 번호를 쓰세요. 77~78번

|보기|

①高 ②園 ③苦 ④遠

77 그는 □心 끝에 결정을 하였다.
...................................... [ ]

78 植物□에는 많은 꽃과 나무들이 있습니다.
...................................... [ ]

## 09 ㉠획의 쓰는 순서를 쓰세요. 79~80번

79 

........................ [ 번째]

80 

........................ [ 번째]

• 채점방식 ▪ 1문제 : 1점
• 합격점수 ▪ 56점 이상

# 01회 한자능력검정시험 6급 기출·예상문제

## 01 다음 漢字語의 讀音을 쓰세요. 1~33번

1 路上 [ ] 2 美術 [ ]
3 特急 [ ] 4 車窓 [ ]
5 禮式 [ ] 6 勝利 [ ]
7 安定 [ ] 8 太陽 [ ]
9 綠野 [ ] 10 多幸 [ ]
11 頭角 [ ] 12 銀行 [ ]
13 農樂 [ ] 14 世界 [ ]
15 服用 [ ] 16 番號 [ ]
17 名醫 [ ] 18 自然 [ ]
19 六月 [ ] 20 計算 [ ]
21 祖孫 [ ] 22 下級 [ ]
23 永遠 [ ] 24 洋藥 [ ]
25 溫度 [ ] 26 根本 [ ]
27 書堂 [ ] 28 百姓 [ ]
29 發信 [ ] 30 出席 [ ]
31 樹立 [ ] 32 天理 [ ]
33 同等 [ ]

## 02 다음 漢字의 訓과 音을 쓰세요. 34~56번

34 寸 [ ] 35 登 [ ]
36 和 [ ] 37 朴 [ ]
38 表 [ ] 39 米 [ ]
40 親 [ ] 41 室 [ ]
42 形 [ ] 43 京 [ ]
44 郡 [ ] 45 聞 [ ]
46 飮 [ ] 47 放 [ ]
48 部 [ ] 49 軍 [ ]
50 全 [ ] 51 失 [ ]
52 球 [ ] 53 英 [ ]
54 感 [ ] 55 開 [ ]
56 族 [ ]

## 03 다음 밑줄 친 漢字語를 漢字로 쓰세요. 57~76번

57 식목일에 나무를 심는다. ........................................ [ ]
58 우리 민족은 반만년 역사를 자랑한다. ........................................ [ ]
59 백금은 가격이 매우 비싸다. ........................................ [ ]
60 정면을 바라보며 씩씩하게 걸어라. ........................................ [ ]
61 가을이 되어 초목의 색깔이 변했다. ........................................ [ ]
62 그 사람은 팔방미인이다. ........................................ [ ]
63 전화를 친절하게 받읍시다. ........................................ [ ]
64 울창한 산림을 보아라. .. [ ]

65 칠월칠석날은 오작교에서 견우와 직녀가 만나는 날이다. ………… [ ]

66 매일 도서관에서 공부한다. ………………………………… [ ]

67 성적표가 집 주소로 배달되었다. ………………………………… [ ]

68 다수를 위하여 소수가 희생해야 한다. ………………………………… [ ]

69 정오부터 점심 시간이다. ………………………………… [ ]

70 지방의 작은 도시에서 태어났다. ………………………………… [ ]

71 노인을 공경해야 한다. ………………………………… [ ]

72 선후가 뒤바뀌어 혼란이 왔다. ………………………………… [ ]

73 식구끼리 바다에 놀러 갔다. ………………………………… [ ]

74 그는 훌륭한 오페라 가수이다. ………………………………… [ ]

75 인터넷 게임의 왕중왕을 가리자. ………………………………… [ ]

76 청색 물감으로 하늘을 칠할 차례이다. ………………………………… [ ]

## 04 다음 漢字의 반대자 또는 상대자를 골라 그 번호를 쓰세요. 77~79번

77 晝 [ ] : ①月 ②日 ③書 ④夜

78 心 [ ] : ①身 ②動 ③運 ④神

79 昨 [ ] : ①作 ②月 ③今 ④年

## 05 다음 [ ]에 들어갈 漢字를 보기에서 골라 그 번호를 쓰세요. 80~83번

보기

①有 ②口 ③速 ④長 ⑤九 ⑥在

80 一[ ]二言 81 高[ ]道路

82 自由自[ ] 83 不老[ ]生

## 06 다음 漢字와 뜻이 비슷한 漢字를 쓰세요. 84~85번

84 [ ] - 訓 85 [ ] - 章

## 07 다음 漢字語의 뜻을 쓰세요. 86~88번

86 作別 : [ ]

87 意外 : [ ]

88 休學 : [ ]

## 08 ㉠획의 쓰는 순서를 쓰세요. 89~90번

89 弟 ㉠ ………………… [ 번째 ]

90 老 ㉠ ………………… [ 번째 ]

- 채점방식 ▪ 1문제 : 1점
- 합격점수 ▪ 63점 이상

# 02회 한자능력검정시험 6급 기출·예상문제

## 01 다음 漢字語의 讀音을 쓰세요. 1~33번

1 太古 [ ]
2 區別 [ ]
3 不在 [ ]
4 病席 [ ]
5 陽地 [ ]
6 里長 [ ]
7 休紙 [ ]
8 邑面 [ ]
9 表現 [ ]
10 圖章 [ ]
11 消化 [ ]
12 野球 [ ]
13 午後 [ ]
14 身體 [ ]
15 多幸 [ ]
16 集會 [ ]
17 自然 [ ]
18 正直 [ ]
19 國歌 [ ]
20 英才 [ ]
21 農村 [ ]
22 運動 [ ]
23 各班 [ ]
24 果樹 [ ]
25 風樂 [ ]
26 中等 [ ]
27 死線 [ ]
28 使用 [ ]
29 公園 [ ]
30 神通 [ ]
31 便所 [ ]
32 親庭 [ ]
33 號角 [ ]

## 02 다음 漢字의 訓과 音을 쓰세요. 34~56번

34 堂 [ ]
35 洋 [ ]
36 待 [ ]
37 注 [ ]
38 失 [ ]
39 溫 [ ]
40 雪 [ ]
41 昨 [ ]
42 銀 [ ]
43 根 [ ]
44 清 [ ]
45 飮 [ ]
46 黃 [ ]
47 晝 [ ]
48 答 [ ]
49 者 [ ]
50 急 [ ]
51 醫 [ ]
52 童 [ ]
53 勝 [ ]
54 題 [ ]
55 放 [ ]
56 記 [ ]

## 03 다음 밑줄 친 漢字語를 漢字로 쓰세요. 57~76번

57 밤에는 <u>대문</u>을 꼭 잠가라.
[ ]

58 <u>동구</u> 밖에 느티나무가 서 있다.
[ ]

59 인삼은 금산의 <u>명물</u>이다.
[ ]

60 <u>천명</u>을 어겨서는 안 된다.
[ ]

61 영희는 <u>효녀</u>이다.
[ ]

62 얼굴에 <u>생기</u>가 돈다.
[ ]

63 <u>인간</u>은 사회적 동물이다.
[ ]

64 저 집은 항상 <u>내외</u>가 함께 외국여행을 떠난다.
[ ]

65 영수는 걸어서 등교한다. ........................................ [ ]

66 들녘에는 농부들의 풍년가가 흥겹습니다. ........................................ [ ]

67 항상 수족을 따뜻하게 해야 한다. ........................................ [ ]

68 수학 공부는 어렵지만 재미도 있다. ........................................ [ ]

69 오늘 일을 내일로 미루면 안 된다. ........................................ [ ]

70 지금 동북쪽으로 바람이 분다. ........................................ [ ]

71 우리 형제는 매우 부지런하다. ........................................ [ ]

72 우리 가문의 전통을 이어받자. ........................................ [ ]

73 삼촌께서 용돈을 주셨다. ........................................ [ ]

74 규칙적인 생활을 하자. ........................................ [ ]

75 요즘 서해의 파도가 높다. ........................................ [ ]

76 옛 사람들은 불로초를 먹으면 오래 산다고 믿었다. ........................................ [ ]

## 04 다음 漢字의 반대자 또는 상대자를 골라 그 번호를 쓰세요. 77~79번

77 老 [ ] : ①小 ②所 ③少 ④大

78 春 [ ] : ①夏 ②秋 ③日 ④月

79 先 [ ] : ①前 ②年 ③朝 ④後

## 05 다음 漢字와 뜻이 비슷한 漢字를 쓰세요. 80~81번

80 郡 - [ ] 81 [ ] - 路

## 06 다음 [ ]에 들어갈 漢字를 보기에서 찾아 그 번호를 쓰세요. 82~85번

보기

①色 ②計 ③共 ④代 ⑤公 ⑥對

82 子孫萬[ ] 83 三十六[ ]

84 男女[ ]用 85 各人各[ ]

## 07 다음 漢字語의 뜻을 쓰세요. 86~88번

86 百方 : [ ]

87 左右 : [ ]

88 上衣 : [ ]

## 08 ㉠획의 쓰는 순서를 쓰세요. 89~90번

89 

........................ [ 번째 ]

90 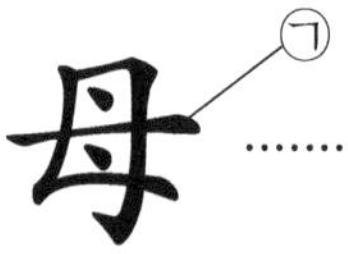

........................ [ 번째 ]

• 채점방식 ▪ 1문제 : 1점
• 합격점수 ▪ 63점 이상

# 03회 한자능력검정시험 6급 기출·예상문제

## 01 다음 漢字語의 讀音을 쓰세요. 1~33번

1 消火 [ ] 2 表現 [ ]
3 題目 [ ] 4 草綠 [ ]
5 特席 [ ] 6 體育 [ ]
7 話術 [ ] 8 山村 [ ]
9 苦待 [ ] 10 植樹 [ ]
11 海路 [ ] 12 朝會 [ ]
13 平和 [ ] 14 強弱 [ ]
15 醫藥 [ ] 16 衣服 [ ]
17 用紙 [ ] 18 理由 [ ]
19 急行 [ ] 20 速度 [ ]
21 太陽 [ ] 22 直角 [ ]
23 雪花 [ ] 24 禮式 [ ]
25 勝利 [ ] 26 開通 [ ]
27 等級 [ ] 28 歌樂 [ ]
29 米飲 [ ] 30 番號 [ ]
31 算數 [ ] 32 活力 [ ]
33 果然 [ ]

## 02 다음 漢字의 訓과 音을 쓰세요. 34~56번

34 感 [ ] 35 遠 [ ]
36 交 [ ] 37 社 [ ]
38 園 [ ] 39 科 [ ]
40 集 [ ] 41 窓 [ ]
42 形 [ ] 43 圖 [ ]
44 愛 [ ] 45 開 [ ]
46 孫 [ ] 47 共 [ ]
48 向 [ ] 49 昨 [ ]
50 式 [ ] 51 發 [ ]
52 線 [ ] 53 光 [ ]
54 定 [ ] 55 休 [ ]
56 運 [ ]

## 03 다음 밑줄 친 漢字語를 漢字로 쓰세요. 57~76번

57 비가 오는 날에는 버스를 타고 하교합니다.
..................................... [ ]

58 나는 이 세상을 다 여행할 것이다.
..................................... [ ]

59 날마다 성실하게 학문에 힘쓰다.
..................................... [ ]

60 우리나라는 전체 면적에 비해 농지가 적다.
..................................... [ ]

61 공장에서는 많은 물건을 만들어 낸다.
..................................... [ ]

62 먼저 제가 인사를 드리겠습니다.
..................................... [ ]

63 시간 약속을 잘 지켜야 한다.
..................................... [ ]

64 종이비행기를 공중에 날렸습니다.
………………………………… [ ]

65 일요일에 우리 가족은 외식을 한다.
………………………………… [ ]

66 편안한 마음을 가지고 공부해라.
………………………………… [ ]

67 매일 꾸준히 운동하는 것이 건강에 좋다.
………………………………… [ ]

68 남동쪽 해상에 구름이 끼어 있다.
………………………………… [ ]

69 저 동네에는 전기가 잘 안 들어온다.
………………………………… [ ]

70 남녀가 함께 길을 걸어가고 있다.
………………………………… [ ]

71 동물 농장에서의 하루는 즐거웠다.
………………………………… [ ]

72 야산에 자생하는 꽃들이 아름답게 피었다.
………………………………… [ ]

73 천만 뜻밖의 일이 생겼다.
………………………………… [ ]

74 하루가 삼추같이 길게만 느껴졌다.
………………………………… [ ]

75 차도에서 공놀이를 하면 안 된다.
………………………………… [ ]

76 올 겨울에 아파트에 입주한다.
………………………………… [ ]

## 04 다음 漢字의 반대자 또는 상대자를 골라 그 번호를 쓰세요. 77~79번

77 夜 [ ] : ① 夕 ② 晝 ③ 中 ④ 朝

78 遠 [ ] : ① 永 ② 方 ③ 空 ④ 近

79 死 [ ] : ① 命 ② 重 ③ 活 ④ 力

## 05 다음 漢字와 뜻이 비슷한 漢字를 쓰세요. 80~81번

80 計 - [ ] 81 樹 - [ ]

## 06 다음 [ ]에 들어갈 漢字를 |보기|에서 골라 그 번호를 쓰세요. 82~85번

|보기|

① 親 ② 水 ③ 公 ④ 手 ⑤ 堂 ⑥ 新

82 正正[ ]堂 83 自[ ]成家

84 父子有[ ] 85 [ ]明正大

## 07 다음 漢字語의 뜻을 쓰세요. 86~88번

86 長短 : [ ]

87 方言 : [ ]

88 手記 : [ ]

## 08 ㉠획의 쓰는 순서를 쓰세요. 89~90번

89 病 ㉠ ……………………… [ 번째 ]

90 北 ㉠ ……………………… [ 번째 ]

• 채점방식 ▪ 1문제 : 1점
• 합격점수 ▪ 63점 이상

## 《부수일람표》

| | | |
|---|---|---|
| 【1획】 | | |
| 一 | 하나 | 일 |
| 丨 | 뚫다 | 곤 |
| 丶 | 구절 찍다 | 주 |
| 丿 | 삐치다 | 별 |
| 乙 | 새 | 을 |
| 亅 | 갈고리 | 궐 |
| 【2획】 | | |
| 二 | 둘 | 이 |
| 亠 | 윗부분 | 두 |
| 人·亻 | 사람 | 인 |
| 儿 | 어진사람 | 인 |
| 入 | 들어가다 | 입 |
| 八 | 여덟 | 팔 |
| 冂 | 멀다·들밖 | 경 |
| 冖 | 덮다 | 멱 |
| 冫 | 얼음 | 빙 |
| 几 | 책상 | 궤 |
| 凵 | 입벌리다 | 감 |
| 刀·刂 | 칼 | 도 |
| 力 | 힘 | 력 |
| 勹 | 감싸다 | 포 |
| 匕 | 숟가락·비수 | 비 |
| 匚 | 모진그릇 | 방 |
| 匸 | 감추다 | 혜 |
| 十 | 열 | 십 |
| 卜 | 점 | 복 |
| 卩·㔾 | 병부 | 절 |
| 厂 | 기슭 | 엄 |
| 厶 | 사사 | 사 |
| 又 | 또 | 우 |
| 【3획】 | | |
| 口 | 입 | 구 |
| 囗 | 에워싸다 | 위 |
| 土 | 흙 | 토 |
| 士 | 선비 | 사 |
| 夂 | 뒤에 오다 | 치 |
| 夊 | 편안히 걷다 | 쇠 |
| 夕 | 저녁 | 석 |
| 大 | 크다 | 대 |
| 女 | 계집 | 녀 |
| 子 | 아들 | 자 |
| 宀 | 집 | 면 |
| 寸 | 마디 | 촌 |
| 小 | 작다 | 소 |
| 尢·兀 | 절뚝발이 | 왕 |
| 尸 | 주검 | 시 |
| 屮 | 움이나다 | 철 |
| 山 | 메 | 산 |
| 川·巛 | 내 | 천 |
| 工 | 장인 | 공 |
| 己 | 몸 | 기 |
| 巾 | 수건 | 건 |
| 干 | 방패 | 간 |
| 幺 | 작다 | 요 |
| 广 | 돌집 | 엄 |
| 廴 | 길게 걷다 | 인 |
| 廾 | 손 맞잡다 | 공 |
| 弋 | 주살 | 익 |
| 弓 | 활 | 궁 |
| 彐·彑 | 돼지머리 | 계 |
| 彡 | 터럭 | 삼 |
| 彳 | 자축거리다 | 척 |
| 【4획】 | | |
| 心·忄·㣺 | 마음 | 심 |
| 戈 | 창 | 과 |
| 戶 | 집·지게문 | 호 |
| 手·扌 | 손·재방변 | 수 |
| 支 | 지탱하다 | 지 |
| 攴·攵 | 치다 | 복 |
| 文 | 글월 | 문 |
| 斗 | 말 | 두 |
| 斤 | 도끼 | 근 |
| 方 | 모 | 방 |
| 无·旡 | 없다 | 무 |
| 日 | 날·해 | 일 |
| 曰 | 가로되 | 왈 |
| 月 | 달 | 월 |
| 木 | 나무 | 목 |
| 欠 | 하품 | 흠 |
| 止 | 그치다 | 지 |
| 歹·歺 | 뼈 앙상하다 | 알 |
| 殳 | 창·치다 | 수 |
| 毋 | 없다 | 무 |
| 比 | 견주다 | 비 |
| 毛 | 털 | 모 |
| 氏 | 각시·성씨 | 씨 |
| 气 | 기운 | 기 |
| 水·氵·氺 | 물 | 수 |
| 火·灬 | 불 | 화 |
| 爪·爫 | 손톱 | 조 |
| 父 | 아버지 | 부 |
| 爻 | 사귀다 | 효 |
| 爿 | 조각널 | 장 |
| 片 | 조각 | 편 |
| 牙 | 어금니 | 아 |
| 牛·牜 | 소 | 우 |
| 犬·犭 | 개 | 견 |
| 【5획】 | | |
| 玉·王 | 구슬 | 옥 |
| 玄 | 검다 | 현 |
| 瓜 | 오이 | 과 |
| 瓦 | 기와·질그릇 | 와 |
| 甘 | (맛이)달다 | 감 |
| 生 | 낳다·살다 | 생 |
| 用 | 사용하다 | 용 |
| 田 | 밭 | 전 |
| 疋 | 발 | 소 |
| 疒 | 질병 | 녁 |
| 癶 | 걷다·가다 | 발 |
| 白 | 희다·아뢰다 | 백 |
| 皮 | 가죽·껍질 | 피 |
| 皿 | 그릇 | 명 |
| 目 | 눈 | 목 |
| 矛 | 창 | 모 |
| 矢 | 화살 | 시 |
| 石 | 돌·섬 | 석 |
| 示·礻 | 보이다 | 시 |
| 禸 | 짐승 발자국 | 유 |
| 禾 | 벼·곡식 | 화 |
| 穴 | 구멍 | 혈 |
| 立 | 서다·세우다 | 립 |
| 【6획】 | | |
| 竹 | 대나무 | 죽 |
| 米 | 쌀 | 미 |
| 糸 | 실 | 사 |
| 缶 | 장군 | 부 |
| 网·罒 | 그물 | 망 |
| 羊 | 양 | 양 |
| 羽 | 깃 | 우 |
| 老·耂 | 늙다 | 로 |
| 而 | 말을 잇다 | 이 |
| 耒 | 쟁기 | 뢰 |
| 耳 | 귀 | 이 |
| 聿 | 붓 | 율 |
| 肉·月 | 고기 | 육 |
| 臣 | 신하 | 신 |
| 自 | 스스로 | 자 |
| 至 | 이르다 | 지 |
| 臼 | 절구 | 구 |
| 舌 | 혀 | 설 |
| 舛 | 어그러지다 | 천 |
| 舟 | 배 | 주 |
| 艮 | 그치다 | 간 |
| 色 | 빛 | 색 |
| 艸·艹 | 풀 | 초 |
| 虍 | 범의 문채 | 호 |
| 虫 | 벌레 | 충 |
| 血 | 피 | 혈 |
| 行 | 다니다 | 행 |
| 衣·衤 | 옷 | 의 |
| 襾·西 | 덮다 | 아 |
| 【7획】 | | |
| 見 | 보다 | 견 |
| 角 | 뿔 | 각 |
| 言 | 말씀 | 언 |
| 谷 | 골짜기 | 곡 |
| 豆 | 콩 | 두 |
| 豕 | 돼지 | 시 |
| 豸 | 발없는벌레 | 치 |
| 貝 | 조개 | 패 |
| 赤 | 붉다 | 적 |
| 走 | 달리다 | 주 |
| 足 | 발 | 족 |
| 身 | 몸 | 신 |
| 車 | 수레 | 거 |
| 辛 | 맵다 | 신 |
| 辰 | 별 | 진 |
| 辵·辶 | 쉬엄쉬엄가다 | 착 |
| 邑·阝 | 고을 | 읍 |
| 酉 | 닭 | 유 |
| 釆 | 분별하다 | 변 |
| 里 | 마을 | 리 |
| 【8획】 | | |
| 金 | 쇠 | 금 |
| 長·镸 | 길다 | 장 |
| 門 | 문 | 문 |
| 阜·阝 | 언덕 | 부 |
| 隶 | 미치다 | 이 |
| 隹 | 새 | 추 |
| 雨 | 비 | 우 |
| 靑 | 푸르다 | 청 |
| 非 | 아니다 | 비 |
| 【9획】 | | |
| 面 | 얼굴 | 면 |
| 革 | 가죽 | 혁 |
| 韋 | 다룬가죽 | 위 |
| 韭 | 부추 | 구 |
| 音 | 소리 | 음 |
| 頁 | 머리 | 혈 |
| 風 | 바람 | 풍 |
| 飛 | 날다 | 비 |
| 食 | 먹다·밥 | 식 |
| 首 | 머리 | 수 |
| 香 | 향기 | 향 |
| 【10획】 | | |
| 馬 | 말 | 마 |
| 骨 | 뼈 | 골 |
| 高 | 높다 | 고 |
| 髟 | 머리늘어지다 | 표 |
| 鬥 | 싸우다 | 투 |
| 鬯 | 술이름 | 창 |
| 鬲 | 막다 | 격 |
| 鬼 | 귀신 | 귀 |
| 【11획】 | | |
| 魚 | 물고기 | 어 |
| 鳥 | 새 | 조 |
| 鹵 | 소금밭 | 로 |
| 鹿 | 사슴 | 록 |
| 麥 | 보리 | 맥 |
| 麻 | 삼 | 마 |
| 【12획】 | | |
| 黃 | 누른빛 | 황 |
| 黍 | 기장 | 서 |
| 黑 | 검다 | 흑 |
| 黹 | 바느질하다 | 치 |
| 【13획】 | | |
| 黽 | 맹꽁이 | 맹 |
| 鼎 | 솥 | 정 |
| 鼓 | 북 | 고 |
| 鼠 | 쥐 | 서 |
| 【14획】 | | |
| 鼻 | 코 | 비 |
| 齊 | 가지런하다 | 제 |
| 【15획】 | | |
| 齒 | 이·나이 | 치 |
| 【16획】 | | |
| 龍 | 용 | 룡 |
| 龜 | 거북 | 귀 |
| 【17획】 | | |
| 龠 | 피리 | 약 |

▸ 부수는 한자를 구성하는 기본 글자로, 모두 214자입니다.

| | | | | | | | | | | |
|---|---|---|---|---|---|---|---|---|---|---|
| 一 | 丨 | 丶 | 丿 | 乙 | 亅 | 二 | 亠 | 人 | 儿 | 入 |
| 八 | 冂 | 冖 | 冫 | 几 | 凵 | 刀 | 力 | 勹 | 匕 | 匚 |
| 匸 | 十 | 卜 | 卩 | 厂 | 厶 | 又 | 口 | 囗 | 土 | 士 |
| 夂 | 夊 | 夕 | 大 | 女 | 子 | 宀 | 寸 | 小 | 尢 | 尸 |
| 屮 | 山 | 巛 | 工 | 己 | 巾 | 干 | 幺 | 广 | 廴 | 廾 |
| 弋 | 弓 | 彐 | 彡 | 彳 | 心 | 戈 | 戶 | 手 | 支 | 攴 |
| 文 | 斗 | 斤 | 方 | 无 | 日 | 曰 | 月 | 木 | 欠 | 止 |
| 歹 | 殳 | 毋 | 比 | 毛 | 氏 | 气 | 水 | 火 | 爪 | 父 |
| 爻 | 爿 | 片 | 牙 | 牛 | 犬 | 玄 | 玉 | 瓜 | 瓦 | 甘 |
| 生 | 用 | 田 | 疋 | 疒 | 癶 | 白 | 皮 | 皿 | 目 | 矛 |
| 矢 | 石 | 示 | 禸 | 禾 | 穴 | 立 | 竹 | 米 | 糸 | 缶 |
| 网 | 羊 | 羽 | 老 | 而 | 耒 | 耳 | 聿 | 肉 | 臣 | 自 |
| 至 | 臼 | 舌 | 舛 | 舟 | 艮 | 色 | 艸 | 虍 | 虫 | 血 |
| 行 | 衣 | 襾 | 見 | 角 | 言 | 谷 | 豆 | 豕 | 豸 | 貝 |
| 赤 | 走 | 足 | 身 | 車 | 辛 | 辰 | 辵 | 邑 | 酉 | 釆 |
| 里 | 金 | 長 | 門 | 阜 | 隶 | 隹 | 雨 | 靑 | 非 | 面 |
| 革 | 韋 | 韭 | 音 | 頁 | 風 | 飛 | 食 | 首 | 香 | 馬 |
| 骨 | 高 | 髟 | 鬥 | 鬯 | 鬲 | 鬼 | 魚 | 鳥 | 鹵 | 鹿 |
| 麥 | 麻 | 黃 | 黍 | 黑 | 黹 | 黽 | 鼎 | 鼓 | 鼠 | 鼻 |
| 齊 | 齒 | 龍 | 龜 | 龠 | | | | | | |

(사)한국어문회 주관 | 교육급수 지침서

# 한자능력 검정시험

6급
6급Ⅱ

부록 · 쓰기연습 포함

- 본문학습 해답
- 평가문제 / 기출 · 예상문제 해답
- 6급 배정한자[300자 – 가나다순]
- 쓰기연습

# 한자능력 검정시험

# 본문학습 해답

# 학습 도움

## 본문학습 해답

본문학습(63쪽 ~ 184쪽)에서 제시된 한자활용의 훈음訓音·독음讀音과 꼭꼭다지기 문제의 해답을 수록한 것입니다.

## 학습방법

✔ 해답을 확인한 후에 한자를 백지로 가린 다음, 훈음訓音·독음讀音에 알맞은 한자어의 뜻을 설명하여 봅니다.

✔ 6급을 마치고 5급 교재를 학습하기 전에, 한자를 백지로 가린 다음 훈음訓音·독음讀音에 알맞은 한자어漢字語를 한자漢字로 바꾸어 써봅니다.

✔ 틀린 것에 대해서는 한 글자씩 연습하는 것보다 낱말을 연결하여 익히는 것이 훨씬 오래 기억될 것입니다.

## 본문학습 1

一生 : ( 한 일 ) ( 날 생 ) ▷ ( 일생 )
一定 : ( 한 일 ) ( 정할 정 ) ▷ ( 일정 )
中間 : ( 가운데 중 ) ( 사이 간 ) ▷ ( 중간 )
中立 : ( 가운데 중 ) ( 설 립 ) ▷ ( 중립 )
主人 : ( 주인 주 ) ( 사람 인 ) ▷ ( 주인 )
主題 : ( 주인 주 ) ( 제목 제 ) ▷ ( 주제 )
水球 : ( 물 수 ) ( 공 구 ) ▷ ( 수구 )
溫水 : ( 따뜻할 온 ) ( 물 수 ) ▷ ( 온수 )
事前 : ( 일 사 ) ( 앞 전 ) ▷ ( 사전 )
事由 : ( 일 사 ) ( 말미암을 유 ) ▷ ( 사유 )

문제해답 ................................ 65쪽
(1) 중심 (2) 수평 (3) 차주 (4) 농사

문제해답 ................................ 66쪽
(1) 電話 (2) 三寸 (3) 登校 (4) 國土

## 본문학습 2

第二 : ( 차례 제 ) ( 두 이 ) ▷ ( 제이 )
二等 : ( 두 이 ) ( 무리 등 ) ▷ ( 이등 )
上京 : ( 윗 상 ) ( 서울 경 ) ▷ ( 상경 )
入京 : ( 들 입 ) ( 서울 경 ) ▷ ( 입경 )
人工 : ( 사람 인 ) ( 장인 공 ) ▷ ( 인공 )
人道 : ( 사람 인 ) ( 길 도 ) ▷ ( 인도 )
住民 : ( 살 주 ) ( 백성 민 ) ▷ ( 주민 )
入住 : ( 들 입 ) ( 살 주 ) ▷ ( 입주 )
光線 : ( 빛 광 ) ( 줄 선 ) ▷ ( 광선 )
光明 : ( 빛 광 ) ( 밝을 명 ) ▷ ( 광명 )

문제해답 ................................ 67쪽
(1) 인력 (2) 야광 (3) 주소 (4) 광색
(5) 동경 (6) 인간 (7) 경읍 (8) 영주

문제해답 ................................ 68쪽
(1) 正直 (2) 正午 (3) 所重 (4) 青色

## 본문학습 3

入神 : ( 들 입 ) ( 귀신 신 ) ▷ ( 입신 )
入手 : ( 들 입 ) ( 손 수 ) ▷ ( 입수 )
八方 : ( 여덟 팔 ) ( 모 방 ) ▷ ( 팔방 )
八字 : ( 여덟 팔 ) ( 글자 자 ) ▷ ( 팔자 )
冬天 : ( 겨울 동 ) ( 하늘 천 ) ▷ ( 동천 )
冬服 : ( 겨울 동 ) ( 옷 복 ) ▷ ( 동복 )
出發 : ( 날 출 ) ( 필 발 ) ▷ ( 출발 )
出現 : ( 날 출 ) ( 나타날 현 ) ▷ ( 출현 )
樹木 : ( 나무 수 ) ( 나무 목 ) ▷ ( 수목 )
木手 : ( 나무 목 ) ( 손 수 ) ▷ ( 목수 )

문제해답 ································ 69쪽
(1) 입실 (2) 팔도 (3) 출동 (4) 고목

문제해답 ································ 70쪽
(1) 長男 (2) 秋夕 (3) 國花 (4) 學問

## 본문학습 4

體力 : ( 몸 체 ) ( 힘 력 ) ▷ ( 체력 )
強力 : ( 강할 강 ) ( 힘 력 ) ▷ ( 강력 )
北風 : ( 북녘 북 ) ( 바람 풍 ) ▷ ( 북풍 )
對北 : ( 대할 대 ) ( 북녘 북 ) ▷ ( 대북 )
區別 : ( 구분할 구 ) ( 다를 별 ) ▷ ( 구별 )
區分 : ( 구분할 구 ) ( 나눌 분 ) ▷ ( 구분 )
十分 : ( 열 십 ) ( 나눌 분 ) ▷ ( 십분 )
數十 : ( 셈 수 ) ( 열 십 ) ▷ ( 수십 )
多才 : ( 많을 다 ) ( 재주 재 ) ▷ ( 다재 )
才色 : ( 재주 재 ) ( 빛 색 ) ▷ ( 재색 )

문제해답 ································ 71쪽
(1) 역동 (2) 북한 (3) 구간 (4) 재기

문제해답 ································ 72쪽
(1) 校歌 (2) 入口 (3) 有名 (4) 男便

## 본문학습 5

洞口 : ( 골 동 ) ( 입 구 ) ▷ ( 동구 )
口頭 : ( 입 구 ) ( 머리 두 ) ▷ ( 구두 )
向上 : ( 향할 향 ) ( 윗 상 ) ▷ ( 향상 )
意向 : ( 뜻 의 ) ( 향할 향 ) ▷ ( 의향 )
國樂 : ( 나라 국 ) ( 노래 악 ) ▷ ( 국악 )
國運 : ( 나라 국 ) ( 옮길 운 ) ▷ ( 국운 )
風土 : ( 바람 풍 ) ( 흙 토 ) ▷ ( 풍토 )
出土 : ( 날 출 ) ( 흙 토 ) ▷ ( 출토 )
立夏 : ( 설 립 ) ( 여름 하 ) ▷ ( 입하 )
夏服 : ( 여름 하 ) ( 옷 복 ) ▷ ( 하복 )

문제해답 ································ 73쪽
(1) 방향 (2) 각국 (3) 국회 (4) 강국

문제해답 ································ 74쪽
(1) 生日 (2) 休日 (3) 命中 (4) 地上

## 본문학습 6

夕陽 : ( 저녁 석 ) ( 볕 양 ) ▷ ( 석양 )
日夕 : ( 날 일 ) ( 저녁 석 ) ▷ ( 일석 )
大會 : ( 큰 대 ) ( 모일 회 ) ▷ ( 대회 )
強大 : ( 강할 강 ) ( 큰 대 ) ▷ ( 강대 )

孫女 : ( 손자 손 ) ( 계집 녀 ) ▷ ( 손녀 )
孝女 : ( 효도 효 ) ( 계집 녀 ) ▷ ( 효녀 )
太子 : ( 클 태 ) ( 아들 자 ) ▷ ( 태자 )
利子 : ( 이할 리 ) ( 아들 자 ) ▷ ( 이자 )
家長 : ( 집 가 ) ( 긴 장 ) ▷ ( 가장 )
家訓 : ( 집 가 ) ( 가르칠 훈 ) ▷ ( 가훈 )

문제해답 ............ 75쪽
(1) 작가 (2)자음 (3) 분자 (4) 여군

문제해답 ............ 76쪽
(1) 洞里 (2) 主人 (3) 小數 (4) 一生

## 본문학습 7

方寸 : ( 모 방 ) ( 마디 촌 ) ▷ ( 방촌 )
分寸 : ( 나눌 분 ) ( 마디 촌 ) ▷ ( 분촌 )
小生 : ( 작을 소 ) ( 날 생 ) ▷ ( 소생 )
小國 : ( 작을 소 ) ( 나라 국 ) ▷ ( 소국 )
山野 : ( 메 산 ) ( 들 야 ) ▷ ( 산야 )
山水 : ( 메 산 ) ( 물 수 ) ▷ ( 산수 )
母川 : ( 어미 모 ) ( 내 천 ) ▷ ( 모천 )
大川 : ( 큰 대 ) ( 내 천 ) ▷ ( 대천 )
公席 : ( 공평할 공 ) ( 자리 석 ) ▷ ( 공석 )
出席 : ( 날 출 ) ( 자리 석 ) ▷ ( 출석 )

문제해답 ............ 77쪽
(1) 상석 (2) 사촌 (3) 대소 (4) 산천

문제해답 ............ 78쪽
(1) 農夫 (2) 人事 (3) 來日 (4) 先生

## 본문학습 8

年號 : ( 해 년 ) ( 이름 호 ) ▷ ( 연호 )
今年 : ( 이제 금 ) ( 해 년 ) ▷ ( 금년 )
溫度 : ( 따뜻할 온 ) ( 법도 도 ) ▷ ( 온도 )
高度 : ( 높을 고 ) ( 법도 도 ) ▷ ( 고도 )
工作 : ( 장인 공 ) ( 지을 작 ) ▷ ( 공작 )
工業 : ( 장인 공 ) ( 업 업 ) ▷ ( 공업 )
禮式 : ( 예도 례 ) ( 법 식 ) ▷ ( 예식 )
新式 : ( 새 신 ) ( 법 식 ) ▷ ( 신식 )
強者 : ( 강할 강 ) ( 놈 자 ) ▷ ( 강자 )
強度 : ( 강할 강 ) ( 법도 도 ) ▷ ( 강도 )

문제해답 ............ 79쪽
(1) 식장 (2) 연로 (3) 도수 (4) 공사

문제해답 ............ 80쪽
(1) 花草 (2) 國旗 (3) 住民 (4) 休紙

## 본문학습 9

形便 : ( 모양 형 ) ( 편할 편 ) ▷ ( 형편 )
形成 : ( 모양 형 ) ( 이룰 성 ) ▷ ( 형성 )
苦待 : ( 쓸 고 ) ( 기다릴 대 ) ▷ ( 고대 )
待人 : ( 기다릴 대 ) ( 사람 인 ) ▷ ( 대인 )
心氣 : ( 마음 심 ) ( 기운 기 ) ▷ ( 심기 )
心理 : ( 마음 심 ) ( 다스릴 리 ) ▷ ( 심리 )
成長 : ( 이룰 성 ) ( 긴 장 ) ▷ ( 성장 )
作成 : ( 지을 작 ) ( 이룰 성 ) ▷ ( 작성 )
老年 : ( 늙을 로 ) ( 해 년 ) ▷ ( 노년 )
老後 : ( 늙을 로 ) ( 뒤 후 ) ▷ ( 노후 )

문제해답 ................................ 81쪽
(1) 형식 (2) 입신 (3) 합심 (4) 성공

문제해답 ................................ 82쪽
(1) 전과 (2) 편리 (3) 國語 (4) 단문

## 본문학습 10

手術 : ( 손 수 ) ( 재주 술 ) ▷ ( 수술 )
身手 : ( 몸 신 ) ( 손 수 ) ▷ ( 신수 )
教訓 : ( 가르칠 교 ) ( 가르칠 훈 ) ▷ ( 교훈 )
教科 : ( 가르칠 교 ) ( 과목 과 ) ▷ ( 교과 )
文書 : ( 글월 문 ) ( 글 서 ) ▷ ( 문서 )
長文 : ( 긴 장 ) ( 글월 문 ) ▷ ( 장문 )
新正 : ( 새 신 ) ( 바를 정 ) ▷ ( 신정 )
新綠 : ( 새 신 ) ( 푸를 록 ) ▷ ( 신록 )
今方 : ( 이제 금 ) ( 모 방 ) ▷ ( 금방 )
方言 : ( 모 방 ) ( 말씀 언 ) ▷ ( 방언 )

문제해답 ................................ 83쪽
(1) 석수 (2) 명월 (3) 교육 (4) 신작

문제해답 ................................ 84쪽
(1) 地下 (2) 午後 (3) 植物 (4) 每日

## 본문학습 11

母國 : ( 어미 모 ) ( 나라 국 ) ▷ ( 모국 )
母親 : ( 어미 모 ) ( 친할 친 ) ▷ ( 모친 )
生日 : ( 날 생 ) ( 날 일 ) ▷ ( 생일 )
明日 : ( 밝을 명 ) ( 날 일 ) ▷ ( 명일 )
明白 : ( 밝을 명 ) ( 흰 백 ) ▷ ( 명백 )
白晝 : ( 흰 백 ) ( 낮 주 ) ▷ ( 백주 )
正月 : ( 바를 정 ) ( 달 월 ) ▷ ( 정월 )
風月 : ( 바람 풍 ) ( 달 월 ) ▷ ( 풍월 )
成果 : ( 이룰 성 ) ( 실과 과 ) ▷ ( 성과 )
藥果 : ( 약 약 ) ( 실과 과 ) ▷ ( 약과 )

문제해답 ………………………… 85쪽

(1)서울 경 (2)빛 광 (3)구분할 구 (4)재주 재

문제해답 ………………………… 86쪽

(1) 不平 (2) 全國 (3) 主人 (4) 不足

## 본문학습 12

特活 : ( 특별할 특 ) ( 살 활 ) ▷ ( 특활 )
活路 : ( 살 활 ) ( 길 로 ) ▷ ( 활로 )
樹立 : ( 나무 수 ) ( 설 립 ) ▷ ( 수립 )
神樹 : ( 귀신 신 ) ( 나무 수 ) ▷ ( 신수 )
農歌 : ( 농사 농 ) ( 노래 가 ) ▷ ( 농가 )
國歌 : ( 나라 국 ) ( 노래 가 ) ▷ ( 국가 )
公正 : ( 공평할 공 ) ( 바를 정 ) ▷ ( 공정 )
正體 : ( 바를 정 ) ( 몸 체 ) ▷ ( 정체 )
戰死 : ( 싸움 전 ) ( 죽을 사 ) ▷ ( 전사 )
死活 : ( 죽을 사 ) ( 살 활 ) ▷ ( 사활 )

문제해답 ………………………… 87쪽

(1) 教 (2) 老 (3) 寸 (4) 北

문제해답 ………………………… 88쪽

(1) 正答 (2) 大軍 (3) 工場 (4) 時間

## 본문학습 13

石戰 : ( 돌 석 ) ( 싸움 전 ) ▷ ( 석전 )
死石 : ( 죽을 사 ) ( 돌 석 ) ▷ ( 사석 )
人氣 : ( 사람 인 ) ( 기운 기 ) ▷ ( 인기 )
氣體 : ( 기운 기 ) ( 몸 체 ) ▷ ( 기체 )
江海 : ( 강 강 ) ( 바다 해 ) ▷ ( 강해 )
江南 : ( 강 강 ) ( 남녘 남 ) ▷ ( 강남 )
清算 : ( 맑을 청 ) ( 셈 산 ) ▷ ( 청산 )
清風 : ( 맑을 청 ) ( 바람 풍 ) ▷ ( 청풍 )
火力 : ( 불 화 ) ( 힘 력 ) ▷ ( 화력 )
消火 : ( 사라질 소 ) ( 불 화 ) ▷ ( 소화 )

문제해답 ………………………… 89쪽

(1) 향할 향 (2) 자리 석 (3) 법도 도 (4) 법 식

문제해답 ………………………… 90쪽

(1) 七月 (2) 七夕 (3) 六月 (4) 室外

## 본문학습 14

父親 : ( 아비 부 ) ( 친할 친 ) ▷ ( 부친 )
國父 : ( 나라 국 ) ( 아비 부 ) ▷ ( 국부 )
人物 : ( 사람 인 ) ( 물건 물 ) ▷ ( 인물 )

文物 : ( 글월 문 ) ( 물건 물 ) ▷ ( 문물 )
農路 : ( 농사 농 ) ( 길 로 ) ▷ ( 농로 )
農藥 : ( 농사 농 ) ( 약 약 ) ▷ ( 농약 )
生前 : ( 날 생 ) ( 앞 전 ) ▷ ( 생전 )
生母 : ( 날 생 ) ( 어미 모 ) ▷ ( 생모 )
利用 : ( 이할 리 ) ( 쓸 용 ) ▷ ( 이용 )
愛用 : ( 사랑 애 ) ( 쓸 용 ) ▷ ( 애용 )

문제해답 ........................ 91쪽
(1) 活 (2) 歌 (3) 母 (4) 正

문제해답 ........................ 92쪽
(1) 不便 (2) 國土 (3) 教室 (4) 年中

## 본문학습 15

各界 : ( 각각 각 ) ( 지경 계 ) ▷ ( 각계 )
世界 : ( 인간 세 ) ( 지경 계 ) ▷ ( 세계 )
病苦 : ( 병 병 ) ( 쓸 고 ) ▷ ( 병고 )
病席 : ( 병 병 ) ( 자리 석 ) ▷ ( 병석 )
登用 : ( 오를 등 ) ( 쓸 용 ) ▷ ( 등용 )
登場 : ( 오를 등 ) ( 마당 장 ) ▷ ( 등장 )
百方 : ( 일백 백 ) ( 모 방 ) ▷ ( 백방 )
數百 : ( 셈 수 ) ( 일백 백 ) ▷ ( 수백 )
科目 : ( 과목 과 ) ( 눈 목 ) ▷ ( 과목 )
目前 : ( 눈 목 ) ( 앞 전 ) ▷ ( 목전 )

문제해답 ........................ 93쪽
(1) 실과 과 (2) 길 로
(3) 특별할 특 (4) 맑을 청

문제해답 ........................ 94쪽
(1) 旗手 (2) 入場 (3) 中心 (4) 江山

## 본문학습 16

短信 : ( 짧을 단 ) ( 믿을 신 ) ▷ ( 단신 )
短命 : ( 짧을 단 ) ( 목숨 명 ) ▷ ( 단명 )
答禮 : ( 대답 답 ) ( 예도 례 ) ▷ ( 답례 )
目禮 : ( 눈 목 ) ( 예도 례 ) ▷ ( 목례 )
千秋 : ( 일천 천 ) ( 가을 추 ) ▷ ( 천추 )
立秋 : ( 설 립 ) ( 가을 추 ) ▷ ( 입추 )
時空 : ( 때 시 ) ( 빌 공 ) ▷ ( 시공 )
空氣 : ( 빌 공 ) ( 기운 기 ) ▷ ( 공기 )
童話 : ( 아이 동 ) ( 말씀 화 ) ▷ ( 동화 )
童心 : ( 아이 동 ) ( 마음 심 ) ▷ ( 동심 )

문제해답 ........................ 95쪽
(1) 風 (2) 海 (3) 氣 (4) 文

문제해답 ........................ 96쪽
(1) 手記 (2) 民間 (3) 來韓 (4) 立場

## 본문학습 17

對答 : ( 대할 대 ) ( 대답 답 ) ▷ ( 대답 )
答信 : ( 대답 답 ) ( 믿을 신 ) ▷ ( 답신 )
白米 : ( 흰 백 ) ( 쌀 미 ) ▷ ( 백미 )
米色 : ( 쌀 미 ) ( 빛 색 ) ▷ ( 미색 )
級數 : ( 등급 급 ) ( 셈 수 ) ▷ ( 급수 )
體級 : ( 몸 체 ) ( 등급 급 ) ▷ ( 체급 )
美感 : ( 아름다울 미 ) ( 느낄 감 ) ▷ ( 미감 )
美風 : ( 아름다울 미 ) ( 바람 풍 ) ▷ ( 미풍 )
風習 : ( 바람 풍 ) ( 익힐 습 ) ▷ ( 풍습 )
習作 : ( 익힐 습 ) ( 지을 작 ) ▷ ( 습작 )

문제해답 ................................ 97쪽
(1) 三日 (2) 四日 (3) 七日 (4) 九日

문제해답 ................................ 98쪽
(1) 休日 (2) 下車 (3) 手話 (4) 祖上

## 본문학습 18

記者 : ( 기록할 기 ) ( 놈 자 ) ▷ ( 기자 )
近者 : ( 가까울 근 ) ( 놈 자 ) ▷ ( 근자 )
風聞 : ( 바람 풍 ) ( 들을 문 ) ▷ ( 풍문 )
新聞 : ( 새 신 ) ( 들을 문 ) ▷ ( 신문 )
育成 : ( 기를 육 ) ( 이룰 성 ) ▷ ( 육성 )
發育 : ( 필 발 ) ( 기를 육 ) ▷ ( 발육 )
自習 : ( 스스로 자 ) ( 익힐 습 ) ▷ ( 자습 )
自由 : ( 스스로 자 ) ( 말미암을 유 ) ▷ ( 자유 )
物色 : ( 물건 물 ) ( 빛 색 ) ▷ ( 물색 )
色感 : ( 빛 색 ) ( 느낄 감 ) ▷ ( 색감 )

문제해답 ................................ 99쪽
(1) 登 (2) 百 (3) 空 (4) 答

문제해답 ................................ 100쪽
(1) 登校 (2) 少數 (3) 直前 (4) 活動

## 본문학습 19

苦心 : ( 쓸 고 ) ( 마음 심 ) ▷ ( 고심 )
苦學 : ( 쓸 고 ) ( 배울 학 ) ▷ ( 고학 )
國號 : ( 나라 국 ) ( 이름 호 ) ▷ ( 국호 )
口號 : ( 입 구 ) ( 이름 호 ) ▷ ( 구호 )
行方 : ( 다닐 행 ) ( 모 방 ) ▷ ( 행방 )
發行 : ( 필 발 ) ( 다닐 행 ) ▷ ( 발행 )
衣服 : ( 옷 의 ) ( 옷 복 ) ▷ ( 의복 )
內衣 : ( 안 내 ) ( 옷 의 ) ▷ ( 내의 )
東西 : ( 동녘 동 ) ( 서녘 서 ) ▷ ( 동서 )
西風 : ( 서녘 서 ) ( 바람 풍 ) ▷ ( 서풍 )

문제해답 ........................ 101쪽

(1) 六日 (2) 八日 (3) 五日 (4) 十日

문제해답 ........................ 102쪽

(1) 萬物 (2) 同門 (3) 每年 (4) 食事

## 본문학습 20

科學 : (과목 과) (배울 학) ▷ (과학)
理科 : (다스릴 리) (과목 과) ▷ (이과)
號角 : (이름 호) (뿔 각) ▷ (호각)
角度 : (뿔 각) (법도 도) ▷ (각도)
言語 : (말씀 언) (말씀 어) ▷ (언어)
言行 : (말씀 언) (다닐 행) ▷ (언행)
自足 : (스스로 자) (발 족) ▷ (자족)
長足 : (긴 장) (발 족) ▷ (장족)
身長 : (몸 신) (긴 장) ▷ (신장)
身體 : (몸 신) (몸 체) ▷ (신체)

문제해답 ........................ 103쪽

(1) 數 (2) 育 (3) 西 (4) 秋

문제해답 ........................ 104쪽

(1) 時間 (2) 教室 (3) 入學 (4) 同生

## 본문학습 21

車窓 : (수레 차) (창 창) ▷ (차창)
戰車 : (싸움 전) (수레 차) ▷ (전차)
近來 : (가까울 근) (올 래) ▷ (근래)
近海 : (가까울 근) (바다 해) ▷ (근해)
邑長 : (고을 읍) (긴 장) ▷ (읍장)
邑民 : (고을 읍) (백성 민) ▷ (읍민)
醫術 : (의원 의) (재주 술) ▷ (의술)
名醫 : (이름 명) (의원 의) ▷ (명의)
洞里 : (골 동) (마을 리) ▷ (동리)
海里 : (바다 해) (마을 리) ▷ (해리)

문제해답 ........................ 105쪽

(1) 말씀 언 (2) 발 족 (3) 들을 문
(4) 짧을 단 (5) 쓸 고 (6) 뿔 각
(7) 기를 육 (8) 이름 호

문제해답 ........................ 106쪽

(1) 海外 (2) 市場 (3) 西風 (4) 漢江

## 본문학습 22

合金 : (합할 합) (쇠 금) ▷ (합금)
年金 : (해 년) (쇠 금) ▷ (연금)

長成 : ( 긴 장 ) ( 이룰 성 ) ▷ ( 장성 )
長短 : ( 긴 장 ) ( 짧을 단 ) ▷ ( 장단 )
窓門 : ( 창 창 ) ( 문 문 ) ▷ ( 창문 )
同門 : ( 한가지 동 ) ( 문 문 ) ▷ ( 동문 )
陽地 : ( 볕 양 ) ( 땅[따] 지 ) ▷ ( 양지 )
太陽 : ( 클 태 ) ( 볕 양 ) ▷ ( 태양 )
集計 : ( 모을 집 ) ( 셀 계 ) ▷ ( 집계 )
集會 : ( 모을 집 ) ( 모일 회 ) ▷ ( 집회 )

문제해답 ............................ 107쪽
(1) 歌 (2) 江 (3) 物 (4) 登

문제해답 ............................ 108쪽
(1) 朝食 (2) 夕食 (3) 住所 (4) 姓名

## 본문학습 23

孝行 : ( 효도 효 ) ( 다닐 행 ) ▷ ( 효행 )
孝道 : ( 효도 효 ) ( 길 도 ) ▷ ( 효도 )
青年 : ( 푸를 청 ) ( 해 년 ) ▷ ( 청년 )
青綠 : ( 푸를 청 ) ( 푸를 록 ) ▷ ( 청록 )
體面 : ( 몸 체 ) ( 낯 면 ) ▷ ( 체면 )
紙面 : ( 종이 지 ) ( 낯 면 ) ▷ ( 지면 )
韓服 : ( 나라 한 ) ( 옷 복 ) ▷ ( 한복 )
韓醫 : ( 나라 한 ) ( 의원 의 ) ▷ ( 한의 )
和音 : ( 화할 화 ) ( 소리 음 ) ▷ ( 화음 )
音樂 : ( 소리 음 ) ( 노래 악 ) ▷ ( 음악 )

문제해답 ............................ 109쪽
(1) 쓸 용 (2) 맑을 청 (3) 죽을 사 (4) 실과 과

문제해답 ............................ 110쪽
(1) 自立 (2) 子弟 (3) 先祖 (4) 生活

## 본문학습 24

頭角 : ( 머리 두 ) ( 뿔 각 ) ▷ ( 두각 )
出頭 : ( 날 출 ) ( 머리 두 ) ▷ ( 출두 )
風物 : ( 바람 풍 ) ( 물건 물 ) ▷ ( 풍물 )
古風 : ( 예 고 ) ( 바람 풍 ) ▷ ( 고풍 )
食代 : ( 먹을 식 ) ( 대신할 대 ) ▷ ( 식대 )
食用 : ( 먹을 식 ) ( 쓸 용 ) ▷ ( 식용 )
體育 : ( 몸 체 ) ( 기를 육 ) ▷ ( 체육 )
立體 : ( 설 립 ) ( 몸 체 ) ▷ ( 입체 )
高音 : ( 높을 고 ) ( 소리 음 ) ▷ ( 고음 )
高手 : ( 높을 고 ) ( 손 수 ) ▷ ( 고수 )

문제해답 ............................ 111쪽
(1) 秋 (2) 答 (3) 育 (4) 西

문제해답 ............................ 112쪽
(1) 電話 (2) 洞口 (3) 校門 (4) 王子

## 본문학습 25

黃金 : ( 누를 황 ) ( 쇠 금 ) ▷ ( 황금 )
黃色 : ( 누를 황 ) ( 빛 색 ) ▷ ( 황색 )
不信 : ( 아닐 불 ) ( 믿을 신 ) ▷ ( 불신 )
不幸 : ( 아닐 불 ) ( 다행 행 ) ▷ ( 불행 )
九天 : ( 아홉 구 ) ( 하늘 천 ) ▷ ( 구천 )
九秋 : ( 아홉 구 ) ( 가을 추 ) ▷ ( 구추 )
五感 : ( 다섯 오 ) ( 느낄 감 ) ▷ ( 오감 )
五寸 : ( 다섯 오 ) ( 마디 촌 ) ▷ ( 오촌 )
交通 : ( 사귈 교 ) ( 통할 통 ) ▷ ( 교통 )
國交 : ( 나라 국 ) ( 사귈 교 ) ▷ ( 국교 )

문제해답 ............................ 113쪽
(1) 의원 의 (2) 모을 집 (3) 볕 양 (4) 소리 음

문제해답 ............................ 114쪽
(1) 四寸 (2) 小數 (3) 不孝 (4) 工夫

## 본문학습 26

古今 : ( 예 고 ) ( 이제 금 ) ▷ ( 고금 )
今番 : ( 이제 금 ) ( 차례 번 ) ▷ ( 금번 )
便利 : ( 편할 편 ) ( 이할 리 ) ▷ ( 편리 )
便所 : ( 똥오줌 변 ) ( 바 소 ) ▷ ( 변소 )
先天 : ( 먼저 선 ) ( 하늘 천 ) ▷ ( 선천 )
先頭 : ( 먼저 선 ) ( 머리 두 ) ▷ ( 선두 )
內服 : ( 안 내 ) ( 옷 복 ) ▷ ( 내복 )
內角 : ( 안 내 ) ( 뿔 각 ) ▷ ( 내각 )
公平 : ( 공평할 공 ) ( 평평할 평 ) ▷ ( 공평 )
公式 : ( 공평할 공 ) ( 법 식 ) ▷ ( 공식 )

문제해답 ............................ 115쪽
(1) 足 (2) 月 (3) 色 (4) 空

문제해답 ............................ 116쪽
(1) 植木 (2) 東海 (3) 風力 (4) 自然

## 본문학습 27

金利 : ( 쇠 금 ) ( 이할 리 ) ▷ ( 금리 )
勝利 : ( 이길 승 ) ( 이할 리 ) ▷ ( 승리 )
成功 : ( 이룰 성 ) ( 공 공 ) ▷ ( 성공 )
戰功 : ( 싸움 전 ) ( 공 공 ) ▷ ( 전공 )
對立 : ( 대할 대 ) ( 설 립 ) ▷ ( 대립 )
國立 : ( 나라 국 ) ( 설 립 ) ▷ ( 국립 )
南北 : ( 남녘 남 ) ( 북녘 북 ) ▷ ( 남북 )
南向 : ( 남녘 남 ) ( 향할 향 ) ▷ ( 남향 )
反問 : ( 돌이킬 반 ) ( 물을 문 ) ▷ ( 반문 )
反對 : ( 돌이킬 반 ) ( 대할 대 ) ▷ ( 반대 )

문제해답 ………………………… 117쪽

(1) 지경 계　(2) 나무 수
(3) 돌 석　(4) 아름다울 미

문제해답 ………………………… 118쪽

(1) 百姓　(2) 生日　(3) 春秋　(4) 正答

## 본문학습 28

各自 : ( 각각 각 ) ( 스스로 자 ) ▷ ( 각자 )
各界 : ( 각각 각 ) ( 지경 계 ) ▷ ( 각계 )
和合 : ( 화할 화 ) ( 합할 합 ) ▷ ( 화합 )
不和 : ( 아닐 불 ) ( 화할 화 ) ▷ ( 불화 )
圖章 : ( 그림 도 ) ( 글 장 ) ▷ ( 도장 )
圖書 : ( 그림 도 ) ( 글 서 ) ▷ ( 도서 )
明堂 : ( 밝을 명 ) ( 집 당 ) ▷ ( 명당 )
食堂 : ( 먹을 식 ) ( 집 당 ) ▷ ( 식당 )
多讀 : ( 많을 다 ) ( 읽을 독 ) ▷ ( 다독 )
多數 : ( 많을 다 ) ( 셈 수 ) ▷ ( 다수 )

문제해답 ………………………… 119쪽

(1) 父　(2) 火　(3) 活　(4) 白

문제해답 ………………………… 120쪽

(1) 海上　(2) 農地　(3) 電力　(4) 安全

## 본문학습 29

工夫 : ( 장인 공 ) ( 지아비 부 ) ▷ ( 공부 )
弟夫 : ( 아우 제 ) ( 지아비 부 ) ▷ ( 제부 )
始作 : ( 비로소 시 ) ( 지을 작 ) ▷ ( 시작 )
始祖 : ( 비로소 시 ) ( 할아비 조 ) ▷ ( 시조 )
長孫 : ( 긴 장 ) ( 손자 손 ) ▷ ( 장손 )
孫子 : ( 손자 손 ) ( 아들 자 ) ▷ ( 손자 )
溫室 : ( 따뜻할 온 ) ( 집 실 ) ▷ ( 온실 )
教室 : ( 가르칠 교 ) ( 집 실 ) ▷ ( 교실 )
對等 : ( 대할 대 ) ( 무리 등 ) ▷ ( 대등 )
對面 : ( 대할 대 ) ( 낯 면 ) ▷ ( 대면 )

문제해답 ………………………… 121쪽

(1) 눈 목　(2) 병 병
(3) 짧을 단　(4) 놈 자

문제해답 ………………………… 122쪽

(1) 國語　(2) 正午　(3) 外面　(4) 花草

## 본문학습 30

少年 : ( 젊을 소 ) ( 해 년 ) ▷ ( 소년 )
多少 : ( 많을 다 ) ( 적을 소 ) ▷ ( 다소 )
市場 : ( 저자 시 ) ( 마당 장 ) ▷ ( 시장 )
開市 : ( 열 개 ) ( 저자 시 ) ▷ ( 개시 )

平野 : ( 평평할 평 ) ( 들 야 ) ▷ ( 평야 )
平和 : ( 평평할 평 ) ( 화할 화 ) ▷ ( 평화 )
校庭 : ( 학교 교 ) ( 뜰 정 ) ▷ ( 교정 )
家庭 : ( 집 가 ) ( 뜰 정 ) ▷ ( 가정 )
左右 : ( 왼 좌 ) ( 오른 우 ) ▷ ( 좌우 )
左便 : ( 왼 좌 ) ( 편할 편 ) ▷ ( 좌편 )

문제해답 ............................ 123쪽
(1) 生 (2) 正 (3) 前 (4) 國

문제해답 ............................ 124쪽
(1) 韓國 (2) 軍歌 (3) 子正 (4) 國旗

## 본문학습 31

強弱 : ( 강할 강 ) ( 약할 약 ) ▷ ( 강약 )
弱體 : ( 약할 약 ) ( 몸 체 ) ▷ ( 약체 )
死後 : ( 죽을 사 ) ( 뒤 후 ) ▷ ( 사후 )
後孫 : ( 뒤 후 ) ( 손자 손 ) ▷ ( 후손 )
感氣 : ( 느낄 감 ) ( 기운 기 ) ▷ ( 감기 )
直感 : ( 곧을 직 ) ( 느낄 감 ) ▷ ( 직감 )
交戰 : ( 사귈 교 ) ( 싸움 전 ) ▷ ( 교전 )
戰術 : ( 싸움 전 ) ( 재주 술 ) ▷ ( 전술 )
所感 : ( 바 소 ) ( 느낄 감 ) ▷ ( 소감 )
所聞 : ( 바 소 ) ( 들을 문 ) ▷ ( 소문 )

문제해답 ............................ 125쪽
(1) 의원 의 (2) 가까울 근
(3) 별 양 (4) 모을 집

문제해답 ............................ 126쪽
(1) 一生 (2) 國力 (3) 同一 (4) 老人

## 본문학습 32

由來 : ( 말미암을 유 ) ( 올 래 ) ▷ ( 유래 )
理由 : ( 다스릴 리 ) ( 말미암을 유 ) ▷ ( 이유 )
放學 : ( 놓을 방 ) ( 배울 학 ) ▷ ( 방학 )
開放 : ( 열 개 ) ( 놓을 방 ) ▷ ( 개방 )
反旗 : ( 돌이킬 반 ) ( 기 기 ) ▷ ( 반기 )
旗手 : ( 기 기 ) ( 손 수 ) ▷ ( 기수 )
每事 : ( 매양 매 ) ( 일 사 ) ▷ ( 매사 )
每番 : ( 매양 매 ) ( 차례 번 ) ▷ ( 매번 )
文明 : ( 글월 문 ) ( 밝을 명 ) ▷ ( 문명 )
發明 : ( 필 발 ) ( 밝을 명 ) ▷ ( 발명 )

문제해답 ............................ 127쪽
(1) 長 (2) 車 (3) 里 (4) 邑

문제해답 ............................ 128쪽
(1) 出入 (2) 小便 (3) 男子 (4) 母女

## 본문학습 33

書堂 : ( 글 서 ) ( 집 당 ) ▷ ( 서당 )
書畫 : ( 글 서 ) ( 그림 화 ) ▷ ( 서화 )
服用 : ( 옷 복 ) ( 쓸 용 ) ▷ ( 복용 )
校服 : ( 학교 교 ) ( 옷 복 ) ▷ ( 교복 )
根本 : ( 뿌리 근 ) ( 근본 본 ) ▷ ( 근본 )
球根 : ( 공 구 ) ( 뿌리 근 ) ▷ ( 구근 )
植物 : ( 심을 식 ) ( 물건 물 ) ▷ ( 식물 )
植樹 : ( 심을 식 ) ( 나무 수 ) ▷ ( 식수 )
民族 : ( 백성 민 ) ( 겨레 족 ) ▷ ( 민족 )
民間 : ( 백성 민 ) ( 사이 간 ) ▷ ( 민간 )

문제해답 ............................ 129쪽
(1) 높을 고 (2) 바람 풍 (3) 머리 두 (4) 몸 체

문제해답 ............................ 130쪽
(1) 山川 (2) 工場 (3) 農土 (4) 人口

## 본문학습 34

空洞 : ( 빌 공 ) ( 골 동 ) ▷ ( 공동 )
洞名 : ( 골 동 ) ( 이름 명 ) ▷ ( 동명 )
果然 : ( 실과 과 ) ( 그럴 연 ) ▷ ( 과연 )
本然 : ( 근본 본 ) ( 그럴 연 ) ▷ ( 본연 )
特命 : ( 특별할 특 ) ( 목숨 명 ) ▷ ( 특명 )
特使 : ( 특별할 특 ) ( 하여금 사 ) ▷ ( 특사 )
王朝 : ( 임금 왕 ) ( 아침 조 ) ▷ ( 왕조 )
王者 : ( 임금 왕 ) ( 놈 자 ) ▷ ( 왕자 )
長男 : ( 긴 장 ) ( 사내 남 ) ▷ ( 장남 )
男便 : ( 사내 남 ) ( 편할 편 ) ▷ ( 남편 )

문제해답 ............................ 131쪽
(1) 孝 (2) 面 (3) 食 (4) 青

문제해답 ............................ 132쪽
(1) 山所 (2) 秋夕 (3) 食口 (4) 下車

## 본문학습 35

發信 : ( 필 발 ) ( 믿을 신 ) ▷ ( 발신 )
發電 : ( 필 발 ) ( 번개 전 ) ▷ ( 발전 )
自省 : ( 스스로 자 ) ( 살필 성 ) ▷ ( 자성 )
反省 : ( 돌이킬 반 ) ( 살필 성 ) ▷ ( 반성 )
社長 : ( 모일 사 ) ( 긴 장 ) ▷ ( 사장 )
社會 : ( 모일 사 ) ( 모일 회 ) ▷ ( 사회 )
同窓 : ( 한가지 동 ) ( 창 창 ) ▷ ( 동창 )
窓口 : ( 창 창 ) ( 입 구 ) ▷ ( 창구 )
樂章 : ( 노래 악 ) ( 글 장 ) ▷ ( 악장 )
文章 : ( 글월 문 ) ( 글 장 ) ▷ ( 문장 )

문제해답 ······························ 133쪽

(1) 누를 황　(2) 사귈 교
(3) 이제 금　(4) 공평할 공

문제해답 ······························ 134쪽

(1) 北上　(2) 木工　(3) 天地　(4) 老母

## 본문학습 36

等級 : ( 무리 등 ) ( 등급 급 ) ▷ ( 등급 )
平等 : ( 평평할 평 ) ( 무리 등 ) ▷ ( 평등 )
綠色 : ( 푸를 록 ) ( 빛 색 ) ▷ ( 녹색 )
綠地 : ( 푸를 록 ) ( 땅[따] 지 ) ▷ ( 녹지 )
萬古 : ( 일만 만 ) ( 예 고 ) ▷ ( 만고 )
萬全 : ( 일만 만 ) ( 온전 전 ) ▷ ( 만전 )
學術 : ( 배울 학 ) ( 재주 술 ) ▷ ( 학술 )
美術 : ( 아름다울 미 ) ( 재주 술 ) ▷ ( 미술 )
表現 : ( 겉 표 ) ( 나타날 현 ) ▷ ( 표현 )
發表 : ( 필 발 ) ( 겉 표 ) ▷ ( 발표 )

문제해답 ······························ 135쪽

(1) 便　(2) 先　(3) 九　(4) 內

문제해답 ······························ 136쪽

(1) 兄夫　(2) 民間　(3) 四時　(4) 母校

## 본문학습 37

親近 : ( 친할 친 ) ( 가까울 근 ) ▷ ( 친근 )
親族 : ( 친할 친 ) ( 겨레 족 ) ▷ ( 친족 )
計算 : ( 셀 계 ) ( 셈 산 ) ▷ ( 계산 )
生計 : ( 날 생 ) ( 셀 계 ) ▷ ( 생계 )
路上 : ( 길 로 ) ( 윗 상 ) ▷ ( 노상 )
道路 : ( 길 도 ) ( 길 로 ) ▷ ( 도로 )
行軍 : ( 다닐 행 ) ( 군사 군 ) ▷ ( 행군 )
軍樂 : ( 군사 군 ) ( 노래 악 ) ▷ ( 군악 )
道理 : ( 길 도 ) ( 다스릴 리 ) ▷ ( 도리 )
道服 : ( 길 도 ) ( 옷 복 ) ▷ ( 도복 )

문제해답 ······························ 137쪽

(1) 돌이킬 반　(2) 공 공
(3) 그림 도　(4) 각각 각

문제해답 ······························ 138쪽

(1) 學問　(2) 出世　(3) 方正　(4) 市場

## 본문학습 38

郡民 : ( 고을 군 ) ( 백성 민 ) ▷ ( 군민 )
郡內 : ( 고을 군 ) ( 안 내 ) ▷ ( 군내 )
野球 : ( 들 야 ) ( 공 구 ) ▷ ( 야구 )

林野 : ( 수풀 림 ) ( 들 야 ) ▷ ( 임야 )
銀色 : ( 은 은 ) ( 빛 색 ) ▷ ( 은색 )
銀行 : ( 은 은 ) ( 다닐 행 ) ▷ ( 은행 )
時間 : ( 때 시 ) ( 사이 간 ) ▷ ( 시간 )
間食 : ( 사이 간 ) ( 먹을 식 ) ▷ ( 간식 )
雪花 : ( 눈 설 ) ( 꽃 화 ) ▷ ( 설화 )
白雪 : ( 흰 백 ) ( 눈 설 ) ▷ ( 백설 )

문제해답 ............................. 139쪽

(1) 立 (2) 室 (3) 南 (4) 夫

문제해답 ............................. 140쪽

(1) 不平 (2) 主食 (3) 來日 (4) 自白

## 본문학습 39

題目 : ( 제목 제 ) ( 눈 목 ) ▷ ( 제목 )
出題 : ( 날 출 ) ( 제목 제 ) ▷ ( 출제 )
飮食 : ( 마실 음 ) ( 먹을 식 ) ▷ ( 음식 )
米飮 : ( 쌀 미 ) ( 마실 음 ) ▷ ( 미음 )
三時 : ( 석 삼 ) ( 때 시 ) ▷ ( 삼시 )
三族 : ( 석 삼 ) ( 겨레 족 ) ▷ ( 삼족 )
代表 : ( 대신할 대 ) ( 겉 표 ) ▷ ( 대표 )
代身 : ( 대신할 대 ) ( 몸 신 ) ▷ ( 대신 )
休紙 : ( 쉴 휴 ) ( 종이 지 ) ▷ ( 휴지 )
休校 : ( 쉴 휴 ) ( 학교 교 ) ▷ ( 휴교 )

문제해답 ............................. 141쪽

(1) 뜰 정 (2) 비로소 시
(3) 대할 대 (4) 화할 화

문제해답 ............................. 142쪽

(1) 水平 (2) 午前 (3) 安心 (4) 六月

## 본문학습 40

學兄 : ( 배울 학 ) ( 형 형 ) ▷ ( 학형 )
長兄 : ( 긴 장 ) ( 형 형 ) ▷ ( 장형 )
全體 : ( 온전 전 ) ( 몸 체 ) ▷ ( 전체 )
全勝 : ( 온전 전 ) ( 이길 승 ) ▷ ( 전승 )
共通 : ( 한가지 공 ) ( 통할 통 ) ▷ ( 공통 )
公共 : ( 공평할 공 ) ( 한가지 공 ) ▷ ( 공공 )
特別 : ( 특별할 특 ) ( 다를 별 ) ▷ ( 특별 )
別世 : ( 다를 별 ) ( 인간 세 ) ▷ ( 별세 )
動向 : ( 움직일 동 ) ( 향할 향 ) ▷ ( 동향 )
感動 : ( 느낄 감 ) ( 움직일 동 ) ▷ ( 감동 )

문제해답 ............................. 143쪽

(1) 左 (2) 少 (3) 市 (4) 平

문제해답 ............................. 144쪽

(1) 登校 (2) 子弟 (3) 重大 (4) 手記

## 본문학습 41

半旗 : ( 반 반 ) ( 기 기 ) ▷ ( 반기 )
太半 : ( 클 태 ) ( 반 반 ) ▷ ( 태반 )
古風 : ( 예 고 ) ( 바람 풍 ) ▷ ( 고풍 )
古書 : ( 예 고 ) ( 글 서 ) ▷ ( 고서 )
問病 : ( 물을 문 ) ( 병 병 ) ▷ ( 문병 )
問題 : ( 물을 문 ) ( 제목 제 ) ▷ ( 문제 )
四角 : ( 넉 사 ) ( 뿔 각 ) ▷ ( 사각 )
四物 : ( 넉 사 ) ( 물건 물 ) ▷ ( 사물 )
戰場 : ( 싸움 전 ) ( 마당 장 ) ▷ ( 전장 )
式場 : ( 법 식 ) ( 마당 장 ) ▷ ( 식장 )

문제해답 ………………………… 145쪽
(1) 약할 약 (2) 느낄 감
(3) 싸움 전 (4) 말미암을 유

문제해답 ………………………… 146쪽
(1) 市場 (2) 人氣 (3) 左右 (4) 出生

## 본문학습 42

夜間 : ( 밤 야 ) ( 사이 간 ) ▷ ( 야간 )
夜學 : ( 밤 야 ) ( 배울 학 ) ▷ ( 야학 )
失業 : ( 잃을 실 ) ( 업 업 ) ▷ ( 실업 )
失神 : ( 잃을 실 ) ( 귀신 신 ) ▷ ( 실신 )
百姓 : ( 일백 백 ) ( 성 성 ) ▷ ( 백성 )
同姓 : ( 한가지 동 ) ( 성 성 ) ▷ ( 동성 )
習字 : ( 익힐 습 ) ( 글자 자 ) ▷ ( 습자 )
活字 : ( 살 활 ) ( 글자 자 ) ▷ ( 활자 )
平安 : ( 평평할 평 ) ( 편안 안 ) ▷ ( 평안 )
安樂 : ( 편안 안 ) ( 즐길 락 ) ▷ ( 안락 )

문제해답 ………………………… 147쪽
(1) 後 (2) 所 (3) 旗 (4) 每

문제해답 ………………………… 148쪽
(1) 애국가 (2) 운동가 (3) 식생활
(4) 휴화산 (5) 불사신 (6) 과수원

## 본문학습 43

幸運 : ( 다행 행 ) ( 옮길 운 ) ▷ ( 행운 )
多幸 : ( 많을 다 ) ( 다행 행 ) ▷ ( 다행 )
兄弟 : ( 형 형 ) ( 아우 제 ) ▷ ( 형제 )
弟子 : ( 아우 제 ) ( 아들 자 ) ▷ ( 제자 )
急速 : ( 급할 급 ) ( 빠를 속 ) ▷ ( 급속 )
時急 : ( 때 시 ) ( 급할 급 ) ▷ ( 시급 )
數學 : ( 셈 수 ) ( 배울 학 ) ▷ ( 수학 )
度數 : ( 법도 도 ) ( 셈 수 ) ▷ ( 도수 )
部族 : ( 떼 부 ) ( 겨레 족 ) ▷ ( 부족 )
族長 : ( 겨레 족 ) ( 긴 장 ) ▷ ( 족장 )

문제해답 ······························ 149쪽

(1) 놓을 방 (2) 밝을 명 (3) 글 서 (4) 옷 복

문제해답 ······························ 150쪽

(1) 出動 (2) 同生 (3) 直立 (4) 有名

## 본문학습 44

時速 : ( 때 시 ) ( 빠를 속 ) ▷ ( 시속 )
時計 : ( 때 시 ) ( 셀 계 ) ▷ ( 시계 )
東風 : ( 동녘 동 ) ( 바람 풍 ) ▷ ( 동풍 )
東洋 : ( 동녘 동 ) ( 큰바다 양 ) ▷ ( 동양 )
農業 : ( 농사 농 ) ( 업 업 ) ▷ ( 농업 )
同業 : ( 한가지 동 ) ( 업 업 ) ▷ ( 동업 )
消失 : ( 사라질 소 ) ( 잃을 실 ) ▷ ( 소실 )
消風 : ( 사라질 소 ) ( 바람 풍 ) ▷ ( 소풍 )
海洋 : ( 바다 해 ) ( 큰바다 양 ) ▷ ( 해양 )
海東 : ( 바다 해 ) ( 동녘 동 ) ▷ ( 해동 )

문제해답 ······························ 151쪽

(1) 植 (2) 洞 (3) 然 (4) 男
(5) 民 (6) 道 (7) 王 (8) 萬

문제해답 ······························ 152쪽

(1) 수정과 (2) 백일장 (3) 만국기
(4) 청록색 (5) 정방형 (6) 작업실

## 본문학습 45

電球 : ( 번개 전 ) ( 공 구 ) ▷ ( 전구 )
地球 : ( 땅[따] 지 ) ( 공 구 ) ▷ ( 지구 )
番號 : ( 차례 번 ) ( 이름 호 ) ▷ ( 번호 )
番地 : ( 차례 번 ) ( 땅[따] 지 ) ▷ ( 번지 )
直線 : ( 곧을 직 ) ( 줄 선 ) ▷ ( 직선 )
直角 : ( 곧을 직 ) ( 뿔 각 ) ▷ ( 직각 )
神通 : ( 귀신 신 ) ( 통할 통 ) ▷ ( 신통 )
神話 : ( 귀신 신 ) ( 말씀 화 ) ▷ ( 신화 )
勝算 : ( 이길 승 ) ( 셈 산 ) ▷ ( 승산 )
電算 : ( 번개 전 ) ( 셈 산 ) ▷ ( 전산 )

문제해답 ······························ 153쪽

(1) 뿌리 근 (2) 특별할 특
(3) 필 발 (4) 살필 성 / 덜 생

문제해답 ······························ 154쪽

(1) 平地 (2) 名物 (3) 安全 (4) 色紙

## 본문학습 46

朝會 : ( 아침 조 ) ( 모일 회 ) ▷ ( 조회 )
朝野 : ( 아침 조 ) ( 들 야 ) ▷ ( 조야 )
線路 : ( 줄 선 ) ( 길 로 ) ▷ ( 선로 )
死線 : ( 죽을 사 ) ( 줄 선 ) ▷ ( 사선 )

藥草 : ( 약 약 ) ( 풀 초 ) ▷ ( 약초 )
醫藥 : ( 의원 의 ) ( 약 약 ) ▷ ( 의약 )
記號 : ( 기록할 기 ) ( 이름 호 ) ▷ ( 기호 )
記事 : ( 기록할 기 ) ( 일 사 ) ▷ ( 기사 )
速力 : ( 빠를 속 ) ( 힘 력 ) ▷ ( 속력 )
風速 : ( 바람 풍 ) ( 빠를 속 ) ▷ ( 풍속 )

문제해답 ............................ 155쪽
(1) 軍 (2) 間 (3) 休 (4) 全

문제해답 ............................ 156쪽
(1) 식목일 (2) 동창회 (3) 식생활
(4) 자신감 (5) 정원수 (6) 상급반

## 본문학습 47

部分 : ( 떼 부 ) ( 나눌 분 ) ▷ ( 부분 )
部數 : ( 떼 부 ) ( 셈 수 ) ▷ ( 부수 )
重病 : ( 무거울 중 ) ( 병 병 ) ▷ ( 중병 )
體重 : ( 몸 체 ) ( 무거울 중 ) ▷ ( 체중 )
開校 : ( 열 개 ) ( 학교 교 ) ▷ ( 개교 )
登校 : ( 오를 등 ) ( 학교 교 ) ▷ ( 등교 )
開通 : ( 열 개 ) ( 통할 통 ) ▷ ( 개통 )
公開 : ( 공평할 공 ) ( 열 개 ) ▷ ( 공개 )
電信 : ( 번개 전 ) ( 믿을 신 ) ▷ ( 전신 )
放電 : ( 놓을 방 ) ( 번개 전 ) ▷ ( 방전 )

문제해답 ............................ 157쪽
(1) 창 창 (2) 모일 사
(3) 글 장 (4) 무리 등

문제해답 ............................ 158쪽
(1) 十萬 (2) 大軍 (3) 休學 (4) 正字

## 본문학습 48

身上 : ( 몸 신 ) ( 윗 상 ) ▷ ( 신상 )
上體 : ( 윗 상 ) ( 몸 체 ) ▷ ( 상체 )
來年 : ( 올 래 ) ( 해 년 ) ▷ ( 내년 )
在來 : ( 있을 재 ) ( 올 래 ) ▷ ( 재래 )
六感 : ( 여섯 륙 ) ( 느낄 감 ) ▷ ( 육감 )
六書 : ( 여섯 륙 ) ( 글 서 ) ▷ ( 육서 )
分明 : ( 나눌 분 ) ( 밝을 명 ) ▷ ( 분명 )
分野 : ( 나눌 분 ) ( 들 야 ) ▷ ( 분야 )
樂勝 : ( 즐길 락 ) ( 이길 승 ) ▷ ( 낙승 )
勝戰 : ( 이길 승 ) ( 싸움 전 ) ▷ ( 승전 )

문제해답 ............................ 159쪽
(1) 動 (2) 兄 (3) 學 (4) 色

문제해답 ............................ 160쪽
(1) 불공정 (2) 도화지 (3) 자연미
(4) 음식물 (5) 부도덕 (6) 애독자

## 본문학습 49

上午 : ( 윗 상 ) ( 낮 오 ) ▷ ( 상오 )
正午 : ( 바를 정 ) ( 낮 오 ) ▷ ( 정오 )
同等 : ( 한가지 동 ) ( 무리 등 ) ▷ ( 동등 )
同族 : ( 한가지 동 ) ( 겨레 족 ) ▷ ( 동족 )
公園 : ( 공평할 공 ) ( 동산 원 ) ▷ ( 공원 )
庭園 : ( 뜰 정 ) ( 동산 원 ) ▷ ( 정원 )
所在 : ( 바 소 ) ( 있을 재 ) ▷ ( 소재 )
不在 : ( 아닐 불 ) ( 있을 재 ) ▷ ( 부재 )
市外 : ( 저자 시 ) ( 바깥 외 ) ▷ ( 시외 )
外交 : ( 바깥 외 ) ( 사귈 교 ) ▷ ( 외교 )

문제해답 ............................ 161쪽
(1) 푸를 록 (2) 재주 술
(3) 겉 표 (4) 친할 친

문제해답 ............................ 162쪽
(1) 自生 (2) 便安 (3) 每事 (4) 電車

## 본문학습 50

天才 : ( 하늘 천 ) ( 재주 재 ) ▷ ( 천재 )
樂天 : ( 즐길 락 ) ( 하늘 천 ) ▷ ( 낙천 )
開學 : ( 열 개 ) ( 배울 학 ) ▷ ( 개학 )
學科 : ( 배울 학 ) ( 과목 과 ) ▷ ( 학과 )
安定 : ( 편안 안 ) ( 정할 정 ) ▷ ( 안정 )
定食 : ( 정할 정 ) ( 먹을 식 ) ▷ ( 정식 )
愛族 : ( 사랑 애 ) ( 겨레 족 ) ▷ ( 애족 )
愛讀 : ( 사랑 애 ) ( 읽을 독 ) ▷ ( 애독 )
昨年 : ( 어제 작 ) ( 해 년 ) ▷ ( 작년 )
昨今 : ( 어제 작 ) ( 이제 금 ) ▷ ( 작금 )

문제해답 ............................ 163쪽
(1) 林 (2) 白 (3) 紙 (4) 校

문제해답 ............................ 164쪽
(1) 정원석 (2) 생물체 (3) 동양화
(4) 별천지 (5) 소재지 (6) 재래식

## 본문학습 51

有名 : ( 있을 유 ) ( 이름 명 ) ▷ ( 유명 )
有用 : ( 있을 유 ) ( 쓸 용 ) ▷ ( 유용 )
苦樂 : ( 쓸 고 ) ( 즐길 락 ) ▷ ( 고락 )
音樂 : ( 소리 음 ) ( 노래 악 ) ▷ ( 음악 )
洋藥 : ( 큰바다 양 ) ( 약 약 ) ▷ ( 양약 )
遠洋 : ( 멀 원 ) ( 큰바다 양 ) ▷ ( 원양 )
地理 : ( 땅[따] 지 ) ( 다스릴 리 ) ▷ ( 지리 )
事理 : ( 일 사 ) ( 다스릴 리 ) ▷ ( 사리 )
畫家 : ( 그림 화 ) ( 집 가 ) ▷ ( 화가 )
畫集 : ( 그림 화 ) ( 모을 집 ) ▷ ( 화집 )

문제해답 ............................ 165쪽

(1) 예 고 (2) 반 반 (3) 밤 야 (4) 잃을 실

문제해답 ............................ 166쪽

(1) 重力 (2) 活動 (3) 國軍 (4) 千秋

## 본문학습 52

祖國 : ( 할아비 조 ) ( 나라 국 ) ▷ ( 조국 )
先祖 : ( 먼저 선 ) ( 할아비 조 ) ▷ ( 선조 )
第一 : ( 차례 제 ) ( 한 일 ) ▷ ( 제일 )
第五 : ( 차례 제 ) ( 다섯 오 ) ▷ ( 제오 )
白紙 : ( 흰 백 ) ( 종이 지 ) ▷ ( 백지 )
紙上 : ( 종이 지 ) ( 윗 상 ) ▷ ( 지상 )
英語 : ( 꽃부리 영 ) ( 말씀 어 ) ▷ ( 영어 )
英才 : ( 꽃부리 영 ) ( 재주 재 ) ▷ ( 영재 )
讀書 : ( 읽을 독 ) ( 글 서 ) ▷ ( 독서 )
通讀 : ( 통할 통 ) ( 읽을 독 ) ▷ ( 통독 )

문제해답 ............................ 167쪽

(1) 問 (2) 場 (3) 姓 (4) 安

문제해답 ............................ 168쪽

(1) 전광석화 (2) 훈민정음 (3) 구사일생
(4) 동기일신 (5) 동문서답 (6) 춘하추동

## 본문학습 53

數千 : ( 셈 수 ) ( 일천 천 ) ▷ ( 수천 )
千古 : ( 일천 천 ) ( 예 고 ) ▷ ( 천고 )
運命 : ( 옮길 운 ) ( 목숨 명 ) ▷ ( 운명 )
運動 : ( 옮길 운 ) ( 움직일 동 ) ▷ ( 운동 )
下敎 : ( 아래 하 ) ( 가르칠 교 ) ▷ ( 하교 )
下級 : ( 아래 하 ) ( 등급 급 ) ▷ ( 하급 )
例事 : ( 법식 례 ) ( 일 사 ) ▷ ( 예사 )
例外 : ( 법식 례 ) ( 바깥 외 ) ▷ ( 예외 )
直前 : ( 곧을 직 ) ( 앞 전 ) ▷ ( 직전 )
前半 : ( 앞 전 ) ( 반 반 ) ▷ ( 전반 )

문제해답 ............................ 169쪽

(1) 급할 급 (2) 다행 행 (3) 겨레 족 (4) 업 업

문제해답 ............................ 170쪽

(1) 南海 (2) 氣力 (3) 草家 (4) 家門

## 본문학습 54

勇氣 : ( 날랠 용 ) ( 기운 기 ) ▷ ( 용기 )
勇名 : ( 날랠 용 ) ( 이름 명 ) ▷ ( 용명 )
意外 : ( 뜻 의 ) ( 바깥 외 ) ▷ ( 의외 )
意圖 : ( 뜻 의 ) ( 그림 도 ) ▷ ( 의도 )

名言 : ( 이름 명 ) ( 말씀 언 ) ▷ ( 명언 )
名作 : ( 이름 명 ) ( 지을 작 ) ▷ ( 명작 )
地圖 : ( 땅[따] 지 ) ( 그림 도 ) ▷ ( 지도 )
地形 : ( 땅[따] 지 ) ( 모양 형 ) ▷ ( 지형 )
太平 : ( 클 태 ) ( 평평할 평 ) ▷ ( 태평 )
太陽 : ( 클 태 ) ( 볕 양 ) ▷ ( 태양 )

문제해답 ………… 171쪽
(1) 數 (2) 弟 (3) 時 (4) 海

문제해답 ………… 172쪽
(1) 자유자재 (2) 초가삼간 (3) 신토불이
(4) 정사각형 (5) 백설공주 (6) 백의민족

## 본문학습 55

李花 : ( 오얏 리 ) ( 꽃 화 ) ▷ ( 이화 )
李朝 : ( 오얏 리 ) ( 아침 조 ) ▷ ( 이조 )
永遠 : ( 길 영 ) ( 멀 원 ) ▷ ( 영원 )
永住 : ( 길 영 ) ( 살 주 ) ▷ ( 영주 )
語文 : ( 말씀 어 ) ( 글월 문 ) ▷ ( 어문 )
語感 : ( 말씀 어 ) ( 느낄 감 ) ▷ ( 어감 )
遠大 : ( 멀 원 ) ( 큰 대 ) ▷ ( 원대 )
遠近 : ( 멀 원 ) ( 가까울 근 ) ▷ ( 원근 )
世習 : ( 인간 세 ) ( 익힐 습 ) ▷ ( 세습 )
世代 : ( 인간 세 ) ( 대신할 대 ) ▷ ( 세대 )

문제해답 ………… 173쪽
(1) 사라질 소 (2) 공 구
(3) 귀신 신 (4) 차례 번

문제해답 ………… 174쪽
(1) 日記 (2) 校時 (3) 記事 (4) 休紙

## 본문학습 56

農林 : ( 농사 농 ) ( 수풀 림 ) ▷ ( 농림 )
樹林 : ( 나무 수 ) ( 수풀 림 ) ▷ ( 수림 )
溫氣 : ( 따뜻할 온 ) ( 기운 기 ) ▷ ( 온기 )
體溫 : ( 몸 체 ) ( 따뜻할 온 ) ▷ ( 체온 )
班長 : ( 나눌 반 ) ( 긴 장 ) ▷ ( 반장 )
合班 : ( 합할 합 ) ( 나눌 반 ) ▷ ( 합반 )
草野 : ( 풀 초 ) ( 들 야 ) ▷ ( 초야 )
草綠 : ( 풀 초 ) ( 푸를 록 ) ▷ ( 초록 )
漢藥 : ( 한수 한 ) ( 약 약 ) ▷ ( 한약 )
漢江 : ( 한수 한 ) ( 강 강 ) ▷ ( 한강 )

문제해답 ………… 175쪽
(1) 東 (2) 算 (3) 直 (4) 記

문제해답 ………… 176쪽
(1) 문풍지 (2) 교집합 (3) 청신호
(4) 의식주 (5) 청과물 (6) 독후감

## 본문학습 57

江村 : ( 강 강 ) ( 마을 촌 ) ▷ ( 강촌 )
村老 : ( 마을 촌 ) ( 늙을 로 ) ▷ ( 촌로 )
使用 : ( 하여금 사 ) ( 쓸 용 ) ▷ ( 사용 )
使命 : ( 하여금 사 ) ( 목숨 명 ) ▷ ( 사명 )
晝夜 : ( 낮 주 ) ( 밤 야 ) ▷ ( 주야 )
晝間 : ( 낮 주 ) ( 사이 간 ) ▷ ( 주간 )
命題 : ( 목숨 명 ) ( 제목 제 ) ▷ ( 명제 )
命中 : ( 목숨 명 ) ( 가운데 중 ) ▷ ( 명중 )
青春 : ( 푸를 청 ) ( 봄 춘 ) ▷ ( 청춘 )
新春 : ( 새 신 ) ( 봄 춘 ) ▷ ( 신춘 )

문제해답 ............................ 177쪽
(1) 사랑 애 (2) 줄 선 (3) 빠를 속 (4) 약 약

문제해답 ............................ 178쪽
(1) 邑內 (2) 孝道 (3) 手足 (4) 男女

## 본문학습 58

話術 : ( 말씀 화 ) ( 재주 술 ) ▷ ( 화술 )
話題 : ( 말씀 화 ) ( 제목 제 ) ▷ ( 화제 )
通信 : ( 통할 통 ) ( 믿을 신 ) ▷ ( 통신 )
通風 : ( 통할 통 ) ( 바람 풍 ) ▷ ( 통풍 )
七夕 : ( 일곱 칠 ) ( 저녁 석 ) ▷ ( 칠석 )
七色 : ( 일곱 칠 ) ( 빛 색 ) ▷ ( 칠색 )
信號 : ( 믿을 신 ) ( 이름 호 ) ▷ ( 신호 )
信用 : ( 믿을 신 ) ( 쓸 용 ) ▷ ( 신용 )
右便 : ( 오른 우 ) ( 편할 편 ) ▷ ( 우편 )
右軍 : ( 오른 우 ) ( 군사 군 ) ▷ ( 우군 )

문제해답 ............................ 179쪽
(1) 重 (2) 校 (3) 電 (4) 來

문제해답 ............................ 180쪽
(1) 십중팔구 (2) 명작동화 (3) 안전운행
(4) 대명천지 (5) 생활용수 (6) 노소동락

## 본문학습 59

古朴 : ( 예 고 ) ( 성 박 ) ▷ ( 고박 )
素朴 : ( 본디 소 ) ( 성 박 ) ▷ ( 소박 )
會話 : ( 모일 회 ) ( 말씀 화 ) ▷ ( 회화 )
面會 : ( 낯 면 ) ( 모일 회 ) ▷ ( 면회 )
石油 : ( 돌 석 ) ( 기름 유 ) ▷ ( 석유 )
注油 : ( 부을 주 ) ( 기름 유 ) ▷ ( 주유 )
現代 : ( 나타날 현 ) ( 대신할 대 ) ▷ ( 현대 )
現在 : ( 나타날 현 ) ( 있을 재 ) ▷ ( 현재 )
花園 : ( 꽃 화 ) ( 동산 원 ) ▷ ( 화원 )
開花 : ( 열 개 ) ( 꽃 화 ) ▷ ( 개화 )

문제해답 ............................... 181쪽

(1) 이길 승 (2) 떼 부
(3) 열 개 (4) 동산 원

문제해답 ............................... 182쪽

(1) 生育 (2) 電話 (3) 外來 (4) 農村

## 본문학습 60

訓話 : ( 가르칠 훈 ) ( 말씀 화 ) ▷ ( 훈화 )
訓手 : ( 가르칠 훈 ) ( 손 수 ) ▷ ( 훈수 )
作別 : ( 지을 작 ) ( 다를 별 ) ▷ ( 작별 )
作文 : ( 지을 작 ) ( 글월 문 ) ▷ ( 작문 )
合計 : ( 합할 합 ) ( 셀 계 ) ▷ ( 합계 )
集合 : ( 모을 집 ) ( 합할 합 ) ▷ ( 집합 )
本心 : ( 근본 본 ) ( 마음 심 ) ▷ ( 본심 )
本分 : ( 근본 본 ) ( 나눌 분 ) ▷ ( 본분 )
注目 : ( 부을 주 ) ( 눈 목 ) ▷ ( 주목 )
注意 : ( 부을 주 ) ( 뜻 의 ) ▷ ( 주의 )

문제해답 ............................... 183쪽

(1) 天 (2) 學 (3) 外 (4) 午

문제해답 ............................... 184쪽

(1) 생년월일 (2) 산전수전 (3) 불로장생
(4) 일장일단 (5) 고속도로 (6) 작심삼일

# 한자능력 검정시험

## 평가문제 / 기출・예상문제 해답

(215쪽)

## 평가문제 해답 1 ~ 5

1. 주제 2. 출현 3. 사유 4. 북풍 5. 구별 6. 다재 7. 광선 8. 입하 9. 동복 10. 의향 11. 옷 복 12. 나무 수 13. 머리 두 14. 귀신 신 15. 따뜻할 온 16. 서울 경 17. 정할 정 18. 빛 색 19. 차례 제 20. 강할 강 21. 체력 22. 이등 23. 동천 24. 국운 25. 수구 26. 十分 27. 入手 28. 八方 29. 洞口 30. 中間 31. ② 32. ④ 33. ① 34. 春 35. 學 36. 첫 번째

(216쪽)

## 평가문제 해답 6 ~ 10

1. 이자 2. 예식 3. 손녀 4. 고대 5. 출석 6. 석양 7. 방촌 8. 신록 9. 연호 10. 교과 11. 재주 술 12. 높을 고 13. 글월 문 14. 클 태 15. 지을 작 16. 법도 도 17. 이룰 성 18. 나라 국 19. 들 야 20. 다스릴 리 21. 온도 22. 모천 23. 강자 24. 형편 25. 所生 26. 山水 27. 家長 28. 老後 29. 植物 30. 心氣 31. ③ 32. ④ 33. ③ 34. 名 35. 時 36. 세 번째

(217쪽)

## 평가문제 해답 11 ~ 15

1. 약과 2. 석전 3. 모친 4. 문물 5. 신수 6. 농로 7. 공정 8. 각계 9. 청산 10. 과목 11. 몸 체 12. 실과 과 13. 남녘 남 14. 쓸 고 15. 낮 주 16. 바다 해 17. 이룰 성 18. 인간 세 19. 아비 부 20. 특별할 특 21. 문물 22. 병석 23. 풍월 24. 소화 25. 애용 26. 明日 27. 人氣 28. 生前 29. 百方 30. 登場 31. ① 32. ① 33. ③ 34. 幸 35. 動 36. 세 번째

(218쪽)

## 평가문제 해답 16 ~ 20

1. 풍문 2. 동화 3. 체급 4. 국호 5. 답례 6. 각도 7. 입추 8. 장족 9. 육성 10. 이과 11. 믿을 신 12. 필 발 13. 모 방 14. 아름다울 미 15. 대할 대 16. 새 신 17. 쌀 미 18. 기록할 기 19. 가까울 근 20. 흰 백 21. 습작 22. 자유 23. 고학 24. 언행 25. 물색 26. 立場 27. 入場 28. 小數 29. 少數 30. 空間 31. ④ 32. ② 33. ② 34. 樂 35. 二 36. 세 번째

(219쪽)

## 평가문제 해답 21 ~ 25

1. 교통 2. 청록 3. 불행 4. 태양 5. 고수 6. 연금 7. 두각 8. 차창 9. 한복 10. 근래 11. 싸움 전 12. 믿을 신 13. 셀 계 14. 누를 황 15. 길 도 16. 느낄 감 17. 화할 화 18. 땅 지 19. 대신할 대 20. 쓸 용 21. 풍물 22. 음악 23. 의술 24. 국교 25. 집회 26. 住所 27. 先祖 28. 洞口 29. 四寸 30. 海外 31. ③ 32. ② 33. ③ 34. 長 35. 自 36. 다섯 번째

(220쪽)

## 평가문제 해답 26 ~ 30

1. 각계 2. 변소 3. 다독 4. 개시 5. 제부 6. 내각 7. 온실 8. 전공 9. 평야 10. 반문 11. 법 식 12. 무리 등 13. 머리 두 14. 집 당 15. 설 립 16. 화할 화 17. 향할 향 18. 왼 좌 19. 손자 손 20. 글 장 21. 도서 22. 시조 23. 교정 24. 공평 25. 승리 26. 全力 27. 電力 28. 花草 29. 萬國旗 30. 自然 31. ③ 32. ④ 33. ② 34. 心 35. 正 36. 네 번째

(221쪽)

## 평가문제 해답 31 ~ 35

1. 특사 2. 전술 3. 과연 4. 개방 5. 반성 6. 매번 7. 악장 8. 구근 9. 후손 10. 서화 11. 아침 조 12. 모일 사 13. 번개 전 14. 골 동 15. 사귈 교 16. 옷 복 17. 겨레 족 18. 기 기 19. 필 발 20. 죽을 사 21. 식수 22. 직감 23. 이유 24. 남편 25. 동창회 26. 出入 27. 食口 28. 北上 29. 農土 30. 工場 31. ③ 32. ① 33. ② 34. 韓 35. 事 36. 일곱 번째

(222쪽)

## 평가문제 해답 36 ~ 40

1. 임야 2. 공공 3. 은색 4. 녹지 5. 휴지 6. 미술 7. 미음 8. 친족 9. 특별 10. 군악 11. 공 구 12. 느낄 감 13. 고을 군 14. 등급 급 15. 제목 제 16. 겉 표 17. 대신할 대 18. 셈 산 19. 이길 승 20. 옷 복 21. 노상 22. 평등 23. 동향 24. 설화 25. 휴교 26. 市場 27. 來日 28. 安心 29. 重大 30. 母校 31. ④ 32. ② 33. ① 34. 工 35. 家 36. 두 번째

(223쪽)

## 평가문제 해답 41 ~ 45

1. 태반 2. 부족 3. 고풍 4. 소실 5. 실업 6. 농업 7. 안락 8. 승산 9. 급속 10. 번호 11. 제목 제 12. 농사 농 13. 밤 야 14. 말씀 화 15. 법 식 16. 귀신 신 17. 성 성 18. 익힐 습 19. 번개 전 20. 한가지 동 21. 직선 22. 시계 23. 도수 24. 전장 25. 문병 26. 名物 27. 人氣 28. 出動 29. 數學 30. 活字 31. ① 32. ④ 33. ③ 34. 界 35. 庭 36. 다섯 번째

(224쪽)

## 평가문제 해답 46 ~ 50

1. 육감 2. 정식 3. 낙승 4. 선로 5. 정원 6. 풍속 7. 부재 8. 개통 9. 애독 10. 방전 11. 공평할 공 12. 아침 조 13. 싸움 전 14. 이름 호 15. 의원 의 16. 사귈 교 17. 죽을 사 18. 과목 과 19. 들 야 20. 재주 재 21. 약초 22. 중병 23. 안정 24. 재래식 25. 분야 26. 正午 27. 市外 28. 登校 29. 同族 30. 記事 31. ④ 32. ② 33. ① 34. 運 35. 物 36. 열한 번째

(225쪽)

## 평가문제 해답 51 ~ 55

1. 의도 2. 화집 3. 태양 4. 운명 5. 세습 6. 예사 7. 어감 8. 용기 9. 양약 10. 영재 11. 쓸 용 12. 움직일 동 13. 차례 제 14. 가르칠 교 15. 통할 통 16. 살 주 17. 오얏 리 18. 다스릴 리 19. 물을 문 20. 꽃 화 21. 명작 22. 지형 23. 수천 24. 전반 25. 하급 26. 祖國 27. 白紙 28. 直前 29. 家門 30. 有名 31. ② 32. ④ 33. ③ 34. 各 35. 省 36. 다섯 번째

(226쪽)

## 평가문제 해답 56 ~ 60

1. 반장 2. 촌로 3. 고박 4. 신춘 5. 현재 6. 사명 7. 훈수 8. 초야 9. 화제 10. 통풍 11. 재주 술 12. 푸를 청 13. 돌 석 14. 눈 목 15. 열 개 16. 모일 회 17. 약 약 18. 셀 계 19. 사이 간 20. 푸를 록 21. 체온 22. 신용 23. 화원 24. 주의 25. 작별 26. 江村 27. 孝道 28. 電話 29. 安全 30. 七夕 31. ② 32. ③ 33. ④ 34. 公 35. 活 36. 여덟 번째

(229쪽~230쪽)

## 6급II 기출·예상문제 제 1 회

1.강남 2.도화 3.산수 4.언어 5.일기 6.집합 7.동화 8.반성 9.대답 10.교통 11.시속 12.성공 13.손자 14.신용 15.급행 16.공간 17.전력 18.공원 19.모친 20.창문 21.식수 22.전사 23.신문 24.운동 25.녹색 26.특별 27.체육 28.대표 29.사방 30.태양 31.열 개 32.느낄 감 33.과목 과 34.실과 과 35.기 기 36.아름다울 미 37.맑을 청 38.누를 황 39.기록할 기 40.집 당 41.많을 다 42.법 식 43.글 장 44.골 동 45.예도 례 46.다스릴 리 47.떼 부 48.반 반 49.나눌 반 50.병 병 51.⑨ 52.⑤ 53.③ 54.④ 55.⑧ 56.⑩ 57.⑦ 58.⑮ 59.① 60.⑥ 61.大王 62.學校 63.青年 64.國軍 65.春秋 66.火山 67.七八 68.生水 69.兄弟 70.萬金 71.② 72.⑥ 73.④ 74.예와 지금 75.높이의 정도 76.⑥ 77.③ 78.② 79.여섯 번째 80.여섯 번째

도움글

79. 京 : 丶 亠 亣 冂 古 亨 京 京

80. 式 : 一 二 亍  工 式 式

(231쪽~232쪽)

## 6급II 기출·예상문제 제 2 회

1.좌우 2.태양 3.지도 4.명의 5.대면 6.감동 7.이자 8.실수 9.해양 10.가정 11.민족 12.전력 13.용기 14.합동 15.훈화 16.회사 17.구반 18.평화 19.만병 20.제목 21.문서 22.작년 23.집중 24.하복 25.춘분 26.직각 27.석유 28.시대 29.시작 30.예식 31.옮길 운 32.편할 편 33.귀신 신 34.이름 호 35.다스릴 리 36.떼 부 37.눈 설 38.있을 재 39.꽃 화 40.통할 통 41.높을 고 42.셈 산 43.손자 손 44.푸를 록 45.은 은 46.번개 전 47.빠를 속 48.사라질 소 49.길 영 50.줄 선 51.⑥ 52.⑪ 53.⑦ 54.⑨ 55.③ 56.② 57.⑩ 58.⑫ 59.⑮ 60.⑭ 61.大韓 62.南北 63.女王 64.水軍 65.兄弟 66.國土 67.四寸 68.室內 69.外人 70.⑥ 71.③ 72.② 73.① 74.③ 75.낮 12시 76.학교에서 수업을 마치고 집으로 돌아옴 77.③ 78.② 79.네 번째 80.첫 번째

도움글

79. 休 : ノ 亻 仁 什 休 休

80. 民 : ㄱ ㅋ 𠃜 巳 民

(233쪽~234쪽)

## 6급 기출 · 예상문제 제 1 회

1.노상 2.미술 3.특급 4.차창 5.예식 6.승리 7.안정 8.태양 9.녹야 10.다행 11.두각 12.은행 13.농악 14.세계 15.복용 16.번호 17.명의 18.자연 19.유월 20.계산 21.조손 22.하급 23.영원 24.양약 25.온도 26.근본 27.서당 28.백성 29.발신 30.출석 31.수립 32.천리 33.동등 34.마디 촌 35.오를 등 36.화할 화 37.성 박 38.겉 표 39.쌀 미 40.친할 친 41.집 실 42.모양 형 43.서울 경 44.고을 군 45.들을 문 46.마실 음 47.놓을 방 48.떼 부 49.군사 군 50.온전 전 51.잃을 실 52.공 구 53.꽃부리 영 54.느낄 감 55.열 개 56.겨레 족 57.植木日 58.半萬年 59.白金 60.正面 61.草木 62.八方 63.電話 64.山林 65.七月七夕 66.每日 67.住所 68.少數 69.正午 70.地方 71.老人 72.先後 73.食口 74.歌手 75.王中王 76.青色 77.④ 78.① 79.③ 80.② 81.③ 82.⑥ 83.④ 84.教 85.文 86.서로 헤어짐 87.뜻밖 88.학교를 쉼 89.다섯 번째 90.네 번째

도움글

89. 弟 : 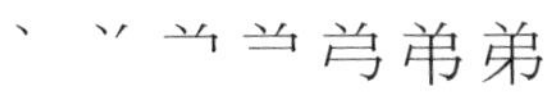

90. 老 : 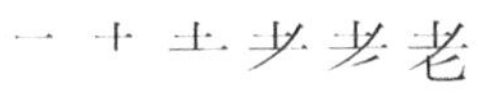

(235쪽~236쪽)

## 6급 기출 · 예상문제 제 2 회

1.태고 2.구별 3.부재 4.병석 5.양지 6.이장 7.휴지 8.읍면 9.표현 10.도장 11.소화 12.야구 13.오후 14.신체 15.다행 16.집회 17.자연 18.정직 19.국가 20.영재 21.농촌 22.운동 23.각반 24.과수 25.풍악 26.중등 27.사선 28.사용 29.공원 30.신통 31.변소 32.친정 33.호각 34.집 당 35.큰바다 양 36.기다릴 대 37.부을 주 38.잃을 실 39.따뜻할 온 40.눈 설 41.어제 작 42.은 은 43.뿌리 근 44.맑을 청 45.마실 음 46.누를 황 47.낮 주 48.대답 답 49.놈 자 50.급할 급 51.의원 의 52.아이 동 53.이길 승 54.제목 제 55.놓을 방 56.기록할 기 57.大門 58.洞口 59.名物 60.天命 61.孝女 62.生氣 63.人間 64.內外 65.登校 66.農夫 67.手足 68.數學 69.來日 70.東北 71.兄弟 72.家門 73.三寸 74.生活 75.西海 76.不老草 77.③ 78.② 79.④ 80.邑 81.道 82.④ 83.② 84.③ 85.① 86.여러 방면, 온갖 방법 87.왼쪽과 오른쪽, 주위에 거느리고 있는 사람 88.윗옷 89.일곱 번째 90.다섯 번째

도움글

89. 車 : 

90. 母 : 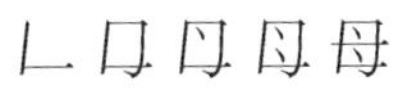

(237쪽~238쪽)

## 6급 기출 · 예상문제 제 3 회

1.소화 2.표현 3.제목 4.초록 5.특석 6.체육 7.화술 8.산촌 9.고대 10.식수 11.해로 12.조회 13.평화 14.강약 15.의약 16.의복 17.용지 18.이유 19.급행 20.속도 21.태양 22.직각 23.설화 24.예식 25.승리 26.개통 27.등급 28.가악 29.미음 30.번호 31.산수 32.활력 33.과연 34.느낄 감 35.멀 원 36.사귈 교 37.모일 사 38.동산 원 39.과목 과 40.모을 집 41.창 창 42.모양 형 43.그림 도 44.사랑 애 45.열 개 46.손자 손 47.한가지 공 48.향할 향 49.어제 작 50.법 식 51.필 발 52.줄 선 53.빛 광 54.정할 정 55.쉴 휴 56.옮길 운 57.下校 58.世上 59.學問 60.農地 61.工場 62.人事 63.時間 64.空中 65.外食 66.便安 67.每日 68.南東 69.電氣 70.男女 71.動物 72.自生 73.千萬 74.三秋 75.車道 76.入住 77.② 78.④ 79.③ 80.算 81.林, 木 82.⑤ 83.④ 84.① 85.③ 86.길고 짧음. 장점과 단점 87.사투리 88.자기의 체험을 자기가 적은 글 89.세 번째 90.네 번째

**도움글**

89. 病 : ˙ 亠 广 疒 疒 疒 疔 病 病 病

90. 北 : ㅣ 亻 扌 北 北
　　　　一 亻 扌 北 北

### 필순(획순)을 두 가지로 쓰는 한자

| 한자漢字 | 필순筆順(획순劃順) |
| --- | --- |
| 感 | 丿 后 咸 咸 感 |
|  | 丿 厂 咸 感 感 |
| 苦 | 一 艹 艹 苹 苦 |
|  | 丶 艹 艹 苹 苦 |
| 男 | 冂 田 田 男 男 |
|  | 冂 田 田 男 男 |
| 理 | 二 王 玾 理 理 |
|  | 丁 王 玾 理 理 |
| 里 | 丨 冂 日 甲 里 |
|  | 冂 日 甲 甲 里 |
| 北 | 丨 亻 扌 北 北 |
|  | 一 亻 扌 北 北 |
| 上 | 丨 卜 上 |
|  | 一 卜 上 |
| 生 | 丿 𠂉 𠂉 牛 生 |
|  | 丿 𠂉 牛 牛 生 |
| 英 | 一 艹 苎 英 英 |
|  | 丶 艹 苎 英 英 |
| 長 | 一 厂 巨 镸 長 |
|  | 丨 F 镸 镸 長 |
| 主 | 丶 亠 亠 主 主 |
|  | 丶 亠 亡 主 主 |
| 注 | 氵 氵 汁 注 注 |
|  | 氵 氵 汁 注 注 |
| 土 | 一 十 土 |
|  | 丨 十 土 |

# 한자능력 검정시험

## 배정한자 (가나다순)

(8급 ~ 6급 : 300자)

# 6급 한자 - 이체자 / 약자

♣ **이체자**異體字

✔ 글자의 쓰임은 같으나 모양이 다른 한자를 말합니다.

참1 [強](강할 강)자와 [强]자는 쓰임이 같은 이체자입니다.

참2 [畫](그림 화)자와 [畵]자는 쓰임이 같은 이체자입니다.

참3 주의! [畫]자는 두 가지 훈과 음으로 쓰이고 있으므로 앞 뒤 문장, 또는 낱말을 살펴서 그에 알맞은 훈음을 써야 합니다.

예 畫(그림 화, 그을 획)

♣ **약자**略字

✔ 일상생활에서의 실용적인 면을 고려하여, 복잡한 글자의 점이나 획 따위의 일부를 생략하여 간략하게 쓰는 글자를 말합니다.

✔ 6급에서는 '약자'문제가 출제되고 있지 않으나, 5급부터는 출제되므로 5급에 들어가기에 앞서 먼저 정리하여 익히면 5급에서 훨씬 도움이 될 것입니다.

| | | | |
|---|---|---|---|
| 區 - 区 | 國 - 国 | 氣 - 気 | 對 - 対 |
| 圖 - 図 | 讀 - 読 | 樂 - 楽 | 來 - 来 |
| 禮 - 礼 | 萬 - 万 | 發 - 発 | 數 - 数 |
| 醫 - 医 | 戰 - 战 | 晝 - 昼 | 體 - 体 |
| 學 - 学 | 號 - 号 | 畫 - 画 | 會 - 会 |

## 배정한자 ㄱ

| | | | | |
|---|---|---|---|---|
| 歌 | 7급 | 노래 | 가 | 欠-총14획 |
| 家 | 7Ⅱ | 집 | 가 | 宀-총10획 |
| 各 | 6Ⅱ | 각각 | 각 | 口-총 6획 |
| 角 | 6Ⅱ | 뿔 | 각 | 角-총 7획 |
| 間 | 7Ⅱ | 사이 | 간 | 門-총12획 |
| 感 | 6급 | 느낄 | 감 | 心-총13획 |
| 強 | 6급 | 강할[強=强] | 강 | 弓-총11획 |
| 江 | 7Ⅱ | 강 | 강 | 水-총 6획 |
| 開 | 6급 | 열 | 개 | 門-총12획 |
| 車 | 7Ⅱ | 수레 | 거 | |
| | | 수레 | 차 | 車-총 7획 |
| 京 | 6급 | 서울 | 경 | 亠-총 8획 |
| 計 | 6Ⅱ | 셀 | 계 | 言-총 9획 |
| 界 | 6Ⅱ | 지경 | 계 | 田-총 9획 |
| 高 | 6Ⅱ | 높을 | 고 | 高-총10획 |
| 苦 | 6급 | 쓸[味覺] | 고 | 艸-총 9획 |
| 古 | 6급 | 예 | 고 | 口-총 5획 |
| 功 | 6Ⅱ | 공[勳] | 공 | 力-총 5획 |
| 公 | 6Ⅱ | 공평할 | 공 | 八-총 4획 |
| 共 | 6Ⅱ | 한가지 | 공 | 八-총 6획 |
| 空 | 7Ⅱ | 빌[虛] | 공 | 穴-총 8획 |
| 工 | 7Ⅱ | 장인 | 공 | 工-총 3획 |
| 科 | 6Ⅱ | 과목 | 과 | 禾-총 9획 |
| 果 | 6Ⅱ | 실과 | 과 | 木-총 8획 |
| 光 | 6Ⅱ | 빛 | 광 | 儿-총 6획 |
| 交 | 6급 | 사귈 | 교 | 亠-총 6획 |
| 敎 | 8급 | 가르칠 | 교 | 攴-총11획 |
| 校 | 8급 | 학교 | 교 | 木-총10획 |
| 球 | 6Ⅱ | 공 | 구 | 玉-총11획 |
| 區 | 6급 | 구분할 | 구 | |
| | | 지경 | 구 | 匸-총11획 |
| 口 | 7급 | 입 | 구 | 口-총 3획 |
| 九 | 8급 | 아홉 | 구 | 乙-총 2획 |
| 國 | 8급 | 나라 | 국 | 囗-총11획 |
| 郡 | 6급 | 고을 | 군 | 邑-총10획 |
| 軍 | 8급 | 군사 | 군 | 車-총 9획 |
| 近 | 6급 | 가까울 | 근 | 辶-총 8획 |
| 根 | 6급 | 뿌리 | 근 | 木-총10획 |
| 今 | 6Ⅱ | 이제 | 금 | 人-총 4획 |
| 金 | 8급 | 쇠 | 금 | |
| | | 성姓 | 김 | 金-총 8획 |
| 急 | 6Ⅱ | 급할 | 급 | 心-총 9획 |
| 級 | 6급 | 등급 | 급 | 糸-총10획 |
| 旗 | 7급 | 기 | 기 | 方-총14획 |
| 記 | 7Ⅱ | 기록할 | 기 | 言-총10획 |
| 氣 | 7Ⅱ | 기운 | 기 | 气-총10획 |

## 배정한자 ㄴ

| | | | | |
|---|---|---|---|---|
| 男 | 7Ⅱ | 사내 | 남 | 田-총 7획 |
| 南 | 8급 | 남녘 | 남 | 十-총 9획 |
| 內 | 7Ⅱ | 안 | 내 | 入-총 4획 |
| 女 | 8급 | 계집 | 녀 | 女-총 3획 |
| 年 | 8급 | 해 | 년 | 干-총 6획 |
| 農 | 7Ⅱ | 농사 | 농 | 辰-총13획 |

## 배정한자 ㄷ

| | | | | |
|---|---|---|---|---|
| 多 | 6급 | 많을 | 다 | 夕-총 6획 |
| 短 | 6Ⅱ | 짧을 | 단 | 矢-총12획 |

答 7Ⅱ 대답 답 竹-총12획

堂 6Ⅱ 집 당 土-총11획

待 6급 기다릴 대 彳-총 9획

代 6Ⅱ 대신할 대 人-총 5획

對 6Ⅱ 대할 대 寸-총14획

大 8급 큰 대 大-총 3획

圖 6Ⅱ 그림 도 囗-총14획

度 6급 법도 도
헤아릴 탁 广-총 9획

道 7Ⅱ 길 도
말할 도 辶-총13획

讀 6Ⅱ 읽을 독
구절 두 言-총22획

童 6Ⅱ 아이 동 立-총12획

冬 7급 겨울 동 冫-총 5획

洞 7급 골 동
밝을 통 水-총 9획

動 7Ⅱ 움직일 동 力-총11획

同 7급 한가지 동 口-총 6획

東 8급 동녘 동 木-총 8획

頭 6급 머리 두 頁-총16획

等 6Ⅱ 무리 등 竹-총12획

登 7급 오를[登校] 등 癶-총12획

## 배정한자 ㄹ

樂 6Ⅱ 즐길 락
노래 악
좋아할 요 木-총15획

力 7Ⅱ 힘 력 力-총 2획

來 7급 올 래 人-총 8획

例 6급 법식 례 人-총 8획

禮 6급 예도 례 示-총18획

路 6급 길 로 足-총13획

老 7급 늙을 로 老-총 6획

綠 6급 푸를 록 糸-총14획

六 8급 여섯 륙 八-총 4획

理 6Ⅱ 다스릴 리 玉-총11획

里 7급 마을 리 里-총 7획

李 6급 오얏 리
성姓 리 木-총 7획

利 6Ⅱ 이할 리 刀-총 7획

林 7급 수풀 림 木-총 8획

立 7Ⅱ 설 립 立-총 5획

## 배정한자 ㅁ

萬 8급 일만 만 艸-총13획

每 7Ⅱ 매양 매 毋-총 7획

面 7급 낯 면 面-총 9획

明 6Ⅱ 밝을 명 日-총 8획

命 7급 목숨 명 口-총 8획

名 7Ⅱ 이름 명 口-총 6획

母 8급 어미 모 毋-총 5획

目 6급 눈 목 目-총 5획

木 8급 나무 목 木-총 4획

聞 6Ⅱ 들을 문 耳-총14획

文 7급 글월 문 文-총 4획

問 7급 물을 문 口-총11획

門 8급 문 문 門-총 8획

物 7Ⅱ 물건 물 牛-총 8획

米 6급 쌀 미 米-총 6획

美 6급 아름다울 미 羊-총 9획

民 8급 백성 민 氏-총 5획

## 배정한자 ㅂ

朴 6급 성姓 박 木-총 6획

班 6Ⅱ 나눌 반 玉-총10획

反 6Ⅱ 돌이킬 반 又-총 4획

半 6Ⅱ 반 반 十-총 5획

發 6Ⅱ 필 발 癶-총12획

放 6Ⅱ 놓을 방 攴-총 8획

方 7Ⅱ 모[稜] 방 方-총 4획

百 7급 일백 백 白-총 6획

白 8급 흰 백 白-총 5획

番 6급 차례 번 田-총12획

別 6급 다를 별
나눌 별 刀-총 7획

病 6급 병 병 疒-총10획

服 6급 옷 복 月-총 8획

本 6급 근본 본 木-총 5획

部 6Ⅱ 떼[部類] 부 邑-총11획

夫 7급 지아비 부 大-총 4획

父 8급 아비 부 父-총 4획

北 8급 북녘 북
달아날 배 匕-총 5획

分 6Ⅱ 나눌 분 刀-총 4획

不 7Ⅱ 아닐 불 一-총 4획

## 배정한자 ㅅ

社 6Ⅱ 모일 사 示-총 8획

死 6급 죽을 사 歹-총 6획

使 6급 하여금 사
부릴 사 人-총 8획

事 7Ⅱ 일 사 亅-총 8획

四 8급 넉 사 口-총 5획

算 7급 셈 산 竹-총14획

山 8급 메 산 山-총 3획

三 8급 석 삼 一-총 3획

上 7Ⅱ 윗 상 一-총 3획

色 7급 빛 색 色-총 6획

生 8급 날 생
낳을 생 生-총 5획

書 6Ⅱ 글 서 曰-총10획

西 8급 서녘 서 襾-총 6획

石 6급 돌 석 石-총 5획

席 6급 자리 석 巾-총10획

夕 7급 저녁 석 夕-총 3획

線 6Ⅱ 줄[針線] 선 糸-총15획

先 8급 먼저 선 儿-총 6획

雪 6Ⅱ 눈 설 雨-총11획

省 6Ⅱ 살필 성
덜 생 目-총 9획

成 6Ⅱ 이룰 성 戈-총 7획

姓 7Ⅱ 성 성 女-총 8획

世 7Ⅱ 인간 세 一-총 5획

消 6Ⅱ 사라질 소 水-총10획

所 7급 바 소 戶-총 8획

少 7급 적을 소 小-총 4획

小 8급 작을 소 小-총 3획

速 6급 빠를 속 辶-총11획

孫 6급 손자 손 子-총10획

樹 6급 나무 수 木-총16획

數 7급 셈 수 攴-총15획

手 7II 손 수 手-총 4획
水 8급 물 수 水-총 4획
術 6II 재주 술 行-총11획
習 6급 익힐 습 羽-총11획
勝 6급 이길 승 力-총12획
始 6II 비로소 시 女-총 8획
時 7II 때 시 日-총10획
市 7II 저자 시 巾-총 5획
式 6급 법 식 弋-총 6획
食 7II 먹을 식
밥 사/식 食-총 9획
植 7급 심을 식 木-총12획
神 6II 귀신 신 示-총10획
身 6II 몸 신 身-총 7획
信 6II 믿을 신 人-총 9획
新 6II 새 신 斤-총13획
失 6급 잃을 실 大-총 5획
室 8급 집 실 宀-총 9획
心 7급 마음 심 心-총 4획
十 8급 열 십 十-총 2획

## 배정한자

安 7II 편안 안 宀-총 6획
愛 6급 사랑 애 心-총13획
野 6급 들[坪] 야 里-총11획
夜 6급 밤 야 夕-총 8획
藥 6II 약 약 艸-총19획
弱 6II 약할 약 弓-총10획
陽 6급 볕 양 阜-총12획
洋 6급 큰바다 양 水-총 9획
語 7급 말씀 어 言-총14획
言 6급 말씀 언 言-총 7획
業 6II 업 업 木-총13획
然 7급 그럴 연 火-총12획
永 6급 길 영 水-총 5획
英 6급 꽃부리 영 艸-총 9획
午 7II 낮 오 十-총 4획
五 8급 다섯 오 二-총 4획
溫 6급 따뜻할 온 水-총13획
王 8급 임금 왕 玉-총 4획
外 8급 바깥 외 夕-총 5획

勇 6II 날랠 용 力-총 9획
用 6II 쓸 용 用-총 5획
右 7II 오른(쪽) 우
오를 우 口-총 5획
運 6II 옮길 운 辶-총13획
園 6급 동산 원 囗-총13획
遠 6급 멀 원 辶-총14획
月 8급 달 월 月-총 4획
油 6급 기름 유 水-총 8획
由 6급 말미암을 유 田-총 5획
有 7급 있을 유 月-총 6획
育 7급 기를 육 肉-총 8획
銀 6급 은 은 金-총14획
飮 6II 마실 음 食-총13획
音 6II 소리 음 音-총 9획
邑 7급 고을 읍 邑-총 7획
意 6II 뜻 의 心-총13획
衣 6급 옷 의 衣-총 6획
醫 6급 의원 의 酉-총18획
二 8급 두 이 二-총 2획
人 8급 사람 인 人-총 2획

| | | | | |
|---|---|---|---|---|
| 日 | 8급 | 날 | 일 | 日-총 4획 |
| 一 | 8급 | 한 | 일 | 一-총 1획 |
| 入 | 7급 | 들 | 입 | 入-총 2획 |

## 배정한자 ㅈ

| | | | | |
|---|---|---|---|---|
| 者 | 6급 | 놈 | 자 | 老-총 9획 |
| 字 | 7급 | 글자 | 자 | 子-총 6획 |
| 自 | 7Ⅱ | 스스로 | 자 | 自-총 6획 |
| 子 | 7Ⅱ | 아들 | 자 | 子-총 3획 |
| 昨 | 6Ⅱ | 어제 | 작 | 日-총 9획 |
| 作 | 6Ⅱ | 지을 | 작 | 人-총 7획 |
| 章 | 6급 | 글 | 장 | 立-총11획 |
| 場 | 7Ⅱ | 마당 | 장 | 土-총12획 |
| 長 | 8급 | 긴 | 장 | 長-총 8획 |
| 在 | 6급 | 있을 | 재 | 土-총 6획 |
| 才 | 6Ⅱ | 재주 | 재 | 手-총 3획 |
| 戰 | 6Ⅱ | 싸움 | 전 | 戈-총16획 |
| 電 | 7Ⅱ | 번개 | 전 | 雨-총13획 |
| 前 | 7Ⅱ | 앞 | 전 | 刀-총 9획 |
| 全 | 7Ⅱ | 온전 | 전 | 入-총 6획 |
| 庭 | 6Ⅱ | 뜰 | 정 | 广-총10획 |
| 定 | 6급 | 정할 | 정 | 宀-총 8획 |
| 正 | 7Ⅱ | 바를 | 정 | 止-총 5획 |
| 題 | 6Ⅱ | 제목 | 제 | 頁-총18획 |
| 第 | 6Ⅱ | 차례 | 제 | 竹-총11획 |
| 弟 | 8급 | 아우 | 제 | 弓-총 7획 |
| 朝 | 6급 | 아침 | 조 | 月-총12획 |
| 祖 | 7급 | 할아비 | 조 | 示-총10획 |
| 族 | 6급 | 겨레 | 족 | 方-총11획 |
| 足 | 7Ⅱ | 발 | 족 | 足-총 7획 |
| 左 | 7Ⅱ | 왼 | 좌 | 工-총 5획 |
| 晝 | 6급 | 낮 | 주 | 日-총11획 |
| 注 | 6Ⅱ | 부을 | 주 | 水-총 8획 |
| 住 | 7급 | 살 | 주 | 人-총 7획 |
| 主 | 7급 | 임금 | 주 | |
| | | 주인 | 주 | 丶-총 5획 |
| 重 | 7급 | 무거울 | 중 | 里-총 9획 |
| 中 | 8급 | 가운데 | 중 | 丨-총 4획 |
| 地 | 7급 | 땅[따] | 지 | 土-총 6획 |
| 紙 | 7급 | 종이 | 지 | 糸-총10획 |
| 直 | 7Ⅱ | 곧을 | 직 | 目-총 8획 |
| 集 | 6Ⅱ | 모을 | 집 | 隹-총12획 |

## 배정한자 ㅊ

| | | | | |
|---|---|---|---|---|
| 窓 | 6Ⅱ | 창 | 창 | 穴-총11획 |
| 川 | 7급 | 내 | 천 | 巛-총 3획 |
| 千 | 7급 | 일천 | 천 | 十-총 3획 |
| 天 | 7급 | 하늘 | 천 | 大-총 4획 |
| 淸 | 6Ⅱ | 맑을 | 청 | 水-총11획 |
| 靑 | 8급 | 푸를 | 청 | 靑-총 8획 |
| 體 | 6Ⅱ | 몸 | 체 | 骨-총23획 |
| 草 | 7급 | 풀 | 초 | 艸-총10획 |
| 村 | 7급 | 마을 | 촌 | 木-총 7획 |
| 寸 | 8급 | 마디 | 촌 | 寸-총 3획 |
| 秋 | 7급 | 가을 | 추 | 禾-총 9획 |
| 春 | 7급 | 봄 | 춘 | 日-총 9획 |
| 出 | 7급 | 날 | 출 | 凵-총 5획 |
| 親 | 6급 | 친할 | 친 | 見-총16획 |
| 七 | 8급 | 일곱 | 칠 | 一-총 2획 |

## 배정한자 ㅌ

太 6급 클 태 大-총 4획

土 8급 흙 토 土-총 3획

通 6급 통할 통 辶-총11획

特 6급 특별할 특 牛-총10획

## 배정한자 ㅍ

八 8급 여덟 팔 八-총 2획

便 7급 편할 편

똥오줌 변 人-총 9획

平 7Ⅱ 평평할 평 干-총 5획

表 6Ⅱ 겉 표 衣-총 8획

風 6Ⅱ 바람 풍 風-총 9획

## 배정한자 ㅎ

下 7Ⅱ 아래 하 一-총 3획

夏 7급 여름 하 夊-총10획

學 8급 배울 학 子-총16획

漢 7Ⅱ 한수 한

한나라 한 水-총14획

韓 8급 한국 한

나라 한 韋-총17획

合 6급 합할 합 口-총 6획

海 7Ⅱ 바다 해 水-총10획

行 6급 다닐 행

항렬 항 行-총 6획

幸 6Ⅱ 다행 행 干-총 8획

向 6급 향할 향 口-총 6획

現 6Ⅱ 나타날[現象]현 玉-총11획

形 6Ⅱ 모양 형 彡-총 7획

兄 8급 형 형 儿-총 5획

號 6급 이름 호 虍-총13획

畫 6급 그림[畫] 화

그을[劃] 획 田-총13획

和 6Ⅱ 화할 화 口-총 8획

花 7급 꽃 화 艸-총 8획

話 7Ⅱ 말씀 화 言-총13획

火 8급 불 화 火-총 4획

活 7Ⅱ 살[生活] 활 水-총 9획

黃 6급 누를 황 黃-총12획

會 6Ⅱ 모일 회 曰-총13획

孝 7Ⅱ 효도 효 子-총 7획

後 7Ⅱ 뒤 후 彳-총 9획

訓 6급 가르칠 훈 言-총10획

休 7급 쉴 휴 人-총 6획

※ 이상 6급 배정한자 300자 가나다순

# 한자능력 검정시험

# 쓰기연습

## (6급 신습한자 150자)

# 학습 도움

## 쓰기연습 안내

① 쓰기연습은 기본서 학습을 보충하기 위하여 엮은 한자쓰기 연습교재입니다.
② 아래 설명에 따라 충실히 학습한다면 아름답고 바른 글씨는 물론, 한자의 바른 이해를 구하는데 많은 도움이 될 것입니다.

## 학습방법

① 먼저 기본서를 학습도움 설명에 따라 충분히 학습하여야 합니다.
② 기본서에 수록된 평가문제를 학습하기에 앞서, 본 쓰기연습을 학습하면 복습의 효과가 있습니다.
③ 한자를 쓰는 과정에서 그 한자와 관련된 한자어를 연상하여 그 뜻을 헤아려 본다면 더 없이 좋은 학습이 될 것입니다.
④ 쓰기연습을 학습할 때에는 한 번에 9자를 쓰기보다는, 3자씩 아래로 나누어 내려쓰는 것이 바람직합니다.

※ 6급 쓰기연습은 7급(150자)을 제외한 신습 배정한자(150자)를 6급 기본서의 본문학습 순서에 따라 실었습니다.

| 한자 | 훈음 (부수) | 필순 |
|---|---|---|
| 京 | 京(서울 경)(亠) | 丶 亠 古 亨 京 |
| 光 | 光(빛 광)(儿) | 丨 ⺌ 业 光 光 |
| 區 | 區(구분할 구)(匚) | 一 豆 豆 品 區 |
| 才 | 才(재주 재)(手) | 一 十 才 |
| 向 | 向(향할 향)(口) | ノ 亻 冂 向 向 |
| 席 | 席(자리 석)(巾) | 广 户 庐 席 席 |
| 度 | 度(법도 도)(广) | 亠 广 庐 庤 度 |
| 式 | 式(법 식)(弋) | 二 亍 王 式 式 |
| 強 | 強(강할 강)(弓) | 乛 コ 弓 弘 強 |
| 形 | 形(모양 형)(彡) | 二 于 开 开 形 |

「才」자의 부수는 「手」자이다. 「手」자는 부수로 쓰일 때에는 「扌」로 변하여 쓰이기도 한다.

본문학습 9 ~ 15

| | |
|---|---|
| 待 | |
| 待(기다릴 대)(彳) | 彳 彳 徍 待 待 |
| 成 | |
| 成(이룰 성)(戈) | 丿 𠂆 成 成 成 |
| 新 | |
| 新(새 신)(斤) | 立 辛 亲 新 新 |
| 果 | |
| 果(실과 과)(木) | 口 旦 甲 果 果 |
| 樹 | |
| 樹(나무 수)(木) | 木 朩 桔 桂 樹 |
| 死 | |
| 死(죽을 사)(歹) | 一 歹 歹 歼 死 |
| 石 | |
| 石(돌 석)(石) | 一 丆 不 石 石 |
| 清 | |
| 清(맑을 청)(水) | 氵 氵 洼 清 清 |
| 用 | |
| 用(쓸 용)(用) | 丿 冂 月 月 用 |
| 界 | |
| 界(지경 계)(田) | 口 田 罒 畀 界 |

「成」자의 획수는 모두 7획으로, 보통 6획으로 쓰는 것에 주의해야 한다. 참 丿 厂 𠂆 万 成 成 成

## 본문학습 15 ~ 18

| | | |
|---|---|---|
| 病 | 病(병 병)(疒) | 广 疒 疒 疔 病 |
| 目 | 目(눈 목)(目) | 丨 冂 冃 月 目 |
| 短 | 短(짧을 단)(矢) | 𠂉 矢 矩 短 短 |
| 禮 | 禮(예도 례)(示) | 礻 礻 禮 禮 禮 |
| 童 | 童(아이 동)(立) | 亠 音 音 童 童 |
| 米 | 米(쌀 미)(米) | 丷 丷 半 米 米 |
| 級 | 級(등급 급)(糸) | 幺 糸 糸 級 級 |
| 美 | 美(아름다울 미)(羊) | 丷 䒑 羊 美 美 |
| 習 | 習(익힐 습)(羽) | ㇆ 习 羽 習 習 |
| 者 | 者(놈 자)(老) | 十 耂 耂 者 者 |

글자의 「위와 아래」를 감싸는 부수 명칭을 「엄」이라고 하는데 그 종류에는 「厂, 广, 疒」 등이 있다.

| | |
|---|---|
| 聞 | |
| 聞(들을 문)(耳) | 門門門間聞 |
| 苦 | |
| 苦(쓸 고)(艸) | 艹艹苎苹苦 |
| 號 | |
| 號(이름 호)(虍) | 号 号 号 號 號 |
| 行 | |
| 行(다닐 행)(行) | 丿 彳 彳 行 行 |
| 衣 | |
| 衣(옷 의)(衣) | 亠 ナ 衣 衣 衣 |
| 科 | |
| 科(과목 과)(禾) | 千 禾 禾 科 科 |
| 角 | |
| 角(뿔 각)(角) | ⺈ ⺈ 角 角 角 |
| 言 | |
| 言(말씀 언)(言) | 亠 言 言 言 言 |
| 身 | |
| 身(몸 신)(身) | 丿 自 自 身 身 |
| 近 | |
| 近(가까울 근)(辶) | 厂 斤 斤 沂 近 |

「苦」자의 부수는 「艸」이나 글자 속에서 부수로 쓰일 때에는 「艹, 艹, 䒑」 등으로 모양이 변하기도 한다.

## 본문학습 21 ~ 25

| | |
|---|---|
| 醫 | |
| 醫(의원 의)(酉) | 医 殹 醫 |
| 陽 | |
| 陽(볕 양)(阜) | 阝 阝 陽 |
| 集 | |
| 集(모을 집)(隹) | 亻 仁 隹 隼 集 |
| 音 | |
| 音(소리 음)(音) | 亠 立 音 |
| 頭 | |
| 頭(머리 두)(頁) | 豆 頭 |
| 風 | |
| 風(바람 풍)(風) | 丿 几 凡 凨 風 |
| 體 | |
| 體(몸 체)(骨) | 骨 體 |
| 高 | |
| 高(높을 고)(高) | 亠 亠 亯 高 |
| 黃 | |
| 黃(누를 황)(黃) | 一 卄 黃 |
| 交 | |
| 交(사귈 교)(亠) | 亠 六 交 |

「陽」자의 부수인 「阝」자는 글자의 왼쪽에서는 「阜(언덕 부)」, 오른쪽에서는 「邑(고을 읍)」자로 쓰인다.

본문학습 26 ~ 28

| 한자 | 훈음 (부수) | 필순 |
| --- | --- | --- |
| 今 | 今(이제 금)(人) | ノ 人 𠆢 今 |
| 公 | 公(공평할 공)(八) | ノ 八 公 公 |
| 利 | 利(이할 리)(刀) | 𠂉 千 禾 利 利 |
| 功 | 功(공 공)(力) | 一 丅 工 玎 功 |
| 反 | 反(돌이킬 반)(又) | 一 厂 万 反 |
| 各 | 各(각각 각)(口) | ク 夂 冬 各 各 |
| 和 | 和(화할 화)(口) | 𠂉 千 禾 和 和 |
| 圖 | 圖(그림 도)(囗) | 冂 冎 啚 圖 圖 |
| 堂 | 堂(집 당)(土) | 丷 ⺌ 尚 堂 堂 |
| 多 | 多(많을 다)(夕) | ク 夕 夕 多 多 |

「利」자의 부수인 「刀(칼 도)」자는 글자 속에서는 「刂(칼 도)」로 모양이 변하기도 한다.

## 본문학습 29 ~ 32

| | |
|---|---|
| 始 | |
| 始(비로소 시)(女) | ㇛ 女 女 始 始 |
| 孫 | |
| 孫(손자 손)(子) | 了 子 孒 孫 孫 |
| 對 | |
| 對(대할 대)(寸) | 〃 业 丵 丵 對 |
| 庭 | |
| 庭(뜰 정)(广) | 广 庄 庭 庭 庭 |
| 弱 | |
| 弱(약할 약)(弓) | ㇀ ㇀ 弓 弓 弱 |
| 感 | |
| 感(느낄 감)(心) | 丿 后 咸 咸 感 / 丿 厂 咸 感 感 |
| 戰 | |
| 戰(싸움 전)(戈) | 吅 單 單 戰 戰 |
| 由 | |
| 由(말미암을 유)(田) | 丨 冂 冃 由 由 |
| 放 | |
| 放(놓을 방)(攴) | 亠 方 於 放 放 |
| 明 | |
| 明(밝을 명)(日) | 冂 月 日 明 明 |

「放」자의 부수인 「攴(칠 복)」자는 글자 속에서는 「攵」으로 모양이 변하기도 한다.

| | | | | | | | | | |
|---|---|---|---|---|---|---|---|---|---|
| 書 | | | | | | | | | |
| 書(글 서)(曰) | | ⺕ ⺕ 聿 書 書 | | | | | | | |
| 服 | | | | | | | | | |
| 服(옷 복)(月) | | 月 月 肌 服 服 | | | | | | | |
| 根 | | | | | | | | | |
| 根(뿌리 근)(木) | | 木 杓 朾 根 根 | | | | | | | |
| 特 | | | | | | | | | |
| 特(특별할 특)(牛) | | 丿 牛 牛 牸 特 | | | | | | | |
| 發 | | | | | | | | | |
| 發(필 발)(癶) | | ㇇ ㇇ 癶 癸 發 | | | | | | | |
| 省 | | | | | | | | | |
| 省(살필 성)(目) | | 丨 小 少 省 省 | | | | | | | |
| 社 | | | | | | | | | |
| 社(모일 사)(示) | | 礻 礻 礻 社 社 | | | | | | | |
| 窓 | | | | | | | | | |
| 窓(창 창)(穴) | | 宀 穴 穵 窓 窓 | | | | | | | |
| 章 | | | | | | | | | |
| 章(글 장)(立) | | 亠 立 音 章 章 | | | | | | | |
| 等 | | | | | | | | | |
| 等(무리 등)(竹) | | 竹 竺 笙 等 等 | | | | | | | |

「社」자는 서체에 따라 모양이 달라지는 글자로, 부수인 「示」자가 「礻」와 같이 모양이 변하기도 한다.

## 본문학습 36 ~ 38

| | |
|---|---|
| 綠 | |
| 綠(푸를 록)(糸) | 幺 糹 紀 紓 綠 |
| 術 | |
| 術(재주 술)(行) | 彳 什 秫 秫 術 |
| 表 | |
| 表(겉 표)(衣) | 二 丰 耒 耒 表 |
| 親 | |
| 親(친할 친)(見) | 立 辛 亲 亲 親 |
| 計 | |
| 計(셀 계)(言) | 亠 亖 言 言 計 |
| 路 | |
| 路(길 로)(足) | 口 口 𧾷 跂 路 |
| 郡 | |
| 郡(고을 군)(邑) | 彐 彐 君 君 郡 |
| 野 | |
| 野(들 야)(里) | 旦 里 野 野 野 |
| 銀 | |
| 銀(은 은)(金) | 𠆢 金 釒 鈤 銀 |
| 雪 | |
| 雪(눈 설)(雨) | 冖 币 雨 雨 雪 |

「野(들 야)」자의 「들」은 「평평하고 넓은 땅」을 이르는 말로, 里(마을 리)자와 予(나 여)자를 결합한 글자이다.

본문학습 39 ~ 43

| | | | | | | | | | |
|---|---|---|---|---|---|---|---|---|---|
| 題 | | | | | | | | | |
| 題(제목 제)(頁) | | 早 早 是 題 題 | | | | | | | |
| 飮 | | | | | | | | | |
| 飮(마실 음)(食) | | 今 今 食 飮 飮 | | | | | | | |
| 代 | | | | | | | | | |
| 代(대신할 대)(人) | | 丿 亻 仁 代 代 | | | | | | | |
| 共 | | | | | | | | | |
| 共(한가지 공)(八) | | 一 卄 丗 共 共 | | | | | | | |
| 別 | | | | | | | | | |
| 別(다를 별)(刀) | | 口 号 另 別 別 | | | | | | | |
| 半 | | | | | | | | | |
| 半(반 반)(十) | | 丶 丷 丷 兰 半 | | | | | | | |
| 古 | | | | | | | | | |
| 古(예 고)(口) | | 一 十 十 古 古 | | | | | | | |
| 夜 | | | | | | | | | |
| 夜(밤 야)(夕) | | 亠 亣 夜 夜 夜 | | | | | | | |
| 失 | | | | | | | | | |
| 失(잃을 실)(大) | | 丿 ⺈ 二 失 失 | | | | | | | |
| 幸 | | | | | | | | | |
| 幸(다행 행)(干) | | 十 土 圭 幸 幸 | | | | | | | |

「飮」자의 부수는 「食」자이나 글자 속에서는 「飠」와 같이 한 획 줄여서 쓴다.

## 본문학습 43 ~ 46

| | | | | | | | | | |
|---|---|---|---|---|---|---|---|---|---|
| 急 | | | | | | | | | |
| 急(급할 급)(心) | | ⺈ 𠂊 刍 急 急 | | | | | | | |
| 族 | | | | | | | | | |
| 族(겨레 족)(方) | | 亠 方 方 扩 族 | | | | | | | |
| 業 | | | | | | | | | |
| 業(업 업)(木) | | 丨丨 丨丨丷 业 丵 業 | | | | | | | |
| 消 | | | | | | | | | |
| 消(사라질 소)(水) | | 氵 氵丨 氵丷 消 消 | | | | | | | |
| 球 | | | | | | | | | |
| 球(공 구)(玉) | | 王 玎 玗 球 球 | | | | | | | |
| 番 | | | | | | | | | |
| 番(차례 번)(田) | | 丿 丷 平 釆 番 | | | | | | | |
| 神 | | | | | | | | | |
| 神(귀신 신)(示) | | 礻 礻 礻 神 神 | | | | | | | |
| 朝 | | | | | | | | | |
| 朝(아침 조)(月) | | 十 古 直 朝 朝 | | | | | | | |
| 線 | | | | | | | | | |
| 線(줄 선)(糸) | | 纟 纟 絈 綿 線 | | | | | | | |
| 藥 | | | | | | | | | |
| 藥(약 약)(艸) | | 艹 苩 蓾 藥 藥 | | | | | | | |

「球」자의 부수는 「玉」자이나 글자 속에서는 「王」와 같이 한 획 줄여서 쓴다.

## 본문학습 46 ~ 50

| | | |
|---|---|---|
| 速 | 速(빠를 속)(辶) | 一 申 束 涑 速 |
| 部 | 部(떼 부)(邑) | 立 音 音' 部 部 |
| 開 | 開(열 개)(門) | 𠃌 門 閂 開 開 |
| 分 | 分(나눌 분)(刀) | ノ 八 今 分 |
| 勝 | 勝(이길 승)(力) | 月 胖 胅 勝 勝 |
| 園 | 園(동산 원)(口) | 冂 円 周 園 園 |
| 在 | 在(있을 재)(土) | 一 ナ 𠂇 在 在 |
| 定 | 定(정할 정)(宀) | 丶 宀 宁 宇 定 |
| 愛 | 愛(사랑 애)(心) | 爫 爫 悉 旡 愛 |
| 昨 | 昨(어제 작)(日) | 冂 日 旿 昨 昨 |

「部(떼 부)」자의 「떼」는 「무리」를 뜻하고, 「時(때 시)」자의 「때」는 「시간」을 뜻한다.

## 본문학습 51 ~ 54

樂

樂 (즐길 락) (木) 白 绐 𢆶 𢆶 樂

洋

洋 (큰바다 양) (水) 氵 氵 氵 洋 洋

理

理 (다스릴 리) (玉) 王 王 珇 理 理

畫

畫 (그림 화) (田) ㄱ 彐 聿 書 畫

第

第 (차례 제) (竹) ⺮ 竺 笃 第

英

英 (꽃부리 영) (艸) 丶 艹 苂 英 英

讀

讀 (읽을 독) (言) 言 計 讀 讀 讀

運

運 (옮길 운) (辶) 冖 冒 軍 運 運

例

例 (법식 례) (人) 亻 仁 仿 仿 例

勇

勇 (날랠 용) (力) 乛 乃 甬 勇 勇

「畫」자는 「畵」자와 모양은 다르나 쓰임이 같은 글자로, 「畫」자가 정자正字이고, 「畵」자는 속자俗字이다.

본문학습 54 ~ 58

| 한자 | 훈음 (부수) | 필순 |
|---|---|---|
| 意 | 意 (뜻 의) (心) | 立 咅 音 意 意 |
| 太 | 太 (클 태) (大) | 一 ナ 大 太 |
| 李 | 李 (오얏 리) (木) | 十 木 本 李 李 |
| 永 | 永 (길 영) (水) | 亅 亅 刁 永 永 |
| 遠 | 遠 (멀 원) (辶) | 土 吉 袁 遠 遠 |
| 溫 | 溫 (따뜻할 온) (水) | 氵 沪 泗 淵 溫 |
| 班 | 班 (나눌 반) (玉) | 王 王 玔 玣 班 |
| 使 | 使 (하여금 사) (人) | 亻 亻 佰 使 使 |
| 晝 | 晝 (낮 주) (日) | ⺕ 彐 聿 書 晝 |
| 通 | 通 (통할 통) (辶) | 乛 乃 甬 甬 通 |

「遠」자의 부수는 「辶」자이다. 서체에 따라 「辶」자와 같이 변하여 쓰이나 모두 4획이다.

## 본문학습 58 ~ 60

| | |
|---|---|
| 信 | |
| 信 (믿을 신) (人) | 亻 亻 仁 信 信 |
| 朴 | |
| 朴 (성 박) (木) | 一 十 才 木 朴 |
| 會 | |
| 會 (모일 회) (曰) | 人 合 侖 曾 會 |
| 油 | |
| 油 (기름 유) (水) | 氵 汩 汩 油 油 |
| 現 | |
| 現 (나타날 현) (玉) | 王 王 玑 玥 現 |
| 訓 | |
| 訓 (가르칠 훈) (言) | 言 言 訁 訓 訓 |
| 作 | |
| 作 (지을 작) (人) | ノ 亻 化 作 作 |
| 合 | |
| 合 (합할 합) (口) | ノ 人 亼 合 合 |
| 本 | |
| 本 (근본 본) (木) | 一 十 才 木 本 |
| 注 | |
| 注 (부을 주) (水) | 氵 氵 汁 汗 注 |

「會」자의 부수는 「曰(가로 왈)」자이므로, 「會」자의 아랫부분은 「日(날 일)」자보다 납작하게 써야 한다.

아래의 한자漢字는 서체書體에 따라 모양이 변하여 쓰이나 모두 정자로 인정하는 글자입니다.

| | | | | | | | | | |
|---|---|---|---|---|---|---|---|---|---|
| 強 | 强 | | | | | | | | |
| 強(강할 강)(弓) | | ㄱ ㄱ 弓 弜強 | | | | | | | |
| 淸 | 清 | | | | | | | | |
| 淸(맑을 청)(水) | | 氵 氵 汼 淸 淸 | | | | | | | |
| 禮 | 禮 | | | | | | | | |
| 禮(예도 례)(示) | | 礻 礻 祀 禮 禮 | | | | | | | |
| 級 | 級 | | | | | | | | |
| 級(등급 급)(糸) | | 糹 糹 糹 紉 級 | | | | | | | |
| 近 | 近 | | | | | | | | |
| 近(가까울 근)(辶) | | 厂 斤 斤 䜣 近 | | | | | | | |
| 社 | 社 | | | | | | | | |
| 社(모일 사)(示) | | 礻 礻 礻 社 社 | | | | | | | |
| 綠 | 綠 | | | | | | | | |
| 綠(푸를 록)(糸) | | 糹 糹 紣 綠 綠 | | | | | | | |
| 飮 | 飮 | | | | | | | | |
| 飮(마실 음)(食) | | 今 今 食 飲 飮 | | | | | | | |
| 神 | 神 | | | | | | | | |
| 神(귀신 신)(示) | | 礻 礻 礻 和 神 | | | | | | | |
| 遠 | 遠 | | | | | | | | |
| 遠(멀 원)(辶) | | 土 吉 袁 遠 遠 | | | | | | | |

「示」자와 「糸」자는 부수 글자로, 글자 속에서는 「礻」, 「糹」자와 같이 모양이 변하여 쓰이기도 한다.

# 한자능력 검정시험
## 6급(6급II 포함)


- **인 쇄** · 2024년 2월 5일
- **발 행** · 2024년 2월 10일

- **엮은이** · 원 기 춘
- **발행인** · 최 현 동
- **발행처** · 신 지 원

- **주 소** · 07532
  서울특별시 강서구 양천로 551-17, 813호(가양동, [illegible]로 1차)

- **T E L** · (02) 2013-8080~1
  **F A X** · (02) 2013-8090
- **등 록** · 제16-1242호
- **교재구입문의** · (02) 2013-8080~1





정가 18,000원

ISBN 979-11-6633-389-7 15710